Erläuterungen und Dokumente

Heinrich Böll
Die verlorene Ehre der Katharina Blum

Von
Werner Bellmann
und Christine Hummel

Philipp Reclam jun. Stuttgart

Heinrich Bölls Erzählung *Die verlorene Ehre der Katharina Blum oder: Wie Gewalt entstehen und wohin sie führen kann* liegt als Band 1150 im Deutschen Taschenbuch Verlag vor. Die Seiten- und Zeilenangaben des Kommentars (Kapitel I) beziehen sich auf die 28., neu durchgesehene Auflage dieser Taschenbuch-Ausgabe (München 1995). Auch alle Seitenverweise in den in Kapitel II bis V zitierten Rezensionen und wissenschaftlichen Aufsätzen wurden auf diese Ausgabe umgestellt. Gleichfalls nach dieser Ausgabe zitiert wird das von Böll 1984 verfaßte Nachwort *Zehn Jahre später.*

Universal-Bibliothek Nr. 16011

Gesamtherstellung: Reclam, Ditzingen. Printed in Germany 1999

ISBN 3-15-016011-1

Inhalt

I. Kommentar, Wort- und Sacherklärungen

2 f. [Titel] *Die verlorene Ehre der Katharina Blum:* Der Titel erinnert an Schillers 1792 veröffentlichte Erzählung *Der Verbrecher aus verlorener Ehre*. Böll selbst hat jedoch die zuerst von Rolf Michaelis in einer Rezension (s. Kap. III, S. 62 f.) aufgestellten Thesen über die Beeinflussung des Titels und auch der Motivstruktur durch Schillers Erzählung dementiert: »Vollkommen irrig.« Vgl. das 1975 mit Manfred Durzak geführte Gespräch »Ich tendiere nur zu dem scheinbar Unpolitischen« (Böll, *Werke. Interviews 1* – im folgenden zit. als: Int. 1 –, S. 327 f.).
Anstelle des Nachnamens Blum, der Wortspiele wie »Blümchen« (135,17) und »Blümelein« (135,20) ermöglicht, war im ersten Manuskript zunächst »Plumm« vorgesehen. Bei der endgültigen Festlegung des Namens hat nach einem (ohne nähere Erläuterung) gegebenen Hinweis Bölls der Name des aus Köln stammenden Revolutionärs Robert Blum (1807–48) eine Rolle gespielt. Blum trat als volkstümlicher Redner und politischer Schriftsteller hervor, war 1848 in der Frankfurter Nationalversammlung Führer der demokratischen Linken und wurde wegen seiner Teilnahme am Wiener Oktoberaufstand am 9. November 1848 standrechtlich erschossen. – Den Namen Katharina (griech., ›die Reine‹) tragen mehrere Heilige der katholischen Kirche, u. a. die zu den 14 Nothelfern gehörende legendäre Märtyrerin. Die Mutter von Bölls Protagonistin heißt Maria (105,2). In dem 1979 erschienenen Roman *Fürsorgliche Belagerung* wird der Name Maria Blum aufgegriffen; dort trägt ihn die Haushälterin von Sabine Fischer.

4 f. [Untertitel] *Wie Gewalt entstehen und wohin sie führen kann:* Den Untertitel erläuternd, schreibt Böll 1984 im Nachwort *Zehn Jahre später*: »Über die Gewalt von

SCHLAGZEILEN ist noch zu wenig bekannt, und wohin die Gewalt von Schlagzeilen führen kann, darüber wissen wir nur wenig. Es wäre eine Aufgabe der Kriminologie, das einmal zu erforschen: was ZEITUNGEN anrichten können, in all ihrer bestialischen ›Unschuld‹« (S. 144). – Der Untertitel könnte beeinflußt sein durch den Titel des von Jean-Marie Straub – nach dem Böll-Roman *Billard um halbzehn* (1959) – gedrehten Films *Nicht versöhnt oder Es hilft nur Gewalt, wo Gewalt herrscht* (uraufgeführt am 4. Juli 1965 im Rahmenprogramm der Berliner Filmfestspiele).

5,1–6 *Personen und Handlung ... frei erfunden ... Ähnlichkeiten ... unvermeidlich:* Bei diesem – von Böll selbst mehrfach als »Motto« bezeichneten – Text handelt es sich um eine ironisierende Variation der traditionellen Fiktionalitätsklausel: »Etwaige Ähnlichkeiten mit wirklichen Personen oder Ereignissen sind unbeabsichtigt und rein zufällig.« Diese Schutzklausel – im Vor- oder Abspann von Filmen – soll Beleidigungs- oder Schadenersatzklagen vorbeugen.

Im Nachwort *Zehn Jahre später* gibt Böll folgenden Hinweis: »Titel, Untertitel, Motto, diese drei scheinbaren Kleinigkeiten, sind wichtige Bestandteile der Erzählung. Sie *gehören* dazu. Ohne sie ist die pamphletistische Tendenz – und das ist fürwahr eine Tendenz-Erzählung! – nicht verständlich. Wer sich mit dieser Erzählung beschäftigt, sollte sich zunächst mit diesen drei vor-gesetzten Elementen beschäftigen, sie sind schon fast eine Interpretation« (S. 144). Vgl. hierzu auch das 1975 mit Manfred Durzak geführte Gespräch »Ich tendiere nur zu dem scheinbar Unpolitischen«; Böll spricht im Blick auf die »drei vor-gesetzten Elemente« von einer »Sequenz«, durch die »etwas sehr Musikalisches« in den Aufbau der Erzählung hineinkomme: Das Thema werde »in drei Formen, in drei Ausdrücken variiert«, und dann komme »die Ausführung des Themas« (Int. 1,346).

8,25 *zusammen nicht kommen können:* vgl. Anm. zu 98,32–99,2.

9,3 *Weiberfastnacht:* Die Eröffnung des Karnevals durch die Marktweiber, jeweils am Donnerstag in der Woche vor Rosenmontag. Weiberfastnacht fiel im Jahr 1974 tatsächlich auf den 21. Februar.

9,4 f. *Frau von siebenundzwanzig Jahren:* Katharina Blum, Jahrgang 1947 (wie Bölls Sohn Raimund; vgl. Kap. II, S. 38–40), nennt bei der Vernehmung den 2. März als ihren Geburtstag. Sie wird demnach am 2. März 1974 siebenundzwanzig Jahre alt.

9,12 f. *Kriminaloberkommissars Walter Moeding:* In Kap. 14 und 20 findet sich indes die Angabe, Moeding sei der »Assistent« von Beizmenne. Damit korrespondiert ein Hinweis auf Moedings Alter in Kap. 20: Er äußert gegenüber Beizmenne, Katharina sei »gleichaltrig mit ihm« (34,2). Demnach ist er erst 27 Jahre alt.

9,14 f. *als Scheich zu verkleiden:* vgl. in Kap. 33: »Scheichkostüme ... denn heuer sind aus naheliegenden Gründen Scheichs beliebter als Cowboys« (72,27–29). Die Ölkrise Ende des Jahres 1973 hatte das Scheichkostüm aktuell gemacht. Anläßlich des vierten Nah-Ost-Krieges zwischen Israel und den arabischen Staaten (6.–11. Oktober 1973) setzten die erdölexportierenden Länder den Ölpreis als politische Waffe ein. Sie wollten damit die USA, aber auch die europäischen Staaten zwingen, ihre Haltung gegenüber Israel zu ändern und zugunsten der arabischen Staaten und der Palästinenser auf Israel einzuwirken.

9,17 *Tötges:* ein sprechender Name; in Kap. 42 wird der Journalist mit der Bezeichnung »Todesherbeiführer« (102,12 f.) belegt.

10,7 f. *aufs Fernsehen ... verwiesen, auf Grusi- und Musicals einschlägiger Art:* Was Böll mit der Analogiebildung *Grusical* meint, ergibt sich aus einer Passage seines Essays *Will Ulrike Meinhof Gnade oder freies Geleit?*, worin er die vom ZDF ausgestrahlte Sendereihe »Aktenzeichen

XY – ungelöst« von Eduard Zimmermann charakterisiert: »Die nach Indizien zurechtdramatisierten Spielfilmrekonstruktionen, die Herr Zimmermann als Illustrationen zeigt, sind doch nichts weiter als miese Grusicals für den Spießer, der in Pantoffeln dasitzt, Bier trinkt und glaubt, er würde zum Augenzeugen, wo er doch nur einer undurchsichtigen Mischung von fact und fiction zuschaut, gelegentlich solchen, in denen Leichenteile die Hauptrolle spielen« (Böll, *Werke. Essayistische Schriften und Reden* – im folgenden zit. als: Ess. –, Bd. 2, S. 545).

10,15 *Spritzpistole:* Maler- und Anstreicherinstrument, mit dem Farbe ›geschossen‹ wird.

10,19–22 *Ob auch der Bildjournalist Adolf Schönner ... ein Opfer der Blum:* Schon Rainer Nägele hat darauf aufmerksam gemacht, daß dem Autor hier offensichtlich eine »Fehlkalkulation in der zeitlichen Koordination« unterlaufen ist, da im Text ausdrücklich steht, daß Schönner »am Dienstagmittag« (11,2 f.) erschossen worden sei. »Nun heißt es aber vorher, daß sich Katharina bereits am Abend nach der Tat, am Sonntagabend ›gegen 19.04 Uhr‹ der Polizei stellte, also wohl zur Tatzeit des zweiten Mordes in Untersuchungshaft sein mußte, was den Beamten doch hätte bekannt sein müssen« (Nägele, *Heinrich Böll. Einführung in das Werk und in die Forschung*, S. 162).

10,21 *der fröhlichen Stadt:* Der Name der Stadt wird in der Erzählung nicht genannt; gemeint sein dürfte Köln, eine der Hochburgen des rheinischen Karnevals. Zur Lokalisierung der Handlung siehe auch die Aussage Katharina Blums in Kap. 24: »ich fuhr in eine Richtung, die sich einfach so ergab, nach Süden Richtung Koblenz oder nach Westen Richtung Aachen oder runter zum Niederrhein« (48,32–49,2).

11,16 f. *Ja, warum eigentlich nicht den auch?:* Auf diese Textstelle bezieht Böll sich im Dezember 1975 in seiner Laudatio für Pfarrer Heinrich Albertz (wobei er auf den sog. Röhm-Putsch 1934 anspielt): »In den Jahren 32/33 war ich in dem Alter, in dem man noch Zigarettenbildchen sammelt. Und ich besaß damals einen ganzen Stoß von der Zigarettenmarke Alva, mit SA-, SS-, Partei- und Hitlerjugendgrößen, das war eine sehr informative, instruktive Serie mit Buntphotos. Und noch in der Nacht zum 1. Juli '34 [. . .] identifizierte ich anhand eines Extra-Blattes die Erschossenen, sortierte sie aus meinen Zigarettenbildchen aus und legte sie beiseite. Das war ein ziemlich umfangreicher Stoß Bildchen mit merkwürdigen Physiognomien, aber die Physiognomien der Nichterschossenen waren nicht weniger merkwürdig. Und bei Göring und Himmler etwa dachte ich: Warum hat man die nicht auch erschossen? – Vierzig Jahre später rutschte dieser Satz: Warum die nicht auch, oder den nicht auch, in eine Erzählung und von dieser Erzählung in einen Film. So geschieht das mit Sätzen, die man als 15–16jähriger bei der Durchsicht von Zigarettenbildchen denkt« (Ess. 3,294 f.). Vgl. auch das im Dezember 1975 mit Günther Nenning geführte Gespräch »Kunst ist Anarchie« (Int. 1,454 f.).

12,3 *Brumme:* In Heinz Küppers *Wörterbuch der deutschen Umgangssprache* nachgewiesen in den Bedeutungen ›Mädchen, Tanzpartnerin, Freundin, Braut‹; mit dem kommentierenden Zusatz: »›Brumme‹ ist berlinische Analogie zu ›Biene‹.« – Im Vorabdruck im *Spiegel*, in der ersten Buchausgabe und in der Taschenbuchausgabe des Verlags Kiepenheuer & Witsch (KiWi 62) von 1984 steht (hier und 104,14) »Bumme«.

12,4–12 *Ein hoher Karnevalsfunktionär, Weinhändler und Sektvertreter . . . Geschäft versaut:* Die Anspielung zielt auf den Weinhändler und Sektvertreter Thomas Liessem, der mehrere Jahre, von 1935 bis 1939 und 1954 bis 1963, Präsident des Festkomitees des Kölner Karnevals war. – Über die Veränderungen des linksrheinischen Karnevals, der immer eine Artikulationsmöglichkeit der »Opposition gegen die Obrigkeit« gewesen sei, hat Böll sich 1969 in seinem Essay *Pfäffische Drei-Tage-Freiheit* geäußert: »Heute ist der Karneval total kommerzialisiert, er ist durch den Proporz und die Beschissenheit der Verantwortlichen ganz in die Hand der Bourgeoisie geraten, deren einzige Freiheit ihre Schlüpfrigkeit ist (an der angesichts der Sex-Welle keiner mehr Anstoß nimmt), deren politischer Witz zum blöden Kalauer verkümmert ist und die sich darauf beschränken muß, nicht die Mächtigen, sondern die Ohnmächtigen zu verspotten« (Ess. 2,359 f.).

12,5 f. *den Humor wiederaufgebaut:* Jargon der Karnevalsfunktionäre, den Böll auch im dritten seiner unter dem Pseudonym Loki veröffentlichten *Briefe an einen Freund jenseits der Grenzen* (1963) bespöttelt: »Ich habe vor, über die gefleckte Hyäne meine Doktorarbeit zu schreiben. Angesichts des tierischen Ernstes, mit dem die Spießer hier öffentlich Humor betreiben (ich höre sogar das Wort ›den Humor aufbauen!‹), fühle ich mich im Zoo ganz wohl. Tiere verlieren doch selten ihre Würde« (Ess. 1,580).

12,12 *Sakrilege:* Entweihungen heiliger Orte und Dinge.

12,15 *die ZEITUNG:* Im Dezember 1975 erklärte Böll im Gespräch mit Günther Nenning: »Die Benennung *Zeitung* hat einen rein juristischen Grund, wenn Sie da irgendeinen Zeitungstitel erfinden und dann findet sich eine Zeitung, die so heißt, kann die Auseinandersetzung mit dem Problem [journalistischer Machtmißbrauch] auf juristischem Wege verhindert werden. Da hab ich also neutral diese Zeitung *Zeitung* genannt« (Int. 1,455).

14,9 *Amortisation:* hier: Tilgung einer Schuldsumme.

14,12 *Akt- auch Passiva:* Aktiva: die auf der linken Seite der Bilanz ausgewiesene Vermögensaufstellung eines Unternehmens; Passiva: die auf der rechten Seite der Bilanz ausgewiesenen Bestandskonten (Eigenkapital, Fremdkapital, Verbindlichkeiten, Rücklagen, Rückstellungen etc.).

14,20 f. *Asservatenkammer:* bei Polizeistellen oder Gerichten Aufbewahrungsort für Gegenstände, die als Beweismittel für eine Straftat von Bedeutung sein können.

14,21 *die Pistole (eine 08):* Die Ziffer bezeichnet das Kaliber der Waffe: den inneren Durchmesser des Laufs bzw. den Durchmesser des Geschosses in Millimetern.

15,25 *bohemeartigen:* ›Boheme‹ ist Bezeichnung für ungebundenes Künstlertum bzw. unkonventionelles Künstlermilieu; die Bezeichnung geht zurück auf Henri Murgers Roman *Scènes de la vie de Bohème* (1851), die Vorlage für das Libretto zu Puccinis Oper *La Bohème* (1896).

15,26 *konfessionelle Tanzveranstaltungen:* von den kirchlichen Gemeinden in eigenen Räumlichkeiten durchgeführte Veranstaltungen.

15,33 *Lemgo:* Stadt in Nordrhein-Westfalen.

16,24 *Honanseide:* Gewebe aus ungleichmäßig gesponnener Seide, benannt nach der chinesischen Provinz Honan.

17,19 f. *Ich brauche mal wieder meine Zäpfchen:* Gemeint ist das ›Anzapfen‹ des Telefons bzw. die Genehmigung dazu. Hier in wortspielerischer Verwendung, da in Form von ›Zäpfchen‹ (Suppositorien) auch Medizin verabreicht wird (Abführ-, Schmerz- oder Schlafmittel).

19,30 *Sexklemmer:* in Heinz Küppers *Wörterbuch der deutschen Umgangssprache* nicht nachgewiesen. Vermutlich eine eigene Wortprägung Bölls, zu ›verklemmt‹, frustriert.

20,18–20 *Napoleonbiographie ... Biographie der Königin Christina von Schweden ... aus einem Buchklub:* Einige Biographien Napoleon Bonapartes (1769–1821), Kaiser der Franzosen 1804–14/15, sind in den siebziger Jahren, zur Zeit der Entstehung der *Katharina Blum*, auch als Buchklubausgaben zugänglich. Beispielsweise erschien 1968 mit Genehmigung des List-Verlags Christopher Herolds *Der korsische Degen. Napoleon und seine Zeit* bei der Deutschen Buchgemeinschaft. – Biographien der Königin Christine (1626–89) von Schweden, die ab 1632, zunächst unter Vormundschaft, regierte, 1654 auf den

Thron verzichtete, wenig später zum Katholizismus konvertierte und die letzten Lebensjahrzehnte in Rom verbrachte, wurden seinerzeit gleichfalls über diverse Buchklubs vertrieben. So erschien beim Deutschen Bücherbund seit 1970 eine Lizenzausgabe der Biographie von Georgina Masson aus dem Wunderlich-Verlag, und über den Bertelsmann-Lesering wurde seit 1972 eine Biographie von Angelika Jordan verbreitet. – Katharinas ›Bibliothek‹, die ansonsten nur einige Liebes- und Kriminalromane umfaßt, zeugt von einem konventionell-kleinbürgerlichen Geschmack.

21,9 *Weiberfastnacht:* vgl. Anm. zu 9,3.

21,11 *saturnalienartigen:* Als ›Saturnalien‹ bezeichnet man ausgelassene Feiern; nach einem im antiken Rom zu Ehren des Gottes Saturn gefeierten Fest.

22,8 *Gemmelsbroich ... Kuir:* erfundene Namen; es gibt einen Ort Buir westlich von Köln.

22,14 *staublungenverdächtig:* ›Staublunge‹ ist Sammelbezeichnung für krankhafte Veränderungen des Lungengewebes, die durch das Einatmen von Staubteilchen (u. a. Kohlenstaub) verursacht werden.

22,16 *Knappschaft:* ursprüngl. zunftmäßiger Zusammenschluß der Bergleute (Knappen), zuständig für Krankenversicherung und Rente.

25,8 *Amortisation:* vgl. Anm. zu 14,9.

25,32 *Traiteur:* Betreiber einer Großküche.

31,15 *Schlacks:* umgangssprachl. für: großer, schlanker, etwas ungelenk wirkender Mensch.

31,31 f. *die ... von ihm gebaute Brücke nicht betreten wollte:* Die bildhafte Redensart ›jdm. eine Brücke (oder: goldene Brücken) bauen‹ verweist im Zusammenhang mit einer Gesprächssituation auf die – hilfreiche, entgegenkommende – Unterstützung eines Gesprächspartners, dem eine Beschämung erspart, ein ehrenvoller Rückzug ermöglicht werden soll.

34,21 *vermasselt:* umgangssprachl. für: verdorben.

35,20 *front-page-story:* (engl.) Bericht auf der ersten Seite einer Zeitung.

36,9 *RÄUBERLIEBCHEN:* »Liebchen« hat »in diesem Wortzusammenhang, anders als die sachlichere ›Geliebte‹, einen Beigeschmack der Bedeutung ›Dirne‹, was das Bild, das sich der Leser von Katharina macht, von vornherein auf ganz bestimmte Weise färbt« (Scheiffele, »Kritische Sprachanalyse«, S. 175).

36,26 f. *ein verkappter Kommunist:* Über die – im fiktionalen Kontext wie in der bundesrepublikanischen Wirklichkeit – in diffamierender Absicht verwendete Bezeichnung ›Kommunist‹ schreibt Böll 1975 im Essay *Die 10 Gebote heute: Das 8. Gebot*: »Ich halte es nicht für auch nur andeutungsweise ehrenrührig, Kommunist oder *fast* Kommunist zu sein [...]. Nachdem man den konservativen, liberalen und sozialdemokratischen Widerstand gegen Hitler gewürdigt hat, fängt man ja jetzt erst in der Bundesrepublik an, den kommunistischen Widerstand in schüchternen Ansätzen zu würdigen, nachdem man ihn fast dreißig Jahre verleugnet hat. Und immer noch und immer wieder gilt Kommunist als Verleumdung oder Schimpfwort, angewandt auf solche, die sich zum Kommunismus bekennen, und andere, die weit davon entfernt sind, sich selbst so zu definieren. Was wird aus der Wahrheit, wenn ein Wort, das seiner Natur und Herkunft nach nicht schimpflich ist, mit so viel Schimpf beworfen worden ist, daß es fast nicht mehr zu reinigen ist?« (Ess. 3,188)

36,28 f. *Meßwein:* für die Eucharistiefeier bzw. das Abendmahl verwendeter Wein.

37,1 *Sakristei:* Nebenraum in der Kirche, für den Priester und die gottesdienstlichen Geräte.

39,17 *saisongemäß fröhlich:* ironische Anspielung auf die durch den Karneval quasi ›verordnete‹ Fröhlichkeit.

41,3 f. *So mußte es ja kommen, so mußte es ja enden:* vgl. hierzu 103,13–15.

41,9 f. *tritschen gegangen:* in einschlägigen Wörterbüchern nicht nachgewiesen; hier im Sinne von ›abgehauen, davongelaufen‹.

41,14 *Porsche:* sportlicher PKW, Nobelmarke; hier Anspielung auf Götten, der am Mittwoch einen (gestohlenen) Porsche fuhr (73,2 f.).

42,9 f. *Altphilologe:* Lehrer in den Fächern Latein und/oder Griechisch.

42,26 *Altbauer:* Landwirt, der noch auf dem Hof lebt, aber die Bewirtschaftung an seinen Erben übergeben hat.

42,33 *›rote Trude‹:* Rot ist die Farbe der Revolution, des Sozialismus und Kommunismus. In Zeiten des Ost-West-Konflikts und des in der Bundesrepublik verbreiteten Antikommunismus bedeutet die Bezeichnung eine politische Diffamierung und Brandmarkung. In den siebziger Jahren wurde etwa Ulrike Meinhof in Publikationen des Springer-Verlags stereotyp als »Rote Ulrike« bezeichnet. – Vgl. auch 77,27 (»rote Wühlmaus«) 122,31 (»roter Anwalt«) 136,32 (»rötliches Kathrinchen«).

43,1 *›links‹:* vgl. Anm. zu 114,16 f.

44,6 f. *die sprachliche Sensibilität der Blum:* vgl. dazu Bölls Aussage über »plebejische Sensibilität« im Essay *Über Willy Brandt* (1972): »Es ist ein verfluchtes, durch Literatur und bildende Kunst bis in die Gegenwart hineintransportiertes Klischee, daß die ›plebs‹ nicht sensibel, komplizierten Empfindungen nicht zugänglich oder deren nicht fähig sei. Willy Brandt tritt nicht nur dafür, er tritt für viele Klischees ähnlicher Art den Gegenbeweis an« (Ess. 2,541).

44,32 *Traiteuren:* vgl. Anm. zu 25,32.

44,32 *Restaurateuren:* hier in der Bedeutung ›Restaurantbesitzer‹.

47,12–16 *den VW vor zwei Jahren ... 102 000 km:* Im Erstdruck der Erzählung fand sich demgegenüber folgende Rechnung: »[...] den VW vor sechs Jahren bei einem Kilometerstand von 56 000 übernommen. Rechne man nun 6 × 8000 hinzu, so müsse ihr Kilometerstand jetzt etwa bei 104 000 – 105 000 liegen, in Wirklichkeit aber betrage er fast 162 000 km.« Diese Passage und die korrespondierenden Angaben (Jahre/Kilometer) auf den folgenden Textseiten wurden in den Ausgaben des Deutschen Taschenbuch Verlags (ab 1976) geändert, weil sie im Widerspruch standen zu der in Kap. 15 gemachten Angabe: »Seit dem Frühjahr 1972 besitze ich einen Volkswagen, Baujahr 1968« (26,11 f.). In das KiWi-Taschenbuch von 1984 wurden die korrigierten Kilometer-Angaben übernommen, inkonsequenterweise bewahrt blieben jedoch die Hinweise »vor sechs Jahren« (47,13) und »immer auf sechs Jahre berechnet« (47,27).

49,17 *Laien:* einfache Gläubige im Unterschied zu Priestern (Klerikern).

51,16 *Gefreiten:* zweitunterster militärischer Mannschaftsdienstgrad.

55,13 f. *einem Aniszeug, das wie Limonade schmeckte:* Gemeint sein dürfte Anisette, ein süßer, dickflüssiger Likör.

59,9 f. *über Götten ... Mein Gott, er war es eben, der da kommen soll:* Angespielt wird auf Mt. 11,3: »Johannes [der Täufer] aber hörte im Gefängnis von den Taten des Messias und sandte zwei von seinen Jüngern und ließ ihn fragen: Bist du es, der da kommen soll, oder sollen wir auf einen andern warten?«

60,1–3 *In diesem Augenblick erst zog Katharina die beiden Ausgaben der ZEITUNG aus der Tasche:* »Hier unterläuft Böll erneut eine falsche Tatsachenbehauptung, die insofern von einiger Bedeutung ist, als sie bei der verschachtelten Struktur der Erzählung geeignet ist, den Leser außerordentlich zu verwirren: da nämlich die *Zeitung* am Freitag ihren ersten Bericht über Katharina publiziert hat, kann diese *unter keinen Umständen* am selben Tag ›die beiden Ausgaben der *Zeitung*‹ aus der Tasche ziehen!« (Beth, »Rufmord und Mord«, S. 91.) Im weiteren Verlauf des Erzählens ist Böll dieser Fehler offenbar bewußt geworden. In Kap. 34 ist die Rede von »den beiden Ausgaben der ZEITUNG« (77,9), und in Kap. 36 wird explizit erwähnt, daß »der erste Artikel« über Katharina schon »am Donnerstag in der ZEITUNG« erschienen sei (79,9). Diese Angaben stehen jedoch nicht im Einklang mit der in Kap. 11 vorgenommenen zeitlichen Fixierung: Die Polizei dringt »am Donnerstagmorgen« (Weiberfastnacht, 21. Februar 1974) in die Wohnung der Protagonistin ein, worüber die Presse folglich erst am Freitag berichten kann. Auch die Schmähbriefe können sich nicht schon am Freitag in Katharinas Briefkasten befunden haben und der erste anonyme Anruf nicht schon in der Nacht von Donnerstag auf Freitag gekommen sein (s. Kap. 34), setzen sie doch die Lektüre des ersten Zeitungsartikels voraus.

60,21 f. *Person der Zeitgeschichte:* Begriff aus dem Presserecht, den Persönlichkeitsschutz betreffend. Sog. absolute Personen der Zeitgeschichte stehen im öffentlichen Leben; relative Personen der Zeitgeschichte geraten wegen des Zusammenhangs mit einem informationswürdigen Ereignis in den zeitgeschichtlichen Bereich.

64,30 *Handwerkskammer:* Organisation für die Selbstverwaltung der Handwerksbetriebe, zuständig für die Lehrlingsausbildung sowie Gesellen- und Meisterprüfung.

64,33 *Buffetismus:* ironisierende Wortbildung zu *Buffet* (*Büffet*, *Büfett*) ›zur Selbstbedienung zusammengestellte, meist kunstvoll arrangierte Speisen‹.

65,12 *Pressefreiheit:* durch Artikel 5 des Grundgesetzes gewährleistetes Recht, das die freie Bildung und Entfaltung der Meinung schützt und das eine Grundvoraussetzung der demokratischen Grundordnung ist.

65,18 f. *Informationsgeheimnis:* Schutz genießt ein Informant insofern, als Medienangehörige nicht gezwungen werden können, ihre Zuträger preiszugeben. Das dann in Kraft tretende Recht auf Zeugnisverweigerung besagt, daß zur Wahrung des Berufsgeheimnisses bestimmte Personen in einem Verfahren die Aussage verweigern können (betrifft alle Berufe, die der Schweigepflicht unterliegen: Geistliche, Ärzte, Steuerberater usw., aber auch Redakteure, Sendeleiter).

67,26 *Pionieren:* Soldaten der technischen Truppe in der Bundeswehr.

67,27 *Innenstreife:* beim Militär: Patrouillendienst innerhalb des Kasernengeländes.

72,28 *heuer:* (süddt., österr., schweiz.) in diesem Jahr.

72,28 f. *aus naheliegenden Gründen Scheichs beliebter als Cowboys:* vgl. Anm. zu 9,14 f.

77,9 *den beiden Ausgaben der ZEITUNG:* vgl. Anm. zu 60,1–3.

77,16 f. *Das war ... starker Tobak:* sprichwörtliche Redensart in der Bedeutung: eine starke Zumutung, eine große Unverschämtheit. Die Redensart beruht auf einem niederdeutschen Schwank; deshalb ›Tobak‹, die niederdeutsche Form von ›Tabak‹.

77,27 *roter Wühlmaus:* vgl. Anm. zu 42,33.

77,27 *Kreml-Tante:* Der Kreml ist ein burgartig abgeschlossener Stadtteil in Moskau, Sitz der Regierung der ehemaligen Sowjetunion. Wortverbindungen mit »Kreml-« hatten in Zeiten des Ost-West-Konflikts diskriminierende Funktion, sollten den Beschimpften politisch verdächtig machen, d. h. in die Nähe des politischen Gegners rücken.

77,31 *Stalin:* sowjetischer Staatsmann (1879–1953), ab 1922 Generalsekretär der Kommunistischen Partei der Sowjetunion (KPdSU), ab 1927 unumschränkter Diktator, Oberbefehlshaber der sowjetischen (›Roten‹) Armee im Krieg gegen Deutschland.

78,1 *Traktate:* Abhandlungen, religiöse Erbauungsschriften.

78,28 *Kölnisch Wasser:* Duftwasser, hergestellt – zunächst nur in Köln – aus Alkohol und bestimmten ätherischen Ölen (Eau de Cologne).

79,8 f. *der erste Artikel am Donnerstag in der ZEITUNG:* fehlerhaft hinsichtlich der Zeitangabe; vgl. Anm. zu 60,1–3.

81,7–9 *angesichts der Scheichmode ... als Beduinenfrau:* vgl. Anm. zu 9,14 f.

81,12 *»der da kommen sollte«:* vgl. Anm. zu 59,9 f.

81,14 *verhört bzw. vernommen:* ›Verhör‹ und ›Vernehmung‹ bezeichnen im Prozeßrecht die mündliche Befragung des Beschuldigten bzw. der Zeugen und Sachverständigen.

81,15 f. *kein Schmetterlingsfänger:* Gemeint ist: nicht so harmlos-versponnen, wie man sich klischeehaft einen ›Schmetterlingsfänger‹ vorstellen mag.

81,23 *Frauenburnus:* Burnus ist Bezeichnung für den Kapuzenmantel der Beduinen.

83,16 *Rechtsbeistandes:* Rechtsanwaltes, Verteidigers.

83,29 *Ambulierenderweise:* ›ambulieren‹ ist ein veraltetes Wort für ›spazierengehen‹.

84,16 f. *die beiden Ausgaben der ZEITUNG:* vgl. Kap. 22 und 23.

86,15 f. *tritschen gegangen:* vgl. Anm. zu 41,9 f.

86,27 *perdu:* (frz.) verloren, weg, auf und davon.

89,26 *handsignierten Chagall:* Marc Chagall (1889–1985), russischer Maler und Graphiker. Mit eigenhändigem Namenszug versehene graphische Arbeiten des Künstlers werden zu hohen Preisen gehandelt und zieren die Wohnungen des gutsituierten Bürgertums.

91,17 f. *einen Strohmann:* eine vorgeschobene Person, die an Stelle der wirklich tätigen und verantwortlichen Person in Erscheinung tritt und aktiv wird.

92,18 *Boulevardjournalismus:* spezifische Ausprägung der Massenpresse: reißerisch aufgemachte, in hohen Auflagen erscheinende und daher billige Zeitungen, die überwiegend im Straßenverkauf abgesetzt werden (Prototyp in der Bundesrepublik: die *Bild*-Zeitung).

95,6 *Transistor:* Transistorradio, kleiner tragbarer Rundfunkempfänger.

95,12 *Pergola:* Laubengang.

97,11 *synchronisierbar:* zeitlich in Einklang zu bringen.

97,12 *linearen Handlungsablauf:* rein zeitliche Abfolge bzw. Wiedergabe der Vorgänge, ohne Sprünge und Rückgriffe.

97,14 *Zäpfchen:* vgl. Anm. zu 17,19 f.

97,33 f. *Befehlsnotstand:* Wird ein Täter durch unwiderstehliche Gewalt oder Drohung mit gegenwärtiger Gefahr für Leib und Leben zu einer Tat gezwungen, bleibt diese zwar rechtswidrig, wird aber entschuldigt und bleibt unter Umständen straffrei (Strafgesetzbuch, § 52).

98,32 – 99,2 *»zueinander nicht kommen können«, wie die Königskinder ... Nonne ... ertrank:* Bezug genommen wird auf ein aus dem 15. Jahrhundert stammendes Volkslied, das das Schicksal zweier durch das Wasser getrennter Liebender thematisiert, wie es erstmals in der antiken Legende von Hero und Leander gestaltet wurde. In der von Achim von Arnim und Clemens Brentano veranstalteten Liedersammlung *Des Knaben Wunderhorn* (Bd. 2, 1808) trägt das Lied den Titel *Edelkönigs-Kinder.* Nachfolgend Strophe 1–3 in einer leicht veränderten Form, die populär geworden ist:

> Es waren zwei Königskinder,
> die hatten einander so lieb,
> sie konnten beisammen nicht kommen,
> das Wasser war viel zu tief.
>
> Ach Liebster, könntest du schwimmen,
> so schwimm doch herüber zu mir!
> Drei Kerzen will ich anzünden,
> und die sollen leuchten zu dir.
>
> Das hört ein falsches Nönnlein,
> die tät als wenn sie schlief;
> sie tät die Kerzlein auslöschen,
> der Jüngling ertrank so tief.

99,5 f. *Palatschinken:* (österr.) gefüllte Eierpfannkuchen.

100,1 *Anarchistencode:* Anarchisten sind eigentlich Anhänger einer politischen Lehre (Anarchismus), die jede Art von Autorität als Form der Herrschaft von Menschen über Menschen ablehnt und eine herrschaftsfreie Gesellschaft propagiert. In den siebziger Jahren wird die Bezeichnung vorwiegend auf terroristische Gewalttäter bezogen. – *Code:* (frz.) Geheimsprache.

100,6 f. *dem Hasch verfallen:* rauschgiftsüchtig, abhängig von Haschisch.

100,30 *telepathische:* Unter Telepathie versteht man das unmittelbare Wahrnehmen seelischer Vorgänge (Empfindungen, Gedanken) eines anderen Menschen ohne Vermittlung der Sinnesorgane (›Fernfühlen‹).

101,2 *verdächtige Person ... der man ein »Zäpfchen« genehmigt hat:* Gemeint ist: deren Telefon aufgrund einer Genehmigung abgehört werden darf (vgl. Anm. zu 17,19 f.).

101,11 f. *Gewerkschaft Öffentliche Dienste, Transport und Verkehr:* Teilgewerkschaft des Deutschen Gewerkschaftsbundes.

101,15 f. *Tonbandstreitkräfte:* witzig-ironische Wortprägung unter Verwendung eines militärischen Terminus; gemeint sind die die Telefongespräche abhörenden Beamten. – Aufgegriffen und erzählerisch entfaltet hat Böll die spöttisch-besorgten Betrachtungen des Berichterstatters über die staatlichen Abhörpraktiken in der ein Jahr später publizierten Geheimdienstsatire *Berichte zur Gesinnungslage der Nation.*

101,17 *Fuldaer Bischofskonferenz:* die Deutsche Bischofskonferenz, das Beschlußorgan der katholischen Bischöfe, tagt regelmäßig im hessischen Fulda.

101,17 f. *Zentralkomitee deutscher Katholiken:* Dachorganisation der katholischen Laien.

102,30 *Person der Zeitgeschichte:* vgl. Anm. zu 60,21 f.

103,20–22 *Es war nicht einmal mit Gewißheit zu ermitteln, ob Tötges tatsächlich bis zu Frau Blum durchgedrungen war:* Diese Feststellung steht in Widerspruch zu der im ersten Abschnitt von Kap. 49 gemachten Aussage des Erzählers, wonach die ZEITUNG »durch ihren Reporter Tötges den zweifellos verfrühten Tod von Katharinas Mutter verursachte« (117,11–13).

104,14 *Brumme:* vgl. Anm. zu 12,3.

106,24 *Rufmörder:* ›Rufmord‹ ist eine schwere Verleumdung, die den ›guten Ruf‹ eines Menschen zerstört.

106,28 *Marxistin:* Anhängerin der Lehren von Karl Marx, (1818–1883). Vgl. Anm. zu 36,26 f. und 42,33.

106,32 f. *ein Strukturproblem:* Anspielung auf das in den siebziger Jahren viel diskutierte Problem der ›strukturellen Gewalt‹. In die Gewalt-Debatte eingeführt hat diesen Begriff der norwegische Friedensforscher Johan Galtung. Kennzeichnend für die »strukturelle oder indirekte Gewalt« ist nach Galtung, daß hier »niemand in Erscheinung [tritt], der einem anderen direkt Schaden zufügen könnte; die Gewalt ist in das System eingebaut und äußert sich in ungleichen Machtverhältnissen und folglich in ungleichen Lebenschancen« (J. Galtung, »Gewalt, Frieden und Friedensforschung«, in: *Kritische Friedensforschung*, hrsg. von Dieter Senghaas, Frankfurt a. M. 1971, S. 62). Ein Instrument struktureller Gewalt sind z. B. Presseorgane.

109,28 f. *eine Art Räuber- und Gendarmromantik:* bezogen auf ein populäres (Kinder-)Spiel: »Räuber und Gendarm«.

111,11 f. *nachdem das Interview sich als »Interview« erwiesen hatte:* Anspielung auf die Etymologie, den Ursprung des Wortes ›Interview‹. Dem seit Ende des 19. Jahrhunderts in der Journalistensprache nachweisbaren Fachwort liegt das französische Verb *entrevoir* ›einander (kurz) sehen, sich begegnen, treffen‹ zugrunde, eine Neubildung zu frz. *voir* ›sehen‹. Das englische Wort ist Lehnbildung zum französischen Substantiv *entrevue* ›verabredete Zusammenkunft‹. – Zu einer in Form eines Dialogs durchgeführten Befragung (Interview im gängigen Verständnis) kommt es bei der Zusammenkunft von Katharina und Tötges nicht. Vgl. auch 119,30 »Interview«.

112,3 *neuralgischen:* hier nicht im Sinne des medizinischen Fachworts (Neuralgie: in Anfällen auftretender Nervenschmerz), sondern in der allgemeineren Bedeutung: sehr problematisch, kritisch.

113,5 *als Erstkommunikantin:* Die ›Erstkommunion‹ ist in der katholischen Kirche die – mit Feierlichkeiten verbundene – erste Teilnahme der Kinder an der Eucharistie. Mädchen tragen zu diesem Anlaß ein weißes Kleid.

114,9 *auszubaldowern:* umgangssprachl. für: auszukundschaften.

114,15 *loyalen:* treuen, solidarischen.

114,16 f. *im Auftrag einer Linksgruppe:* Als polare Begriffe sind Rechts und Links seit jeher Bilder für Gut und Böse. Politisch wurde Links die Seite der Revolution, weil sie die Seite der Schwächeren war. In der französischen Nationalversammlung (1789–92) saßen links vom Parlamentspräsidenten die progressiven, revolutionären Kräfte, rechts die konservativen und reaktionären. – In der politischen Topographie der Bundesrepublik bedeutet Links: kommunistisch oder sozialistisch. Vgl. die Anm. zu 36,26 f. und 42,33.

115,4 *Annalen:* (lat.) Jahrbücher; chronologisch geordnete Aufzeichnungen von Ereignissen.

115,5 *TH:* gebräuchliche Abkürzung für: Technische Hochschule.

116,11 *als er auskontaktiert gewesen sei:* als alle seine Kontakte festgestellt worden seien.

116,24 f. *in der DDR ... freiwillig:* Wer vor der Wiedervereinigung (1989) *freiwillig* in die DDR übersiedelte, galt als suspekt, politisch unzuverlässig, Parteigänger des ideologischen Gegners. Kritiker bundesrepublikanischer Zustände und Fehlentwicklungen wurden öffentlich aufgefordert, in die DDR (»nach drüben«) zu gehen.

116,27 *1961 kurz vor dem Mauerbau:* Beginn des Baus der Mauer durch Berlin: 13. August 1961.

116,33–117,2 *Mitglied der damaligen KPD, der 1932 in die Sowjetunion emigriert sei:* Vor der Machtübernahme durch die Nationalsozialisten flohen viele Mitglieder der Kommunistischen Partei ins Ausland, vornehmlich in die Sowjetunion, von wo aus sie Widerstand gegen das Hitler-Regime zu organisieren versuchten. Solche Personen waren auch nach 1945 in der Bundesrepublik politischen Verdächtigungen und Kritik ausgesetzt.

118,19 *Molotow-Cocktail:* mit Benzin und Phosphor gefüllte Flasche, erstmals von sowjetischen Truppen im Zweiten Weltkrieg als einfache Handgranate verwendet; benannt nach dem ehemaligen sowjetischen Außenminister Molotow (1890–1986).

118,31 f. *spontan-kleinbürgerlich-romantischen Anarchismus:* vgl. Anm. zu 100,1.

118,32–119,1 *besprach ihn regelrecht, so wie man eine ... wunde Körperstelle b e s p r i c h t:* Das ›Besprechen‹ ist das älteste magische Heilverfahren, denn Gebrechen aller Art galten, auch wenn ihre Ursache deutlich erkennbar war, im Volksglauben von jeher als durch einen bösen Geist angehext. »Noch stärkere Macht als in Kraut und Stein liegt in dem Wort und bei allen Völkern geht aus ihm Segen oder Fluch hervor. Es sind aber gebundene, feierlich gefaßte Worte, wenn sie wirken sollen, erforderlich [. . .]« (Jacob Grimm).

119,30 *»Interview«:* vgl. Anm. zu 111,11 f.

120,27 *Meßwein . . . Sakristei:* vgl. Anm. zu 36,28 und 37,1.

122,11 *Treuhänderschaft:* Verwaltung fremden Vermögens.

122,15 *Amortisation:* vgl. Anm. zu 14,9.

122,25 *in erster Instanz:* erste Stufe des gerichtlichen Verfahrens. Bei Rechtsstreitigkeiten zwischen Arbeitgebern und Arbeitnehmern sind in erster Instanz die Arbeitsgerichte zuständig; als die zweite und die dritte Instanz können die Landesarbeitsgerichte (Berufungsinstanz) und das Bundesarbeitsgericht (Revisionsinstanz) angerufen werden.

123,3 f. *Abwicklungen:* Gemeint ist das Zu-Ende-Führen noch nicht abgeschlossener Geschäftsvorgänge.

123,14 f. *Solnhofener Schiefer:* Solnhofen ist eine Gemeinde in der Fränkischen Alb. Aus dem dort vorkommenden Gestein werden ›Solnhofener Platten‹ für Boden-, Wand- und Simsbekleidungen gewonnen.

124,19 *Bonvivant:* (frz.) Lebemann; jemand, der das Leben zu genießen weiß.

124,31 *Desodorants:* Mittel zur Beseitigung oder Überdekkung unangenehmen Körpergeruchs (auch: Deodorant).

125,20 f. *Fließen die roten Quellen wirklich nicht mehr:* Die Unterstellung zielt darauf ab, daß Blorna finanzielle Unterstützung aus der DDR oder der Sowjetunion erhalte – ein gegenüber Oppositionellen in der Bundesrepublik häufig erhobener Vorwurf. – Vgl. auch Anm. zu 42,33.

125,23 *Hauptverhandlung:* Im Strafprozeß der wichtigste Teil des Verfahrens. In der Hauptverhandlung wird der Angeklagte vernommen, werden Zeugen und Sachverständige angehört; danach werden die Plädoyers gehalten (zuerst vom Staatsanwalt, dann vom Verteidiger).

126,8 f *schon am Donnerstag nach Lektüre des ersten Artikels:* Die Zeitangabe steht im Widerspruch zu vorher genannten Daten; vgl. Anm. zu 60,1–3.

127,17 *Traiteurservice:* vgl. Anm. zu 25,32.

128,6 f. *Vater ..., der als Opfer des Stalinismus gilt:* vgl. hierzu den Schluß von Kap. 48. – Unter *Stalinismus* versteht man die Periode des Bolschewismus in der Sowjetunion unter Stalin (vgl. Anm. zu 77,31).

128,18 *Seeger:* In Heinz Küppers *Wörterbuch der deutschen Umgangssprache* nachgewiesen als Nebenform von »Seicher« ›Harnender‹; abfällig verwendet für Personen männlichen Geschlechts.

128,19 *Zicke:* umgangssprachl., abwertend für: weibliche Person.

128,28 *Petit-Fours:* (frz.) mit bunter Zuckerglasur überzogenes Feingebäck.

129,8 *Le Boche:* ein mit Sinn für Ironie gewählter Künstlername; *Boche* ist eigentlich die abwertende Bezeichnung der Franzosen für einen Deutschen.

129,8 f. *Mäzen:* Förderer, freigebiger Gönner, Kunstfreund (nach dem Römer Maecenas, einem besonderen Gönner der Dichter Horaz und Vergil).

130,32 *One minute piece of art«:* (engl.) Ein-Minuten-Kunstwerk. – Möglicherweise wurde Böll angeregt durch ein von Joseph Beuys am 20. Juli 1964, dem 20. Jahrestag des Hitler-Attentats, organisiertes Happening, in dessen Verlauf ihm ein wütender Student einen Faustschlag ins Gesicht versetzte. Es existiert ein Photo von diesem Vorfall, »auf dem Beuys mit blutender Nase ein Kruzifix hält, das in einem Bierkrug-ähnlichen Gefäß steckt, mit einem Buch darunter« (Reid, *Heinrich Böll. Ein Zeuge seiner Zeit*, S. 201). Als Quelle nennt Reid: Jürgen Becker/Wolf Vostell (Hrsg.), *Happenings, Fluxus Pop Art Nouveau Réalisme. Eine Dokumentation*, Reinbek 1965, S. 283.

131,6 f. *... daß die Kunst doch noch eine soziale Funktion hat:* In einem Gespräch mit Manfred Durzak hat Böll 1975 erläutert, diese Bemerkung sei »ein Hinweis auf den Snobismus des Kunstgeschäfts«. Er führte dazu weiter aus: »Das soll ausdrücken – ob's geglückt ist, ist eine andere Frage –, daß alles kommerzialisierbar ist, sogar eine Ohrfeige und die zwei oder drei Blutstropfen, die sie zur Folge hat. Das kann man noch verkaufen mit der Signatur des berühmten Mannes« (Int. 1,341).

132,2 *in der zweiten Instanz:* vgl. Anm. zu 122,25.

132,12 f. *als Verteidiger ... wegen erheblicher Befangenheit ablehnen:* Hier ist Böll offensichtlich einem Irrtum unterlegen: Ein Verteidiger kann nach bundesrepublikanischem Recht nicht wegen Befangenheit abgelehnt werden.

133,3–5 *ein alter Nazi ... auf ihn nicht aufmerksam geworden sei:* Die ganze Aufmerksamkeit der staatlichen Behörden richtete sich in der Bundesrepublik auf Abwehr gegen (Verfassungs-)Feinde von ›links‹, gegen ›linke‹ Unterwanderung (die der »Radikalenerlaß«, 1972, unterbinden sollte). Böll und andere linksliberale Kritiker monierten, daß demgegenüber »alte Nazis« unbehelligt blieben und rechtsradikalen Aktivitäten behördlicherseits wenig Beachtung geschenkt werde. – 1963 schrieb Böll in einem *In der Bundesrepublik leben?* betitelten Essay: »Wir leben in einem komplizierten Land, wo einer, obwohl, trotzdem oder gar weil er Nazi war, Politik machen, ein Amt bekleiden kann; wo man den Widerstand, den die Kommunisten den Nazis geleistet haben, totschweigt« (Ess. 1,538 f.).

133,6 *Politischer Leiter:* zur Zeit des Nationalsozialismus Amtsträger der NSDAP.

133,23 f. *als Beduinenfrau verkleidet:* vgl. Anm. zu 9,14 f.

135,21–25 *erst einmal bumsen . . . Bumsen meinetwegen . . . geschossen:* Zu dieser vieldiskutierten Textstelle hat Rainer Nägele angemerkt: »Offenbar wollte Böll hier den Zusammenhang von Wort und Gewalt im Wortspiel zur Unmittelbarkeit verdichten. Das ist ihm einerseits zwar gelungen, jedoch mit bedenklichen Kosten: denn was das Wortspiel symbolisch verdichtet, löst es im Kontext der Handlung auf, indem es die Motivation verwirrt und den Schuß zur Reaktion auf eine sexuelle Attacke macht, womit die von der Recherche mühsam aufgebauten Motivationszusammenhänge gefährlich in Frage gestellt werden.« (R. Nägele, *Heinrich Böll. Einführung in das Werk und in die Forschung*, S. 162. – Vgl. auch die Deutung von Wolfram Schütte (Kap. IV.1, S. 144 f.).

135,23 *Kledage:* »Kledasche« (norddt.) ›Kleidung‹. – Das Wort wird, zumindest im Rheinland, eher umgangssprachlich verwendet. In Bölls Erzählung *Ende einer Dienstfahrt* wird es von der Barbesitzerin Sanni Seiffert benutzt (Kap. 2), in deren Mund es besser zu passen scheint.

II. Entstehung: Zum zeitgeschichtlichen und autobiographischen Hintergrund

> »[...] man muß die Texte in die Zeit zurückversetzen, in der sie geschrieben sind. Ich glaube, das ist eines der wichtigsten Prinzipien bei der Beurteilung von Literatur, daß man in die Zeit, in der sie geschrieben sind, zurückgehen muß, und zwar ganz. Sich auch vorstellen muß, wie war das damals, was passierte damals, als das geschrieben worden ist. Ich kann gar nicht anders lesen.«
>
> Böll im Gespräch mit Heinrich Vormweg, Dezember 1982

Die Erzählung *Die verlorene Ehre der Katharina Blum* wurde in einen bestimmten gesellschaftlich-politischen Kontext hineingeschrieben, in eine Zeit, die sich mit Begriffen wie ›Außerparlamentarische Opposition‹, ›Terrorismusdebatte‹, ›Sympathisantenproblem‹ und ›Radikalenerlaß‹ etikettieren läßt. Heinrich Böll, der in die politischen Kontroversen der siebziger Jahre wie kein anderer Schriftsteller involviert war, sprach im Blick auf die Entstehung des Textes einerseits von einem »autobiographischen Zug« und einem »biographischen Einstieg«, und er charakterisierte andererseits seine Erzählung wiederholt als »Streitschrift« und »politisches Pamphlet«. Die Geschichte will aufklären, entlarven, in aktuelle Auseinandersetzungen eingreifen – verfolgt also durchaus außerästhetische Intentionen. In einem am 10. Mai 1976 mit Ulrich Schreiber geführten Gespräch erklärte Böll rückblickend: »Die Erzählung hatte einen ganz eindeutig politisch-pamphletischen Zug, eine klare Tendenz, und zwar mehr als jedes andere Buch, jede andere

Erzählung, die ich geschrieben habe.«[1] Die von ihm 1984 im Nachwort *Zehn Jahre später* erneut herausgestellte »pamphletistische Tendenz« des Textes (S. 144) ergibt sich daraus, daß er in den Kontext spektakulärer öffentlicher Kontroversen und der Anfang der siebziger Jahre aktuellen Gewaltdiskussion gestellt wird.

Der bundesrepublikanische Terrorismus ist historisch in der Zeit der 68er-Bewegung verwurzelt, in einer Phase des gesellschaftlichen Umbruchs, der mitgetragen wurde durch die Studentenproteste und die sich aus diesen Kreisen formierende Außerparlamentarische Opposition (Apo). Als erste öffentliche Aktionen der terroristischen Vorläufer der ›Roten Armee Fraktion‹ (RAF) gelten die Brandanschläge auf zwei Kaufhäuser in Frankfurt a. M. am 2. April 1968. Die Polizei nahm als mutmaßliche Brandstifter vier Personen fest, u. a. die Germanistikstudentin Gudrun Ensslin und ihren Freund Andreas Baader. Über den Prozeß gegen sie berichtete die Journalistin Ulrike Meinhof regelmäßig in der Zeitschrift *konkret*. Als das Urteil gegen Ensslin und Baader rechtskräftig wurde, tauchten beide in den Untergrund ab. Baader wurde am 4. April 1970 jedoch erneut gefaßt und inhaftiert. Bei einer Ausführung aus der Strafanstalt wurde er knapp sechs Wochen nach seiner Inhaftierung mit Waffengewalt befreit; beteiligt war Ulrike Meinhof. Im Untergrund begannen Baader, Ensslin, Meinhof und Horst Mahler (der Rechtsanwalt, der Baader und Ensslin in Frankfurt verteidigt hatte), die ›Rote Armee Fraktion‹ aufzubauen mit dem Ziel, das Machtgefüge des Staats zu zersetzen.

Im Sommer 1970 erschütterte eine Serie von Brand- und Sprengstoffanschlägen gegen Einrichtungen der US-Armee, gegen Richter, die mit Terroristen-Prozessen befaßt waren, und gegen den Springer-Konzern die deutsche Öffentlich-

1 Zit. nach: »Die mehrfach verlorene Ehre der Katharina Blum«, in: *Frankfurter Rundschau*, Nr. 107, 19. Mai 1976, S. 7.

keit. Banküberfälle, die solche Aktionen »finanzieren« sollten, begleiteten den Terror. Regierung und Opposition waren sich bei der Bekämpfung des Terrorismus – durch hartes staatliches Durchgreifen – grundsätzlich einig, und sie wurden dabei von weiten Kreisen der Bevölkerung unterstützt. Als jedoch am 28. Januar 1972 die Regierungschefs der Länder unter Vorsitz von Bundeskanzler Willy Brandt den sogenannten Radikalenerlaß verabschiedeten, löste dies vehementen Widerspruch aus. Bewerber für den öffentlichen Dienst konnten aufgrund des Radikalenerlasses verschärft auf ihre Verfassungstreue überprüft werden. Darin sahen viele, auch ausländische Kritiker, zu Recht eine Einschränkung der Meinungsfreiheit und einen Schritt der Bundesrepublik in Richtung Polizeistaat. Zu den Kritikern gehörte unter anderem Heinrich Böll, der in einer am ersten Weihnachtstag 1973 ausgestrahlten Sendung des Westdeutschen Rundfunks den Erlaß als »der Bundesrepublik Deutschland unwürdig« bezeichnete und zu dessen Wirkung anmerkte:

»Der Radikalenerlaß verhindert radikale politische und geistige, theoretische und praktische Auseinandersetzung mit Problemen; er entmutigt Jugendliche und junge Leute, die im öffentlichen Dienst arbeiten wollen, er zwingt sie zu demütigender Anpassung oder zur Heuchelei. Es ist ein Erlaß gegen die Hoffnung, er verordnet Hoffnungslosigkeit und Lähmung [. . .].«

Heinrich Böll: Radikalität und Hoffnung. Zit. nach: H. B.: Werke. Essayistische Schriften und Reden. [Im folgenden zit. als: Ess.] Bd. 3. Köln: Kiepenheuer & Witsch, [1978]. S. 75 f. –

Im Sommer 1972 beschloß der Bundestag diverse Verfassungsänderungen; so wurden u. a. die Möglichkeiten für Polizeieinsätze erweitert, der Aufbau von Sonderstellen des

Bundeskriminalamts und von Spezialeinheiten der Polizei bzw. des Bundesgrenzschutzes zur Terroristenbekämpfung forciert und die Aufgaben des Verfassungsschutzes ausgedehnt.

Am 1. Juni 1972 wurden mit Andreas Baader, Jan-Carl Raspe und Holger Meins führende Köpfe der RAF gefaßt. Im Rahmen der Großfahndung wurde auch Böll an diesem Tag in seinem Haus in der Eifel von zwei Polizeibeamten aufgesucht, die seine Gäste aufforderten, sich auszuweisen. Als weiteres Indiz dafür, daß Böll von bestimmten politischen Kreisen der ideologischen Unterstützung der RAF verdächtigt wurde, können Äußerungen des CSU-Abgeordneten Oscar Schneider gelten. In einer Bundestagsdebatte zur inneren Sicherheit am 7. Juni warf dieser den Schriftstellern Günter Grass und Böll die Beteiligung an der Zerstörung des inneren Friedens vor, woraufhin Willy Brandt die Autoren öffentlich in Schutz nahm.

Am 7. Juni erfolgte die Verhaftung von Gudrun Ensslin, am 15. desselben Monats die von Ulrike Meinhof; beide wurden wie die zuvor genannten Baader, Raspe und Meins inhaftiert. Die RAF-Mitglieder agierten vom Gefängnis aus weiter, hatten auch Kontakte zu der 1970 gebildeten ›Bewegung 2. Juni‹ (benannt nach dem Tag, an dem 1967 der Student Benno Ohnesorg bei einer Demonstration in Berlin von einem Polizisten erschossen worden war). Am 17. Januar 1973 traten gleichzeitig alle Baader-Meinhof-Häftlinge in den Hungerstreik – aus Protest gegen ihre »Isolationshaft«. Sie brachen diese Aktion am 16. Februar ab. An den Folgen eines weiteren Hungerstreiks ab 12. September 1974, an dem sich 59 in verschiedenen Anstalten inhaftierte RAF-Mitglieder beteiligten, starb Holger Meins am 9. November. Am Tag darauf wurde der Präsident des Berliner Kammergerichts, Günter von Drenkmann, von Terroristen bei einem Entführungsversuch erschossen. In einem Fernsehkommentar (ARD; Spätausgabe der Tagesschau) anläß-

Heinrich Böll
Anfang der achtziger Jahre

lich des Staatsakts zur Beerdigung von Drenkmanns am 21. November griff der Fernsehjournalist Matthias Walden Heinrich Böll scharf an und bezeichnete ihn als einen derjenigen, die den »Boden der Gewalt gedüngt« hätten: »Jahrelang warfen renommierte Verlage revolutionäre Druckererzeugnisse auf den Büchermarkt. Heinrich Böll bezeichnete den Rechtsstaat, gegen den die Gewalt sich richtet, als ›Misthaufen‹ und sagte, er sähe nur ›Reste verfaulender Macht, die mit rattenhafter Wut verteidigt‹ würden. Er be-

schuldigte diesen Staat, die Terroristen ›in gnadenloser Jagd‹ zu verfolgen.«[2]
Böll klagte wegen dieser Diffamierung gegen den Kommentator, und nach jahrelangem Prozessieren durch alle Instanzen mußte Walden bzw. der Sender Freies Berlin 1981 ein Schmerzensgeld in Höhe von 40 000 Mark an Böll zahlen.
Ende 1974 wurde die Reform des Strafrechts realisiert; u. a. sollte bestraft werden, wer Schriften verbreitete oder bezog, die Gewalttaten befürworteten und die geeignet waren, »die Bereitschaft anderer zu fördern, sich durch die Begehung solcher Taten für Bestrebungen gegen den Bestand oder die Sicherheit der Bundesrepublik Deutschland oder gegen Verfassungsgrundsätze einzusetzen.«[3] Bis Ende der siebziger Jahre folgten weitere Gesetzesverschärfungen, die die Befugnisse der Polizei und des Verfassungsschutzes ausbauten, worin viele eine Gefährdung des Rechtsstaats erblickten.

* * *

Am 10. Januar 1972, also gut zwei Jahre vor dem Erscheinen der Erzählung *Die verlorene Ehre der Katharina Blum*, war im *Spiegel* ein Artikel erschienen, den Böll unter dem Titel *Soviel Liebe auf einmal* eingereicht hatte, den die Redaktion

2 Zit. nach: *Heinrich Böll und sein Verlag Kiepenheuer & Witsch. – Der Deutsche Herbst. Heinrich Böll und die Terrorismus-Diskussion der 70er Jahre. Zwei Ausstellungen.* Herausgeber: Stadt Köln – Der Oberstadtdirektor – Stadtbücherei und der Verlag Kiepenheuer & Witsch, Köln 1992, S. 68. – Die von Walden zitierten Aussagen sind teilweise Bölls Wuppertaler Rede *Die Freiheit der Kunst* aus dem Jahr 1966 (Ess. 2,229) und zum anderen Teil – unkorrekt – dem Essay *Notstandsnotizen* von 1968 (ebd., S. 295) entnommen. Von »gnadenloser Jagd« ist in Bölls Schriften nicht die Rede; allerdings spricht er in seinem *Spiegel*-Aufsatz *»Will Ulrike Gnade oder freies Geleit?«* davon, daß Ulrike Meinhof damit rechnen müsse, »sich einer totalen Gnadenlosigkeit ausgeliefert zu sehen« (ebd., S. 547).

3 Peter Borowsky, *Deutschland 1969–1982*, Hannover 1987, S. 127. – Die voranstehende Darstellung zur Entwicklung des Terrorismus in der Bundesrepublik stützt sich im übrigen auf: Stefan Aust, *Der Baader Meinhof Komplex*, Hamburg 1985.

dann jedoch ohne Rücksprache unter der Überschrift *»Will Ulrike Gnade oder freies Geleit?«* publizierte. In diesem Beitrag hat Böll scharfe Vorwürfe vor allem gegen die Berichterstattung der Springer-Presse erhoben. Provoziert war seine Stellungnahme durch einen Artikel der *Bild*-Zeitung vom 23. Dezember 1971, dessen Schlagzeile *Baader-Meinhof-Bande mordet weiter* einen bewaffneten Banküberfall Mitgliedern der Gruppe anlastete, obwohl es zu diesem Zeitpunkt dafür keine konkreten Beweise gab. Böll sah in dieser ungedeckten Voraus-Verurteilung nicht nur eine Verletzung rechtsstaatlicher Grundsätze, sondern »eine Aufforderung zur Lynchjustiz« (Ess. 2,545). Sein Beitrag, der in die Anregung mündete, Ulrike Meinhof »freies Geleit« zu bieten, »einen öffentlichen Prozeß« (ebd., S. 548), war in seiner Grundtendenz »versöhnlich gemeint« und sollte dazu beitragen, die »irrsinnig hysterische Atmosphäre« zu entspannen (Int. 1,205). Dies erwies sich jedoch als Fehleinschätzung: Tatsächlich sah sich Böll – vornehmlich, aber nicht nur – in den Publikationsorganen des Springer-Konzerns einer massiven Diffamierungskampagne ausgesetzt, in der er der ideologischen Unterstützung des Terrorismus bezichtigt wurde.

In der Illustrierten *Quick* stellte Wilfried Ahrens seine Polemik unter die Überschrift *Die Bölls sind gefährlicher als Baader-Meinhof*, und in Springers *Welt am Sonntag* forderte Hans Habe den Autor auf, sein Amt als Präsident des Internationalen PEN-Clubs niederzulegen, da er nichts für verfolgte Schriftsteller in der UdSSR unternehme, wohl aber Gewalttäter in der Bundesrepublik unterstütze. Selbst innerhalb der ARD-Tagesschau wurde Böll von Ulrich Frank-Planitz als »Literaturpräsident« diffamiert, der sich zum »Anwalt der anarchistischen Gangster aufgeschwungen« habe.[4]

4 Vgl. hierzu: *Heinrich Böll: Freies Geleit für Ulrike Meinhof. Ein Artikel und seine Folgen*, zsgest. von Frank Grützbach, Köln 1972, S. 55 f., 85 und 147. Siehe dort auch weitere Belege für die gegen Böll gerichteten Attacken.

Die gegen Böll gerichtete Demagogie kulminierte in Kommentaren Walter Brückmanns und des ZDF-Moderators Gerhard Löwenthal. Brückmann betonte in seinem *Böll und andere* überschriebenen Artikel in der *Berliner Morgenpost*, Bölls Ausführungen im *Spiegel* könnten als Vorreiter der »öffentlichen Sympathieerklärung« für »Mahler-Baader-Meinhof« gewertet werden (»Motto: Daß ihr schießt, raubt und stehlt, ist nicht gerade schön, aber im Prinzip habt ihr nicht unrecht«). Er schließt seinen Artikel mit folgendem Resümee: »Eines Tages wird der Spuk der Baader-Meinhof-Bande vorüber sein. Doch die Bölls und die Brückners[5] werden bleiben. Und von ihnen droht langfristig die größere Gefahr.«[6]
Am Abend desselben Tages kommentierte mit gleicher Tendenz Gerhard Löwenthal im ZDF-Magazin: »Der rote Faschismus, wie der linksstehende Frankfurter Soziologe Jürgen Habermas den Linksradikalismus nannte, unterscheidet sich in nichts von dem braunen Faschismus. Und die Sympathisanten dieses Linksfaschismus, die Bölls und Brückners und all die anderen sogenannten Intellektuellen sind nicht einen Deut besser als die geistigen Schrittmacher der Nazis, die schon einmal so viel Unglück über unser Land gebracht haben.«[7]
Welche Wirkungen die von der Springer-Presse, dem ZDF und anderen Organen betriebene Kampagne zeitigte, verdeutlicht beispielhaft der in mehreren Zeitungen und Zeitschriften veröffentlichte Artikel über die Leiden eines Düsseldorfer Rentners. Schon der in der *Welt* nur in Kurzform publizierte Bericht läßt ahnen, was der Autor selbst in diesen Wochen nach Erscheinen des Meinhof-Artikels erlebt haben muß.[8]

5 Gemeint ist der Hannoveraner Psychologieprofessor Peter Brückner (vgl. im folgenden S. 35–37).
6 Ebd., S. 100 f.; der Artikel erschien am 26. Januar 1972.
7 Ebd., S. 104.
8 Siehe auch die ausführlicheren Berichte: Rolf Düdder, »Löwenthals Polit-Schau raubt dem Rentner Böll den Schlaf«, in: *Westfälische Rundschau*,

»Heinrich Böll versteht die Welt nicht mehr. Seit zwei Wochen hagelt ein Proteststurm wegen Äußerungen im ›Spiegel‹ und in der Fernsehsendung ›Panorama‹ über ihn herunter. Darin war von einer ›Hexenjagd‹ auf die Baader-Meinhof-Gruppe die Rede. In zahlreichen anonymen Telefonanrufen wird er als ›roter Hund‹ bezeichnet und aufgefordert, ›in die Zone abzuhauen‹. Außerdem wurde er in Briefen als ›politischer Halunke‹ und als ›rotes Luder‹ beschimpft, weil er den Kommunismus verharmlose. Heinrich Böll ist gar kein Schriftsteller, er heißt nur so – Heinrich Böll ist ein 73jähriger Rentner und lebt im Gegensatz zu seinem Namensbruder in Düsseldorf. Dies wissen einige Briefschreiber nicht.«

Die Welt. Nr. 35. 11. Februar 1972. S. 22.

»Die Gewalt von Worten kann manchmal schlimmer sein als die von Ohrfeigen und Pistolen.« Diese Feststellung trifft Böll im Oktober 1974 in einem Interview mit Dieter Zilligen für das Bücherjournal des NDR.[9] Die Auswirkungen der »Gewalt von Schlagzeilen« auf Betroffene dokumentiert – als eines der wenigen authentischen Zeugnisse – ein Bericht von Professor Peter Brückner. Der Direktor des Psychologischen Seminars an der Technischen Universität Hannover war zur selben Zeit wie Böll als angeblicher Baader-Meinhof-Sympathisant einer Rufmordkampagne ausgesetzt, weil er im Verdacht stand, Ulrike Meinhof eine Nacht

Nr. 35, 11. Februar 1972; wiederabgedr. *Unterrichtseinheiten zur demokratischen Literatur. Eine Publikation des »Werkkreis Literatur der Arbeitswelt«*, hrsg. von Horst Hensel, Frankfurt a. M. 1977, S. 36 f. (dort irrtümlich mit der Jahresangabe 1976); »Morddrohungen gegen Heinrich Böll – und seine Namensvetter«, in: *berliner EXTRA dienst*, Nr. 14/VI, 19. Februar 1972, S. 7 f.

9 Interview mit Dieter Zilligen über *Die verlorene Ehre der Katharina Blum*. Sendung: Norddeutscher Rundfunk (3. Programm), 19. Oktober 1974 (»Bücherjournal«). Abgedr. in: Hensel (s. Anm. 8), S. 39–43, Zitat ebd. S. 41.

bei sich beherbergt zu haben.[10] Im Dezember 1973 äußerte er sich über die Konsequenzen dieser Kampagne für seine private und berufliche Existenz:

»Ich sah mich bald einer Situation gegenüber, die mich zum Opfer abstempelte, dem allgemeine Verachtung zuteil wurde. Ich wurde gleichsam umklammert. Es entstand eine Scheinrealität um mich herum. Je nachdem, wann und in welchen Zeitungen Berichte über mich erschienen, setzte bei Tag und bei Nacht eine Flut von anonymen Telephonanrufen ein. Es gab viele Drohbriefe. Auf der Straße wandten sich viele von mir ab. Ich sah mich plötzlich betroffen, belastet, diffamiert und fragte mich: Bin ich's, oder bin ich's nicht?

Das Problem der Isolierung traf mich unvermittelt. Es entstand eine Publicity, die nicht Folge von Verdienst oder Verbrechen war. Im Herbst 1972 entdeckte ich in einer Sonntagszeitung mein Konterfei unter einem Artikel mit der Schlagzeile: Im Bett macht Ulrike ihre Männer munter. Es wurde eine neue Person B. produziert, wobei sich ein Image herausbildete, das dem Selbstverständnis des Opfers nicht mehr entsprach. – Durch die Negativ-Publicity war ich zur Unperson geworden, gleichsam einem Zustand der persönlichen Entfeierlichung ausgesetzt. Die soziale Distanz gegenüber dem, der zur öffentlichen Unperson geworden ist, wächst. Jedes Treffen – auch mit Freunden und Leuten aus der eigenen politischen Gruppe – wird zur Veranstaltung. Dadurch schwindet die Chance, unbefangen miteinander umgehen zu können. Es gab auch noch andere Beispiele dieser Art. Damit will ich nicht sagen, die mit solcherart Berichten befaßt gewesenen Journalisten seien unfä-

10 Zum Fall Brückner vgl. Fritz J. Raddatz, »Staatstreue – Untertanengeist oder Mut zur Kritik? Über die Grenzen kritischer Intelligenz«, in: *Briefe zur Verteidigung der bürgerlichen Freiheit. Nachträge 1978*, hrsg. von Freimut Duve, Heinrich Böll und Klaus Staeck, Reinbek bei Hamburg 1978, S. 57–71.

hig gewesen. Nur habe ich einige kennengelernt, die zu allem fähig waren!«

Zit. nach einem Leserbrief von Hubert Höring. Abgedr. in: Der Spiegel. Nr. 34. 19. August 1974. S. 7.

Diese Hinweise offenbaren die Realitätsnähe der späteren fiktionalen Darstellung. Böll hat diesen (erst im Sommer 1974 veröffentlichten) Bericht zum Zeitpunkt der Niederschrift der Erzählung nicht gekannt; aber die gegen Brückner betriebene Kampagne, die den Betroffenen psychisch und in seiner beruflichen Existenz zu vernichten drohte, hat er aufmerksam und mit großer Anteilnahme registriert. Während er aus nachvollziehbaren Gründen – zur Abwehr des Vorwurfs persönlich motivierter »Rache« – die Wirkung der publizistischen Attacken auf die eigene Person im nachhinein relativierte, hob er wiederholt hervor, daß es »die schreckliche Rolle des Professor Brückner war«, die als ›Einstiegserlebnis‹ für die Konzeption seiner Erzählung konstitutive Bedeutung erlangt habe.[11]
Die im Zusammenhang mit den erwähnten Pressekampagnen gewonnenen Einsichten über Erscheinungsformen der Gewalt und insbesondere über die im Medium der Sprache ausgeübte publizistische Gewalt hat Böll im Jahr 1972 mehrfach öffentlich artikuliert. In einer am 12. Oktober vor dem Parteitag der SPD gehaltenen Rede sprach er von »Gewalt und Gewalten, die auf der Bank liegen und an den Börsen hoch gehandelt werden« (Ess. 2,605). In dem im selben Monat als Vorwort zu einer aktuellen Dokumentation publizierten Essay *Die Würde des Menschen ist unantastbar* führte er aus:

»Es ist doch nachgerade unfaßbar, wenn man hierzulande unter Gewalt nur noch die Gewalt von Bomben und Ma-

11 Interview mit Dieter Zilligen, 19. Oktober 1974; zit. nach: Hensel (s. Anm. 8), S. 42.

schinenpistolen versteht. Übt eine *Bild*-Schlagzeile keine Gewalt aus? Welche? Was wird da angerichtet in den Köpfen, im Bewußtsein, am Aggressionspotential dieser elf Millionen Süchtigen, die der politisch gefährlichsten aller Süchte, der *Bild*-Sucht unterworfen sind. Und welche Gewalt haben die rund vier Milliarden DM ausgeübt, die im Jahre 1971 für Zeitungsinserate ausgegeben worden sind? Natürlich nicht die geringste. Ich weiß, es ist Mode geworden, die Springer-Presse einfach für indiskutabel zu halten. Ich mag mir diesen intellektuellen Luxus nicht leisten.«

Ess. 2. S. 577. –

Es vergingen indes immerhin noch anderthalb Jahre, bis Böll die Arbeit an seiner Erzählung *Die verlorene Ehre der Katharina Blum* aufnahm. Als eigentlicher Entstehungsanlaß, als letztlich entscheidender Anstoß hat wahrscheinlich ein aktuelles Ereignis zu gelten, in dessen Mittelpunkt im Februar 1974 sein ältester Sohn stand. Raimund Böll, Jahrgang 1947 (wie die Protagonistin der Erzählung), geriet, als sein ihm entwendeter Wehrpaß in einer konspirativen Wohnung gefunden wurde, in den Verdacht der Baader-Meinhof-Komplizenschaft; seine Wohnung wurde aufgebrochen und durchsucht, er selbst einem Verhör durch die Staatsanwaltschaft unterzogen. Spezifische Begleitumstände dieses Vorgangs waren es, die Heinrich Böll mit besonderer Verbitterung zur Kenntnis nahm. Zum einen meldete die im Springer-Verlag erscheinende *Berliner Zeitung (BZ)* die Haussuchung schon mehrere Stunden vor ihrer tatsächlichen Durchführung (am Nachmittag des 7. Februar), was auf eine Zusammenarbeit der Springer-Presse mit der Polizei schließen ließ und zur Folge hatte, daß die Polizeiaktion in Köln, einschließlich der Abführung des Verdächtigten, zu einem spektakulären Presse-Ereignis wurde. Böll berichtete darüber Jahre später, es sei »zu einem lebensgefährlichen Auflauf an einer der verkehrsreichsten Straßen Kölns« gekommen, »als die Polizei mit Hunden, Scharfschützen etc. wirklich – etwa 7–8 Stunden nach der in Berlin als bereits erfolgt gemeldeten Haussuchung eintraf.«[12]

Der Artikel, der diese Wirkungen hervorrief, wurde in der Ausgabe der *Berliner Zeitung* vom 7. Februar auf der Titelseite in großen Lettern angekündigt: *Haussuchung beim Sohn des Nobel-Preisträgers Heinrich Böll.* Im dazugehörigen Bericht im Inneren des Blattes war zu lesen:

»Auf prominente Namen stieß die Polizei bei der Sichtung des Beweismaterials, das Anfang der Woche bei dem Verhaftungsschlag gegen Mitglieder der Baader-Meinhof-Bande sichergestellt werden konnte. Seitdem steht ein Sohn des bekannten Schriftstellers und Nobelpreisträgers Heinrich Böll unter dem dringenden Verdacht, diese kriminelle Vereinigung unterstützt zu haben.

Unter größter Geheimhaltung drangen Beamte des Staatsschutzes gestern vormittag in die Wohnung des 26jährigen Raimund Böll in der Bonner Straße in Köln ein. Mit einem Durchsuchungsbefehl.

Anlaß der Blitzaktion: In der konspirativen Wohnung in der Hamburger Bartholomäusstraße waren der Wehrpaß des Böll-Sohnes und drei Reisepässe seiner Ehefrau Lila gefunden worden. Die Polizei vermutet, daß die Papiere den Bandenmitgliedern zur Verfügung gestellt worden sind. Denn mit Sicherheit hatte Raimund Böll Kontakt zu den lang gesuchten Anarchisten.

Genau vor vier Wochen, am 8. Januar, wurde von Verfassungsschutzbeamten eine junge Frau beobachtet, die die Wohnung des Böll-Sohnes betrat und später wieder verließ. Diese Frau war das Bandenmitglied Margit Schiller.«

Wolfgang Schöne: In der Wohnung lagen Pässe auf den Namen Böll. In: BZ. Nr. 32. 7. Februar 1974. S. 6.

12 Brief Bölls vom Februar 1981 (aus dem südfranz. Menton) an seinen Anwalt Hans-Erich Brandner; zit. nach: *Heinrich Böll und sein Verlag Kiepenheuer & Witsch* (s. Anm. 2), S. 65.

Darüber hinaus registrierte Böll mit Ärger und Betroffenheit einen weiteren Beitrag, der wenige Tage später, am 12. Februar 1974, in der *Bild*-Zeitung erschien. Drei Tage nach einem Sprengstoffanschlag in Köln widmete das Springer-Blatt Raimund Böll einen herabsetzenden, denunziatorischen Artikel, und zwar in dem für *Bild* charakteristischen agitatorischen Stil, den Böll dann in seiner Erzählung aufgriff und ironisch-parodistisch überspitzte (Ausgangspunkt des Beitrags sind von Raimund Böll präsentierte Kunstobjekte):

»[. . .] Raimund Böll, 1,81 Meter groß, zwei Zentner schwer, bis auf die Schultern reichende Haare, dichter Schnauzbart und randlose Brille, will mit diesen Werken das ›Symbol der Aggression‹ zeigen.
Letzte Woche geriet der Dichter-Sohn in den bösen Verdacht, bei dieser ›Aggression‹ mitgeholfen zu haben. In der Wohnung im 7. Stock des Hochhauses Bartholomäusstraße 20 in Hamburg fand die Polizei seinen Wehrpaß und drei abgelaufene Pässe seiner indischen Frau Lila. [. . .]
Die Kunst des Kölners ist brotlos. Aber: Vaters Scheck ernährt ihn. In Kölner Galerien sind seine Maschinen, in denen Menschen geköpft und erschlagen werden, erst jetzt bekannt.
Mit der Baader-Meinhof-Bande – für die sein Vater freies Geleit forderte – hat Raimund Böll, wie er bei der Polizei sagte, ›als friedliebender Mensch nichts im Sinn‹.
Was die im Sinn haben, hat er am letzten Samstagabend gehört. Die Explosion der Bombe, die am Gebäude der Deutschen Industrie hochging. Das Haus liegt nur 800 Meter Luftlinie von Raimund Bölls Dachstube entfernt.«

Böll junior läßt in Köln Puppen köpfen. Was der Sohn des Nobelpreisträgers unter Kunst versteht. In: Bild. Nr. 36/7. 12. Februar 1974. S. 6.

Heinrich Böll und Alexander Solschenizyn 1974

Zur Entstehung seiner Erzählung *Die verlorene Ehre der Katharina Blum* befragt, hat Böll 1975 im Gespräch mit Christian Linder ausgeführt:

»Irgend jemand steht in so einem Boulevardblättchen, wird plötzlich für ein, zwei Tage zur Sensation, und keiner weiß, was mit dem Leben dieser Menschen danach passiert. Diese Geschichte habe ich regelrecht studiert, Material gesammelt, und daraus schließlich die Geschichte einer völlig unbekannten und belanglosen Zeitgenossin gemacht, die plötzlich einer solchen Verleumdung ausgesetzt wird.«

Heinrich Böll: Werke. Interviews 1. [Im folgenden zit. als: Int. 1.] Köln: Kiepenheuer & Witsch. [1978]. S. 390. –

Ob Böll bei dieser Darstellung, primär oder unter anderem, an die Vorgänge um seinen Sohn gedacht hat, muß offenbleiben. Jedenfalls dürfte er das Erzählprojekt noch in der zweiten Februarhälfte 1974 in Angriff genommen haben – nach dem von einem großen Presserummel begleiteten Besuch des Schriftstellers Alexander Solschenizyn, der nach seiner Ausweisung aus der Sowjetunion (13. Februar) zwei Tage bei Böll im Eifelort Langenbroich zugebracht hatte (14. und 15. Februar).[13]

* * *

Zur Entstehungsgeschichte der Erzählung *Die verlorene Ehre der Katharina Blum* sind bislang nur wenige Daten bekannt. Mit einiger Sicherheit läßt sich feststellen, daß der Text innerhalb weniger Wochen entstanden ist, obwohl Böll die Arbeit mehrfach aufgrund anderer Verpflichtungen unterbrechen mußte. So hielt er am 13. März vor der SPD-Bundestagsfraktion in Bonn, im Rahmen einer Veranstaltung, an der als weitere Vertreter der sozialdemokratischen Wählerinitiative Günter Grass und Thaddäus Troll teilnahmen, die Rede *Die Raubtiere laufen frei herum.* Außerdem hat er in der zweiten Märzhälfte einer in der Nähe von Hanau ansässigen Firma einen zweitägigen Besuch abgestattet.

Wie sich aus den *Informationen zur Ausstellung in der Zentralbibliothek Köln Juni 1980* zu *Die verlorene Ehre der Katharina Blum* entnehmen läßt, existieren vier verschiedene Vorfassungen der Erzählung. Mitteilungen über die sich verändernde inhaltliche Konzeption des Textes werden in der genannten Broschüre nicht gemacht. Interessant sind die Hinweise zu den Variationen des Titels: von *die sache (die nacht) mit ludwig* (erster Entwurf) über *Das Verhör (die Verhöre) der Katharina Plumm* (zweiter Entwurf) hin

13 Vgl. das am 15. Februar aufgenommene und am 18. Februar 1974 gedruckte *Spiegel*-Interview »›Er wird sehr, sehr unter Heimweh leiden‹«; Int. 1, S. 283–286 und 742 (Aufnahme- und Druckdatum sind dort unkorrekt verzeichnet).

zur endgültigen Version. Bei den ersten beiden Fassungen war dem Haupttitel noch kein Untertitel zugeordnet. In der dritten Version besteht der Zusatz lediglich aus: *oder: wie Gewalt entsteht*; in der vierten, die die Gattungsbezeichnung *Kriminal-Erzählung* trägt, lautet der Untertitel: *oder: wie Gewalt entsteht und wo sie endet.* Kurzfristig erwogen hat Böll bei dieser vierten Entwurfsfassung auch den Untertitel *oder: Herrenbesuch.*
Über inhaltliche Vorüberlegungen bzw. später verworfene Pläne Bölls hat sich Volker Schlöndorff in einem Interview mit Bruno Jaeggi geäußert, das er im Zusammenhang mit der Verfilmung der Erzählung gab:

»Nun hat Böll auch überlegt: Welches wären denn die Alternativen der Katharina? Und die erste hatte er sogar in einem ersten Entwurf der Erzählung geschrieben: Darin würde die Katharina die Aggression und den Protest gegen sich selbst richten, also Selbstmord begehen.«

Wo unsere Ehre zu verteidigen ist. [Gespräch zwischen Volker Schlöndorff und Bruno Jaeggi.] In: Die Tat (Zürich). Nr. 107. 7. Mai 1976. S. 15. – Mit Genehmigung von Volker Schlöndorff, Potsdam.

Eine Fortentwicklung dieser Variante, von der Schlöndorff im persönlichen Kontakt mit Böll Kenntnis erhielt, läßt sich der ersten Textseite einer Entwurfsniederschrift (offensichtlich der vierten) entnehmen, die 1995 in einem Ausstellungskatalog reproduziert wurde. In dem zu Beginn dieser Niederschrift gegebenen Resümee der Erzählhandlung (korrespondierend mit Kapitel 3 und 4 der Endfassung) ist wörtlich festgehalten, daß Katharina »in ihrem Apartment den Journalisten Adolf Schönner [später: Tötges] erschossen und anschliessend einen missglückten Selbstmordversuch unternommen hatte«. Aus der Eingangspassage dieser Niederschrift geht außerdem hervor, daß Katharina eine »un-

heilbare Hirnverletzung« davongetragen hat und in ein Heim für Hirngeschädigte eingeliefert worden ist.[14] – Weitere Informationen über die Entstehungsgeschichte und die Textgenese im einzelnen liegen nicht vor.
In der oben angeführten Broschüre zur *Katharina-Blum-*Ausstellung 1980 wird mitgeteilt, daß die Reinschrift der Erzählung ab 22. März 1974 entstanden sei.[15] Vermutlich hat Böll das Manuskript im April an den Verlag gegeben und sich dann am 3. Mai erstmals öffentlich über sein neues Werk geäußert. Die *Kölnische Rundschau* meldete am folgenden Tag unter der Überschrift *Im Sommer neue Erzählung von Böll*:

»Als Titel seines Neulings nannte Böll am Freitag gegenüber dpa ›Die verlorene Ehre der Katharina Blum oder: Wie Gewalt entstehen und wohin sie führen kann‹. Angaben über den Inhalt machte Böll jedoch nicht. Nach Auskunft des Verlags soll das etwa 150 Seiten starke Buch in einer Startauflage von 100 000 Exemplaren auf den Markt kommen.«

Im Sommer neue Erzählung von Böll. In: Kölnische Rundschau. Nr. 103. 4. Mai 1974. S. 7.

Kurz nach der Rückkehr von einer PEN-Tagung in Jugoslawien (17.–23. Mai) haben Böll offensichtlich die Druckfahnen vorgelegen; auf dem im Nachlaß überlieferten Exemplar hat er das Datum 31. 5. 74 notiert. Der Vorabdruck der Erzählung erfolgte ab 29. Juli 1974 im politischen Wochenmagazin *Der Spiegel*; die Buchausgabe wurde eine Woche später ausgeliefert.

* * *

14 *Heinrich Böll. Leben & Werk* [Katalog der Ausstellung aus Anlaß des 10. Todestages], hrsg. von der Stadt Köln und der Heinrich-Böll-Stiftung, Köln 1995, S. 42.

15 Die erste Seite der mit handschriftlichen Korrekturen versehenen typierten Reinschrift ist abgebildet in: Klaus Schröter, *Heinrich Böll in Selbstzeugnissen und Bilddokumenten*, Reinbek bei Hamburg 1982, S. 106.

Vor allem um den Vorwurf persönlich motivierter Rache abzuwehren, hat Böll in Interviews mehrfach hervorgehoben, daß es »ein Irrtum oder Mißverständnis« sei, dieses Buch im Zusammenhang mit der publizistischen Kontroverse zu sehen, die sein am 10. Januar 1972 im *Spiegel* veröffentlichter Artikel *»Will Ulrike Gnade oder freies Geleit?«* auslöste (Int. 1,389). Auf die Frage, ob die Erzählung »eine Antwort« auf die gegen ihn gerichtete Kampagne sei, eine »literarische Retourkutsche«, reagierte Böll am 19. Oktober 1974 im Gespräch mit Dieter Zilligen wie folgt:

»Nein, ich glaube, daß das ganz falsch interpretiert wird. Ich bin allerdings nicht allein zuständig in der Beurteilung dieser Dimension. Für mich war diese Auseinandersetzung, auf die Sie anspielen, schon im Mai 1972 erledigt. Es lief noch aus, es gab noch ein Aufleben der Kampagne nach einer Bundestagsdebatte über innere Sicherheit, in der sehr viel auf Schriftsteller geschimpft wurde. Nein, das hat gar keinen Zusammenhang. Natürlich ist die BILD-Zeitung erwähnt im Vorspruch, aber nicht im Text. Und keine Zeitung, so seriös sie auch sein mag, sollte sich freigesprochen fühlen dadurch, daß in dem Vorspruch die BILD-Zeitung erwähnt ist. Ich glaube, daß man damit die Sache oder das Thema zu sehr historisch an die Baader-Meinhof-Auseinandersetzung angehängt hat, die für mich historisch ist, das vorbei ist.«

Zit. nach: Horst Hensel (Hrsg.): Unterrichtseinheiten zur demokratischen Literatur. Eine Publikation des »Werkkreis Literatur der Arbeitswelt«. Frankfurt a. M.: päd. extra buchverlag, 1977. S. 39.

Ungeachtet solcher Statements kann kein Zweifel bestehen, daß BÖLLS *Spiegel*-Artikel und dessen publizistische Folgen zum Entstehungshintergrund der Erzählung gehören und darüber hinaus die Rezeption nachhaltig beeinflußt haben. Einen Eindruck von der Brisanz dieses Artikels vermitteln die nachstehend wiedergegebenen Auszüge:

»Wo die Polizeibehörden ermitteln, vermuten, kombinieren, ist *Bild* schon bedeutend weiter: *Bild* weiß. Dicke Überschrift auf der Titelseite der [Kölner] Ausgabe vom 23. 12. 71: ›Baader-Meinhof-Bande mordet weiter‹.
Im wesentlich kleiner gedruckten Bericht über den Kaiserslauterer Bankraub liest man dann von vier maskierten Gangstern, unter denen ›vermutlich‹ eine Frau war; im Verdacht, so liest man weiter, stehe ›unter anderem‹ die Gruppe um Ulrike Meinhof. Indizien: Informationen der Polizei über den Aufenthalt der Gruppe, ein roter Alfa Romeo, beim Überfall benutzt, Tage vorher in Stuttgart gestohlen, schon einmal bei einer Fahndung nach der Gruppe beobachtet; weitere Indizien: die ›brutale Art‹ des Überfalls und die ›generalstabsmäßige Planung‹.
Nun sind Banküberfälle meistens brutal, auch wenn die Verdächtigten nicht der Gruppe um Ulrike Meinhof angehören. Und gerade durch generalstabsmäßige Planung eines Überfalls werden meistens Opfer vermieden.
Immerhin wird dann Herr Rauber, der Chef der Kaiserslauterer Kriminalpolizei, zitiert: ›Wir haben zwar noch keine konkreten Anhaltspunkte, daß die Baader-Meinhof-Bande für den Überfall verantwortlich ist. Aber wir ermitteln selbstverständlich in dieser Richtung.‹ Das klingt schon anders, nüchtern, sachlich, angesichts der Indizien plausibel, legitim, wenn man es schon als legitim ansieht, daß Polizeibeamte für 1373 Mark monatlich ihr Leben riskieren, unter anderem, um Banktresore zu schützen. Ein riskanter, schlecht bezahlter Beruf.
Im Manifest der Gruppe, nach dem Untertauchen erst hektographiert, inzwischen im Wagenbach Rotbuch 26 (Alex Schubert: Stadtguerillas) erschienen, ist über dieses Problem zu lesen: ›Am 14. Mai (1970 bei der Befreiung Baaders in Berlin) ebenso wie in Frankfurt, wo zwei von uns abgehauen sind, weil wir uns nicht einfach verhaften lassen wollten – haben die Bullen zuerst geschossen. Die Bullen haben jedesmal gezielte Schüsse abgegeben. Wir haben z. T.

Ansichten eines Clowns

Karikatur von Hicks aus der *Welt* vom 17. Januar 1972, zu Bölls *Spiegel*-Artikel *»Will Ulrike Gnade oder freies Geleit?«*

überhaupt nicht geschossen, und wenn, dann nicht gezielt: in Berlin, in Nürnberg, in Frankfurt. Das ist nachweisbar, weil es wahr ist.‹
›Wir machen nicht ‚rücksichtslos von der Schußwaffe Gebrauch'. Der Bulle, der sich in dem Widerspruch zwischen sich als ‚kleinem Mann' und als Kapitalistenknecht, als kleinem Gehaltsempfänger und Vollzugsbeamten des Monopolkapitals befindet, befindet sich nicht im Befehlsnotstand. Wir schießen, wenn auf uns geschossen wird. Den Bullen, der uns laufenläßt, lassen wir auch laufen.‹
Hebt man die Kränkung, die in der Bezeichnung ›Bulle‹ liegt, gegen das Wort ›Bande‹ auf, zieht man von den zahlreichen vermuteten die bisher nachgewiesenen Taten ab und vergleicht man diese Passage mit dem wilden Schluß des Manifests *Den bewaffneten Kampf unterstützen. Sieg im Volkskrieg*, so klingt das nicht ganz so wahnwitzig wild

und schießlustig, wie die Gruppe bisher dargestellt worden ist. Ergänzt man die oben zitierte Passage durch eine andere, die sich mit der lebensgefährlichen Verletzung des Angestellten Georg Linke auseinandersetzt, so entsteht auch nicht gerade der Eindruck einer uneingeschränkten Ballerideologie: ›Die Frage, ob die Gefangenenbefreiung auch dann gemacht worden wäre, wenn wir gewußt hätten, daß ein Linke dabei angeschossen wird – sie ist uns oft genug gestellt worden –, kann nur mit Nein beantwortet werden.‹

Die Kriegserklärung, die im Manifest enthalten ist, richtet sich eindeutig gegen das System, nicht gegen seine ausführenden Organe. Es wäre gut, wenn Herr Kuhlmann, der Vorsitzende der Polizeigewerkschaft, dafür sorgte, daß seine Kollegen, die einen so gefährlichen und schlecht bezahlten Beruf ausüben, dieses Manifest einmal lesen.

Es ist eine Kriegserklärung von verzweifelten Theoretikern, von inzwischen Verfolgten und Denunzierten, die sich in die Enge begeben haben, in die Enge getrieben worden sind und deren Theorien weitaus gewalttätiger klingen, als ihre Praxis ist. Gewiß war die Befreiung Baaders eben doch nicht der so ganz überzeugende (weder für Beobachter noch für Mitwirkende überzeugende) Sprung von der Theorie in die Aktion. Das Manifest enthält unter anderem auch fast so etwas wie ein Geständnis: ›Weder das bißchen Geld, das wir geklaut haben sollen, noch die paar Auto- und Dokumentendiebstähle, derentwegen gegen uns ermittelt wird, auch nicht der Mordversuch, den man uns anzuhängen versucht, rechtfertigen für sich den Tanz.‹ Es kann kein Zweifel bestehen: Ulrike Meinhof hat dieser Gesellschaft den Krieg erklärt, sie weiß, was sie tut und getan hat, aber wer könnte ihr sagen, was sie jetzt tun sollte? Soll sie sich wirklich stellen, mit der Aussicht, als die klassische rote Hexe in den Siedetopf der Demagogie zu geraten?

Bild, ganz und gar vorweihnachtlich gestimmt, weiß ja schon: ›Baader-Meinhof-Gruppe mordet weiter.‹ *Bild* op-

fert die Hälfte seiner kostbaren ersten und die Hälfte seiner ebenso kostbaren letzten Seite dem Kaiserslauterer Bankraub. [. . .]
Für einen so abscheulichen Satrapen wie Baldur von Schirach, der einige Millionen junger Deutscher in die verschiedensten Todesarten trieb und zu den verschiedensten Mordarten ermutigte, sogar für ihn gab es Gnade. Ulrike Meinhof muß damit rechnen, sich einer totalen Gnadenlosigkeit ausgeliefert zu sehen. Baldur von Schirach hat nicht so lange gesessen, wie Ulrike Meinhof sitzen müßte. Haben die Polizeibeamten, Juristen, Publizisten je bedacht, daß alle Mitglieder der Gruppe um Ulrike Meinhof, alle, praktische Sozialarbeit getan haben und Einblick in die Verhältnisse genommen, die möglicherweise zu dieser Kriegserklärung geführt haben? Schließlich gibt es das Rotbuch 24 des Wagenbach Verlags, Titel: *Bambule*, Verfasserin: Ulrike Marie Meinhof. Lesenswert, aufschlußreich – als Film immer noch nicht gesendet.
Wieviel junge Polizeibeamte und Juristen wissen noch, welche Kriegsverbrecher, rechtmäßig verurteilt, auf Anraten Konrad Adenauers heimlich aus den Gefängnissen entlassen worden und nie wieder zurückbeordert worden sind? Auch das gehört zu unserer Rechtsgeschichte und läßt Ausdrücke wie Klassenjustiz so gerechtfertigt erscheinen wie eine Theorie des Strafvollzugs der politischen Opportunität.
Ulrike Meinhof und der Rest ihrer Gruppe haben keinerlei Chance, irgend jemand politisch opportun zu erscheinen. Äußerste Linke, äußerste Rechte, linke und rechte Mitte, Konservative und Progressive aller Schattierungen, sie alle kennen keine Parteien mehr, sie sind dann nur noch Deutsche und sich einig, einig, wenn sie endlich in ihre deutsche Schwatzgenüßlichkeit zurückfallen, sich ungestört ihrem Fraktionschinesisch ergeben können, wenn geschehen sollte, was nicht geschehen darf; wenn man eines Tages lesen würde, daß auch Ulrike Meinhof, später Grashof, dann

Baader und Gudrun Ensslin als ›erledigt‹ zu betrachten sind. Erledigt wie Petra Schelm, Georg von Rauch und der Polizeibeamte Norbert Schmid. Erledigt, vom Tisch, wie man so hübsch sagt, und aus dem deutschen Gemüt, mag's sich noch so links dünken.
Man wird das uralte Gesabbere hören. Es mußte ja so kommen. Schade, aber ich hab's ja immer gesagt. Diese ganze verfluchte nachträgliche Rechthaberei, wie sie Eltern mißratenen Kindern hinterherbeten. Und dann kann man weiter seine verschiedenen Gebetsmühlen drehen. Man hat ja recht gehabt, man hat's ja immer gewußt, und es mußte ja so kommen. Paulinchen war allein zu Haus.
Muß es so kommen? Will Ulrike Meinhof, daß es so kommt?
Will sie Gnade oder wenigstens freies Geleit? Selbst wenn sie keines von beiden will, einer muß es ihr anbieten. Dieser Prozeß muß stattfinden, er muß der lebenden Ulrike Meinhof gemacht werden, in Gegenwart der Weltöffentlichkeit. Sonst ist nicht nur sie und der Rest ihrer Gruppe verloren, es wird auch weiter stinken in der deutschen Publizistik, es wird weiter stinken in der deutschen Rechtsgeschichte. [...]«[16]

Zit. nach: Heinrich Böll: Die verlorene Ehre der Katharina Blum. Mit Materialien und einem Nachw. des Autors. Köln: Kiepenheuer & Witsch, 1984. S. 193–197, 203–205. –

16 Erläuterungen zu diesem Artikel gab Böll u. a. in den Ende Januar 1972 veröffentlichten Beiträgen *Man muß zu weit gehen* und *Verfolgt war nicht nur Paulus* (Ess. 2,551–561).

III. Rezeption und Wirkung

1. Aufnahme durch die zeitgenössische Kritik

Schon vor Beginn des Vorabdrucks im Wochenmagazin *Der Spiegel* erschienen Anfang Mai 1974 in zahlreichen Zeitungen dpa-Meldungen, die das neue Böll-Werk ankündigten. In einem kurzen Artikel von Edgar Denter im Kölner *Express* vom 9. Mai wird nicht nur auf die geplante ›Bestseller‹-Auflagenhöhe von 100 000 hingewiesen, sondern auch einiges über den Inhalt der Erzählung mitgeteilt:

»Heinrich Böll lächelt hintergründig: ›Von mir erfahren Sie nichts.‹ Die Verschwiegenheit des Literaturnobelpreisträgers gilt einer Frau, der Heldin seiner Erzählung. [. . .]
Trotz der Böllschen Diskretion sind dennoch Einzelheiten durchgesickert: Die 27 Jahre alte Titelheldin lernt Weiberfastnacht Ludwig Gött, einen ›sehr jungen Mann‹, kennen. Sie nimmt ihn mit in ihre Wohnung, läßt ihn später entkommen, als ihn die Polizei wegen seiner Beteiligung an einem Banküberfall verfolgt.
Katharina gerät in Untersuchungshaft und in die Sensationsberichte eines Blattes mit dem Namen ›DIE ZEITUNG‹, das Katharina zum Gangsterliebchen abstempelt. Nach der Haftentlassung willigt die junge Frau ein, einem Reporter dieses Blattes ein Interview zu geben. Doch der will kein Interview, sondern mit ihr ins Bett. Katharina greift zur Pistole. Bringt sie den Reporter um? Oder sich selbst? Heinrich Böll verrät kein Wort.«

Edgar Denter: Heinrich Böll: Kein Wort über Katharinas Ende. Bestseller-Auflage für neues Böll-Werk. In: Express (Köln). 9. Mai 1974. S. 8. – Mit Genehmigung des *Express*, Köln.

Die beiden hier angedeuteten Alternativen – Erschießung des Journalisten bzw. Selbstmord(versuch) Katharinas – hatte Böll durchaus ernsthaft erwogen, wie Mitteilungen Volker Schlöndorffs und eine der auszugsweise publizierten Entwurfsfassungen der Erzählung belegen (s. Kap. II, S. 43).

»Böll, der traurig-humorvoll-heiter-gütige, bleibt Böll. Seine neue Erzählung ist wieder skandalös. Darum drucken wir sie.« Mit diesen Worten kündigte Herausgeber Rudolf Augstein in der Ausgabe des *Spiegel* vom 29. Juli 1974[1] den Vorabdruck der Erzählung *Die verlorene Ehre der Katharina Blum* an. Erstmals seit seinem Bestehen hatte das politische Wochenmagazin die Vorabdruckrechte für ein belletristisches Werk erworben, und zwar für 50 000 Mark.[2] Die Vorveröffentlichung leitete der *Spiegel* ein mit einem kurzen Artikel – unter dem Titel *Bölls »ZEITUNG«-Story: »Jetzt bumst's«* –, in dem *Katharina Blum* als Bestseller-Favorit Nr. 1 deklariert wird. Ferner wird dort auf die gegen Böll gerichtete Pressekampagne infolge seines ebenfalls im *Spiegel* erschienenen Artikels *»Will Ulrike Gnade oder freies Geleit?«* verwiesen und die Erzählung als »aktuelles belletristisches Nachspiel« der Auseinandersetzung bezeichnet. Diese öffentlich ausgetragene Kontroverse war also nicht nur als Erfahrung des Autors für die Konzeption des Werkes von großer Bedeutung, sondern sie prägte auch maßgeblich den Erwartungshorizont der zeitgenössischen Leser.
Der vierteilige Vorabdruck der Erzählung wurde mit realistischen Zeichnungen des Berliner Grafikers Klaus Vogelgesang illustriert, die teilweise die *Bild*-Zeitung sowie ihren Verleger Axel C. Springer porträtierten. Der *Spiegel* hätte diese Grafiken nicht veröffentlichen dürfen;[3] noch während

1 »Lieber Spiegelleser«, in: *Der Spiegel*, Nr. 31, 29. Juli 1974, S. 3.
2 Die Summe von DM 50 000 nennt Klaus Rainer Röhl in seiner Rezension in der Zeitschrift *das da* (Nr. 8, August 1974, S. 49).
3 Vgl. *Der Spiegel*, Nr. 7, 10. Februar 1975, S. 138, »Rückspiegel« (dort wird die Betriebszeitung *Springer aktuell* zitiert) und *Der Spiegel*, Nr. 13, 24. März 1975, »Hausmitteilung«.

des Vorabdrucks stellte die Axel Springer AG einen Antrag auf Unterlassung. Vogelgesangs Grafiken und ihr kritisches Potential sollen nachfolgend kurz beschrieben werden.

Der erste Teil des Vorabdrucks (*Spiegel* Nr. 31 vom 29. Juli 1974, S. 74–81) umfaßt die Kapitel 1 bis 21. Die auf Seite 74 f. abgebildete Grafik zeigt einen Karnevalisten mit einem Schild, das die Aufschrift »Helau« [nicht: »Alaaf«] trägt; rechts im Bild ist ein lachender Mann in Scheichkostüm zu sehen. Im Vordergrund, zwischen den beiden männlichen Figuren, befindet sich eine junge Frau – wohl Katharina Blum –, die eine Pistole aus ihrer Handtasche zieht. Teilweise wird dieses Motiv auf S. 81 noch einmal aufgegriffen: Ausschnitthaft zu sehen ist die auf Kinnhöhe erhobene Hand der Katharina Blum, die eine Pistole hält.

Die zweite Folge, in *Spiegel* Nr. 32 vom 5. August 1974 (S. 76–84), enthält Kapitel 22–30. Die ihr beigegebene Abbildung (S. 77) zeigt vorn einen telefonierenden Mann, im Hintergrund einen Polizisten. An der rückwärtigen Wand ist ein mit wenigen Strichen skizziertes vergittertes Fenster erkennbar.

Interessant ist eine der beiden Illustrationen zum dritten, die Kapitel 31–43 umfassenden Vorabdruck (*Spiegel* Nr. 33 vom 12. August 1974, S. 76–85; ebd. S. 76 f.): Im Mittelpunkt befindet sich ein Zeitung lesender Mann (Blorna), links neben ihm, quasi als Ausschnittvergrößerung, eine Zeichnung des Blattes, das er in den Händen hält, mit der Schlagzeile: »Katharina Blum: Bande mordet weiter. Bankraub: Polizist erschossen«. Der Illustrator rekurriert mit dieser Zeile auf den Titel der *Bild*-Zeitung vom 23. Dezember 1971 – *Baader-Meinhof-Bande mordet weiter. Bankraub: Polizist erschossen* –, der Böll seinerzeit zu seinem Artikel *»Will Ulrike Gnade oder freies Geleit?«* provoziert hatte (s. Kap. II, S. 32 f.). Wegen dieser Zeichnung, in der auch das Signet der *Bild*-Zeitung verwendet ist, erhielt der Grafiker Klaus Vogelgesang eine Abmahnung:

»Vogelgesang hat getan, was er laut Auftrag des SPIEGEL nicht sollte: ›Bild‹ nämlich in Beziehung gesetzt zu der Böllschen Erzählung. Prompt hat das Haus Springer dem SPIEGEL die Erklärung abverlangt (und sie auch bekommen), der SPIEGEL werde nicht weiterhin im Zusammenhang mit der Erzählung von Heinrich Böll die ›Bild‹-Zeitung mit Schlagzeilen über den Fall der Katharina Blum abbilden und nicht weiterhin den Eindruck erwecken, als handele es sich bei dem Fall Katharina Blum um einen Fall, über den ›Bild‹ berichtet habe. Wahr ist, ›Bild‹ hat über den Fall Katharina Blum nicht berichtet, ›Bild‹ steht in keinem Zusammenhang mit Bölls Erzählung. Nur, Böll selbst und sein Verlag Kiepenheuer & Witsch blieben von solchen Forderungen bislang frei. Vogelgesang gehorchte der Abmahnung, zeichnete aber statt dessen Axel Springer als einen Karnevalsteilnehmer, so wie dessen Sohn Sven Simon ihn photographiert hatte: mit zur Meditation aneinandergelegten Fingerspitzen; dazu noch als Polizeibeamten und Staatsanwalt. Übrigens mochte er die von Böll beschriebenen Ölscheichs nicht zeichnen, er nahm statt dessen passive Teilnehmer der Ölkrise, Inder nämlich.«

Hausmitteilung. In: Der Spiegel. Nr. 35. 26. August 1974. S. 3.

Als Motiv für eine weitere Illustration (S. 84) innerhalb dieses Vorabdrucks wählte Vogelgesang den Telefon-Terror durch anonyme Anrufer, dem die Titelfigur in Bölls Erzählung ausgesetzt ist: Im Zentrum der Darstellung steht ein Telefon, nach dessen Hörer eine Hand greift.
Die letzte Folge (*Spiegel* Nr. 34 vom 19. August 1974, S. 68 bis 76), umfassend die den Text beschließenden Teile ab Kapitel 44, ist ebenfalls mit zwei Illustrationen versehen. Auf der ersten Textdoppelseite befindet sich das in der oben zitierten »Hausmitteilung« beschriebene Dreifachporträt Axel C. Springers als Inder, Polizist und Staatsanwalt.

Die andere Illustration (S. 76) dieser Folge zeigt eine zerknüllte Zeitung, in deren Mitte durch ein verschmauchtes Loch eine kleine Pistole zu sehen ist.
Schon in der Ausgabe des *Spiegel* vom 12. August (Nr. 33), in dem der dritte Teilvorabdruck erscheint, veröffentlicht die Redaktion fünf Leserbriefe. Die darin bekundeten Ansichten zu *Katharina Blum* sind äußerst heterogen: Sie bewegen sich zwischen lobender Anerkennung von Bölls Mut, ein solch wichtiges Thema wie den Einfluß der Medien in der Bundesrepublik aufzunehmen, einerseits, und krasser Ablehnung (eine »an Ruf- und Selbstmord grenzende Geschichte Bölls«, so ein Berliner Zeitungshändler) andererseits. Dem ersten Leserbrief ist ein Cartoon beigefügt: Er zeigt von links nach rechts einen Fotografen, eine Frau, die ihm die Waffe ins Genick setzt, und hinter ihr Heinrich Böll, der sie nach vorn schiebt und dabei auf den Fotografen weist.
In seinem Leserbrief an den *Spiegel* gründet Professor Dr. Erich Küchenhoff, sozialdemokratisches Mitglied des Düsseldorfer Landtages, seine positive Einschätzung der Erzählung[4] auf deren aufklärerischen Impetus:

»Heinrich Bölls Durchschlagskraft möge es vor allem gelingen, weitere Kreise der deutschen Journalisten zur Erkenntnis zu führen, daß jegliche zur bloßen Kameraderie entartende Solidarisierung mit einem solchen Journalismus alle Bemühungen um mehr innere Pressefreiheit gefährdet.«

Der Spiegel. Nr. 33. 12. August 1974. S. 8. – Mit Genehmigung von Erich Küchenhoff, Münster.

Beispielhaft für eine völlig andere Lesart des Textes kann die Zuschrift eines Neusser Landwirtes stehen, die Argu-

4 Erich Küchenhoff hatte sich schon 1972 mit der Berichterstattung der *Bild*-Zeitung kritisch auseinandergesetzt (s. Kap. V, S. 190–192).

mente der journalistischen Rezeption – insbesondere in Blättern konservativer Ausrichtung – vorwegnimmt:

»Daß der SPIEGEL den kalten Krieg gegen Springer fortsetzt, finde ich vielleicht noch verständlich. Die Gegnerschaft ist ja nicht neu. Bedauerlich nur die Tatsache, daß hierzu ein Roman herhalten muß, in welchem durch Druck auf Tränendrüsen versucht wird, neue Sympathisanten für die Baader-Meinhof-Bande zu gewinnen!«

Ebd.

In der folgenden Ausgabe des *Spiegel* kommt der S. 36 f. zitierte Leserbrief von Hubert Höring zum Abdruck, der die Parallele zum Fall Brückner zieht und den Hannoveraner Psychologieprofessor ausführlich zitiert.
Weitere Briefe zur Erzählung, in der Ausgabe Nr. 35 vom 26. August – in ihr ist auch eine Parodie von Friedrich Torberg abgedruckt (s. Kap. IV, S. 141 f.) –, zeigen ein ähnlich uneinheitliches Bild: »mutig« und »fragwürdig«, »Sekundaner-Rache-Stück« und »Begeisterung« sind Begriffe, die das breite Spektrum der Reaktionen markieren. Auszugsweise wiedergegeben sei eine Zuschrift von GERHARD BORN (Leiter der ökumenischen Beratungsstelle, München), der, wie der S. 55 zitierte Erich Küchenhoff, die aufklärerische Funktion der *Katharina Blum* herausstellt, aber anders akzentuiert:

»Böll spricht die Krankheit schlechthin an: Wir benutzen alle unsere Sprache als Waffe gegen andere Menschen – in der Hoffnung, davon für die eigene Person – die eigene Partei – den eigenen Konzern – das eigene System zu profitieren. [...] Dieser Versuch, auf Kosten anderer zu überleben, führt zum Karussell der Zwänge und endet beim Suizid. Die so pervertierte Sprache isoliert mich. Ich kann niemandem mehr vertrauen, am Ende auch mir selbst nicht mehr. Es gibt Möglichkeiten der Veränderung. Individuell kann zum Beispiel eine solide Therapie einen Menschen vom Zwang dieser Mechanismen befreien und ihn selbst-sicher und kommunikationsfähig machen. Global gesehen dürfte alle Friedensforschung für die Katz sein, wenn nicht neue Mechanismen des Umgehens miteinander eingeübt werden. Darum kann es nicht genug Bölls geben.«

Gerhard Born: [Leserbrief.] In: Der Spiegel. Nr. 35. 26. August 1974. S. 10.

Als Anfang August, eine Woche nach Beginn des Vorabdrucks im *Spiegel*, die Buchausgabe von *Katharina Blum* in einer Startauflage von 100 000 Exemplaren auf den Markt kam, bedeutete dies ein literarisches Ereignis ersten Ranges. Zweifellos hat dazu die im Vorfeld vom Verlag inszenierte PR-Kampagne beigetragen. Im August meldete sich dann die Literaturkritik massiv zu Wort, wie das zuvor allenfalls bei dem streitbaren und umstrittenen Roman *Ansichten eines Clowns* der Fall gewesen war. Hatte schon dieses Werk, vor allem der konservativen Kritik, als »eine Abrechnung« – mit Adenauer-Restauration und Verbandskatholizismus – gegolten, so erwies sich bei der Rezeption von *Katharina Blum* eine entsprechende Einschätzung als dominant: Begriffe wie »Retourkutsche«, »literarische Revanche«, »Rachsucht« und »Racheakt des Schriftstellers« bestimmten den Tenor vieler der rund 100 ermittelten Rezensionen.
Eine Buchbesprechung von Walter Jens ist vom Hessischen Rundfunk bereits am 23. Juli 1974, also knapp eine Woche vor Beginn des Vorabdrucks, gesendet worden. Der Tübinger Rhetorikprofessor findet höchst anerkennende Worte für den »exakt komponierten Traktat über die Frage ›*Wie Gewalt entstehen und wohin sie führen kann*‹«. Sein Beitrag schließt:

»Wie gesagt, das ›Was‹ ist schnell erzählt: Eine Frau, die aus Liebe gehandelt hat und dafür an den Pranger gestellt wird, erschießt den Mann, der ihr die Ehre geraubt hat. Ganz anders steht es mit dem ›Wie‹ und ›Warum‹, mit den Vorgängen hinter den Vorgängen, den Faktoren, die die Fakten bestimmen, mit der Genese des Falls, seinen Weiterungen und Konsequenzen, seiner gesellschaftlichen Bedingtheit und der Lehre, die aus ihm zu ziehen ist ... doch gerade dies: Das Geschehnis als begründetes und abgeleitetes Element eines Gesamtgeschehens zu erweisen, gelingt Heinrich Böll – sieht man von einigen kabarettistischen Überzeichnungen, wie Blornas Niedergang ab – in seinem Traktat auf nahezu vollkommene Weise. Die Manier verrät hohen Kunstverstand, mit der er, sehr sanft und behutsam, die Verstrikkungen beschreibt, in die einer geraten kann, der seinem Herzen folgen will, zu welchen Verwicklungen ein Liebesdienst zu führen vermag, wenn die Verhältnisse nicht so sind, wie sie sein sollten, und welchen Demütigungen diejenigen ausgesetzt sind – welcher Vereinsamung! –, die einem guten Menschen in einer Gesellschaft beistehen möchten, in der sich Güte nicht auszahlt. Es ist beeindruckend, mit welcher schriftstellerischen Akkuratesse (und, dabei, mit wieviel politischer Humanität) Böll die *Prozessualität* dieses Falles entwickelt und derart veranschaulicht, daß es eine ideologische Gewalt gibt – symbolisiert durch die ZEITUNG –, die so satanisch ist, daß nicht einmal das Lamm ihr gegenüber seine Unschuld zu behaupten vermag.

So betrachtet ist der Traktat von der Gewalt (der ZEITUNG und ihrer Handlanger in Staat und Gesellschaft: den Auftraggebern und den Angestellten dieser Ideologiefabrik) ... so betrachtet ist der Traktat von der Gewalt der ZEITUNG und der Gegengewalt einer reinen, frommen und hilflosen Seele ein vom Geist der demütigen Kirche bestimmter Traktat: Die Tötges und ihresgleichen, so viel steht fest, hätten auch Franz von Assisi zum Verbrecher gestempelt, zum Rebellen und Roten ... und die Frage bleibt, ob er, um seine Ehre zu retten, anders gehandelt hätte als die Wirtschafterin Blum.«

Zit. nach: H. B.: Die verlorene Ehre der Katharina Blum [. . .]. Mit Materialien und einem Nachwort des Autors. Köln: Kiepenheuer & Witsch, 1984. S. 248–250. – Mit Genehmigung von Walter Jens, Tübingen.

Ebenfalls noch vor Beginn der Vorabveröffentlichung widmet auch die Hamburger Illustrierte *stern* der Erzählung einen Artikel: *Saat der Gewalt. In seinem neuen Buch rechnet der Schriftsteller Heinrich Böll mit dem westdeutschen Sensationsjournalismus ab.* Peter Meyer glaubt – wie viele nach ihm – Bölls Motiv benennen zu können, und er nimmt die zumeist politisierende Tendenz späterer Rezensionen vorweg:

»›Auch ein Schriftsteller‹, erklärte Heinrich Böll 1972, ›möchte sich gelegentlich mal rächen.‹[5] Rachsucht ergriff ihn nach einem publizistischen Schlagwechsel mit der ›Bild‹-Zeitung. Der 56jährige Nobel-Preisträger hatte damals die einseitige Berichterstattung der Springer-Journalisten im Fall Baader-Meinhof scharf attackiert und war anschließend selbst Ziel heftiger Angriffe geworden. – Jetzt liegt die literarische Revanche vor [. . .].«

Peter Meyer: Saat der Gewalt. In seinem neuen Buch rechnet der Schriftsteller Heinrich Böll mit dem westdeutschen Sensationsjournalismus ab. In: stern. Nr. 31. 25. Juli 1974. S. 88. – Mit Genehmigung des *stern*, Hamburg.

Parallelen zwischen einzelnen Handlungszügen der Erzählung und den persönlichen Erfahrungen Bölls insbesondere im Jahr 1972 sind Anknüpfungspunkt eines Großteils der

5 Vgl. das Interview mit Markus M. Ronner in der Zürcher *Weltwoche* vom 9. Februar 1972 (Int. 1,217–223, hier: 220).

Rezensionen, auch in den großen liberalen Tages- und Wochenzeitungen. »Böll schlägt hier um sich«, so faßt Rolf Michaelis seinen Lektüre-Eindruck in der *Zeit* zusammen. Er hebt hervor, daß der biographische Hintergrund einer der Gesichtspunkte sei, unter denen Bölls neue literarische Arbeit, »ein satirisches Pamphlet gegen kriminelle Formen der Meinungsbildung«, betrachtet werden könne. Doch schreibe Böll »keinen politischen Aufruf«, sondern »eine zeitkritische Schmähschrift – in Form einer Erzählung, einer scheu vorgetragenen Liebesgeschichte, einer kriminalistisch gewürzten love story, also eines epischen Werkes, das sich literarkritischer Beurteilung stellt« – und da sei, so Michaelis, »Böll weniger leicht zu folgen.« Er führt aus:

»Zuvor noch ein Wort zum politischen Rang der Arbeit – der vom literarischen nicht zu trennen ist. In einem Vorspruch beteuert der Erzähler, Personen und Handlung seien ›frei erfunden‹, Ähnlichkeit der geschilderten journalistischen Praktiken seiner ›ZEITUNG‹ mit Gepflogenheiten der ›Bild‹-Zeitung ›weder beabsichtigt noch zufällig, sondern unvermeidlich‹. Da hat Böll, leider, recht. Gleichwohl sei vor händereibendem Vergnügen gewarnt. Bölls Kritik zielt über Bräuche der ›Bild‹-Zeitung hinaus. Wer selber für Zeitungen schreibt, hat keinen Grund, sich von Bölls Kritik nicht getroffen zu fühlen. Der unter sarkastischer Ironie stets vernehmbare Ton melancholischer Meditation nötigt jeden aufmerksamen Leser zur Antwort auf solche Fragen: Was lassen wir uns eigentlich alles bieten? Wie weit sind wir, als stumm genüßliche Konsumenten der täglich verbreiteten Halbwahrheiten, mitschuldig am Zustand der Medien, von denen wir uns informieren lassen? [. . .]

Bölls Erzählung läßt sich – auch – als kleiner Schlüsselroman der Apo- und der Baader-Meinhof-Zeit entziffern. In einer ›Art Räuber- und Gendarmenromantik‹, wie Böll in

einem der ironisch selbstkritischen Kommentare bemerkt, bündelt die Erzählung fast alle Motive aus den Jahren der politischen, später kriminellen Aktivität der Gruppe um Ulrike Meinhof: Einbruch in eine alleinstehende Villa, Flucht aus einem Apartmenthaus, Erstürmung einer Wohnung durch die Polizei, Anzapfen von Telephonleitungen, Verhöre, Diskussionen unter Sympathisanten, Kontakte zwischen Finanz, Industrie und Journalismus zur Verbreitung oder Unterschlagung gewisser Meldungen, Liebe zwischen politisch und erotisch aktivem Mann und einer auf beiden Gebieten wenig erfahrenen Frau (Katharina, die wegen ihrer ›Kühle, Zimperlichkeit, fast Prüdheit‹ den Spitznamen ›Nonne‹ trägt, wurde nach kurzer Ehe mit dem Textilarbeiter Wilhelm Brettloh schuldig geschieden, weil sie eine ›unüberwindliche Abneigung‹ gegen ihn hatte).
In der Idealisierung seines Blum-Mädchens geht Böll bis an die Grenze des literarisch Zulässigen und Überzeugenden. Während Tötges (›der Kerl von der ZEITUNG‹) natürlich ›schmierig‹ ist und Porsche fährt, strahlt die einen gebrauchten VW kutschierende Katharina (griechisch: die Reine) in dem moralischen SUWA-Weiß, das Flecken auf der Seele von Kunstfiguren hinterläßt. [...]
Solche ›Ungereimtheiten‹ machen Katharina zu einer lebensechten Gestalt, zu einer jüngeren Schwester der Leni aus Bölls ›Gruppenbild mit Dame‹. Zum großen Komplex des Unwahrscheinlichen gehört allerdings die entscheidende Tat, der kalt geplante Schuß auf Tötges. Für die verhörenden Beamten – und für den Leser – verwirrend, Katharina als Charakter aber lebendig definierend, sind ihre stundenlangen Autofahrten durch die Nacht (›Ich bin einfach drauflos gefahren ... immer nur wenn es regnete ... Es war wohl auch Angst‹). Nicht, daß dies psychologisch nicht glaubhaft wäre, Umkrempelung einer Person durch eine einzige Liebesbegegnung; doch wird die Verwandlung der passiven, ziellos streunenden Frau in eine aktive, ihr Ich bis zum

Mord verteidigende Frau nur behauptet, nicht auch literarisch verwirklicht.«

Rolf Michaelis: Der gute Mensch von Gemmelsbroich. In: Die Zeit. Nr. 32. 2. August 1974. S. 18. – Mit Genehmigung von Rolf Michaelis, Hamburg.

Michaelis hat in der zitierten Rezension als erster auf ein – vermeintliches – literarisches Vorbild des Autors hingewiesen. Obwohl Böll im Frühjahr 1975, auf eine gezielte Frage reagierend, einen entsprechenden Einfluß negiert hat (»Vollkommen irrig. [. . .] Ich bin kein Schillerianer«[6]), zieht sich diese Einfluß-These durch einen Großteil der späteren wissenschaftlichen und fachdidaktischen Diskussion.

»Daß Böll sich mit seiner Erzählung, wie es der Titel ausspricht, in eine Tradition stellt, sei wenigstens angedeutet. Die im Mummenschanz des Karnevals ausbrechende Mord- und Kriminalgeschichte zwingt Lebenslust und Todesqual in den barocken Kontrast, den auch Zuckmayers ebenfalls am Rhein spielende ›Fastnachtsbeichte‹ (1959) nutzt. Wichtiger ist für Böll Schillers Vorbild in der 1786 erschienenen ›wahren Geschichte‹ vom ›Verbrecher aus Infamie‹, die seit der 1792 überarbeiteten Fassung den berühmten Titel trägt: ›Der Verbrecher aus verlorener Ehre‹. Von Schiller übernimmt Böll vier zentrale Motive: den Handlungsantrieb, verlorene Ehre wiederzugewinnen; die moralische Erkenntnis, der Verbrecher sei, wie Schiller sagt, ›ein Mensch . . . wie wir‹; die Verschiebung des Akzents einer Kriminalgeschichte vom äußeren auf das innere Geschehen (Schiller: ›Das bloß Abscheuliche hat nichts Unterrichtendes für den Leser‹; Böll: ›Es soll hier nicht so viel von Blut gesprochen werden . . . auch die Darstellung körperlicher Gewalt soll . . . auf ein Minimum beschränkt werden . . .‹).
Der – historische – Räuber Johann Friedrich Schwan, Sohn

6 Vgl. das Gespräch mit Manfred Durzak (Int. 1,321–347, hier: 327 f.).

eines Gastwirts, dessen Geschichte Schiller erzählt, wird ein halbes Jahrhundert später, in dem 1854 erschienenen, viel gelesenen Roman von Hermann Kurz ›Der Sonnenwirt‹, was auch Bölls Mörderin aus verlorener Ehre von Beruf ist: Hausknecht.
Schließlich werden – bei Schiller und bei Böll – Gerichtsverhandlung und Urteilsspruch ausgespart. Darin liegen, trotz Einwänden, Wert und Rang von Bölls Erzählung in diesen Monaten vor den großen Baader-Meinhof-Prozessen: Der Leser ist aufgerufen, selbst nachzudenken über Schuld und Sühne und über die gefährliche Krankheit unserer Zeit – Gewalt, wie sie entstehen und wohin sie führen kann.«

Ebd.

Jürgen P. Wallmann spricht in einer eher positiven Rezension auch von einem »Racheakt« des Autors, hebt dann jedoch ausdrücklich hervor, daß Böll keinesfalls ein »wutzitterndes Pamphlet« geschrieben habe:

»So viel nun den Rheinländer Heinrich Böll auch von dem Rheinländer Konrad Adenauer unterscheidet: Adenauers seinerzeit vielzitiertes Wort ›Rache muß man kalt genießen‹ hat sich Böll zu Herzen genommen. Soeben hat er seinen ›Racheakt‹ vorgelegt: eine umfangreiche Erzählung mit dem Titel ›Die verlorene Ehre der Katharina Blum oder: Wie Gewalt entsteht [!] und wohin sie führen kann‹. Aber um es gleich unmißverständlich zu sagen: Dieses Buch ist nicht (oder doch nicht in erster Linie) Heinrich Bölls Versuch, es einem mächtigen Presse-Caesaren und seinen journalistischen Hilfswilligen heimzuzahlen; eine solche späte Abrechnung in einer Privatfehde wäre für den Leser nur von mäßigem Interesse. Die Erzählung ist vielmehr der Versuch des Schriftstellers, Einsichten, die er gewonnen hat und die sein Bild vom Menschen und von der Gesellschaft, in der wir leben, vervollständigen und differenzieren, zu formulie-

ren und künstlerisch zu gestalten: nicht in einem Aufsatz, Interview oder Pamphlet, sondern in einer fiktiven Geschichte, die zugleich weniger und mehr zu leisten imstande ist als ein aktueller Report oder ein Leitartikel.
Die ›story‹ wird gleich auf den ersten Seiten erzählt: Ein Mord ist geschehen. Eine junge Frau hat einen Journalisten in ihrer Wohnung erschossen und sich wenige Stunden nach der Tat der Polizei gestellt. Da gibt es keine Rätsel um Opfer und Täter, keine Krimi-Jagd nach dem Schuldigen – zu klären ist lediglich das Motiv. Und darum geht es. Bölls Erzählung ist die Rekonstruktion der Hintergründe einer Gewalttat. Wie konnte eine unbescholtene, als zurückhaltend und freundlich geltende Frau dazu kommen (oder dazu gebracht werden), einen Menschen zu töten? [. . .]
Böll hat kein wutzitterndes Pamphlet gegen einen auf Menschenjagd spezialisierten Boulevard-Journalismus verfaßt. Ganz gewiß ist seine Erzählung [. . .] von Emotion geprägt, von Mitmenschlichkeit und Sympathie für Verfolgte und für Opfer. Aber dieses Gefühl hat die Erzählung nicht überwältigt, es ist in sie integriert, strukturiert sie bis in die Sprache und den Tonfall hinein, der nicht von Aggressivität, eher von Freundlichkeit bestimmt ist. In diesem Sinne kann man hier von ›kalter Rache‹ sprechen – wobei Rache jedoch ein falsches Wort ist, eher müßte man sagen: Abrechnung –, ganz im Sinne des Wortes von Gottfried Benn, der vom Schriftsteller gefordert hatte, er müsse ›sein Material kalt halten‹.[7] ›Die verlorene Ehre der Katharina Blum‹ ist, in der Form der Erzählung, eine Abrechung mit inhumanen Praktiken und, ganz wie der Untertitel verspricht, ein Exempel dafür, ›wie Gewalt entstehen und wohin sie führen kann‹.«

Jürgen P. Wallmann: Der Schuß auf den Revolverjournalisten. In: Der Tagesspiegel. Nr. 8781. 4. August 1974. S. 39. – Mit Genehmigung von Jürgen P. Wallmann, Münster.

7 In Benns 1934 veröffentlichter Schrift *Lebensweg eines Intellektualisten* lautet die entsprechende Stelle: »Er [der Kunstträger] ist kalt, das Material muß

Der renommierte Musik- und Literaturkritiker JOACHIM KAISER, der Böll über viele Jahre freundschaftlich verbunden war, steht der Erzählung ablehnend gegenüber:

»Aus seiner damaligen Erregung, seinem damals gewonnenen oder heftig bestätigten Abscheu hat nun Böll eine Erzählung gemacht. Aber so berechtigt die objektiven und subjektiven Voraussetzungen der Böllschen Wut auch sein mögen: Über die literarische Wahrheit dieser nun mit allergrößter, vom *Spiegel* vervielfachter Publizität zustande gekommenen Erzählung besagen solche Voraussetzungen nichts. ›Wenn Haß nicht produktiv macht, ist es besser, gleich zu lieben‹, meinte einst ein großer Hasser.[8] [. . .] Diesem gewaltigen, alle Welt beeinflussenden Lügen-Mechanismus ausgesetzt und von ihm zur Gewalttat gezwungen, finden wir die heilige Katharina. Sie ist schön, sie ist tüchtig, sie weist zudringliche Männer ab, trägt alten Leuten den Koffer, hat sich eine hübsche teure Kleinwohnung und einen Volkswagen selbst verdient, überweist ihrer kranken Mutter Geld, unterstützt den eingesperrten Bruder, läßt das Grab ihres Vaters pflegen und im Verhörs-Protokoll kein falsches Wort durchgehen. Sie unterscheidet sorgfältig: *zudringlich* ist nicht *zärtlich, Gutmütigkeit* hat mit *Güte* nichts zu tun und *Liebe* nichts mit jener zotigen Bezeichnung, die sogleich den Juristen einfällt. Als Gottes und Bölls reines Geschöpf ist sie natürlich aus der Kirche ausgetreten, konfessionelle Tanzveranstaltungen verabscheut sie. Weil sie sich bei einer privaten Karnevalsveranstaltung in einen von der Polizei wegen mehrerer Delikte

kaltgehalten werden, er muß ja die Idee, die Räusche, denen die anderen sich menschlich überlassen dürfen, formen, das heißt härten, kalt machen, dem Weichen Stabilität verleihen« (Benn, *Gesammelte Werke in acht Bänden*, hrsg. von Dieter Wellershoff, Wiesbaden 1968, Bd. 8, S. 1917; vgl. ebd., Bd. 4, S. 1151).

8 Wahrscheinlich wird Karl Kraus – ungenau – aus dem Gedächtnis zitiert; dessen Aphorismus lautet wörtlich: »Haß muß produktiv machen. Sonst ist es gleich gescheiter, zu lieben« (»Pro domo et mundo«, in: *Die Fackel*, 13. Jg. Nr. 333, 16. Oktober 1911, S. 8).

gesuchten jungen Mann verliebt, zerstört die Zeitung verleumderisch, tonfallschwindelnd ihre Ehre, ihre Zukunft, ihr Leben.

[. . .] statt auf einen betroffenen oder leidend-ironischen Erzähler treffen wir auf eine manchmal fad witzelnde *Man-Haltung* (›Das sollte doch noch einmal hervorgehoben werden, denn man kann da nie sicher sein‹). So findet die Novelle keinen eigenen Erzähl-Ton, sie bedient sich nur teils des Verehrungs-, teils des Abscheu-Affekts. Aber der bloße Abscheu erklärt nichts und erbringt nichts. Heißt es denn, etwas riskieren oder etwas erklären, wenn alles darauf hinausläuft, daß die Journalisten der ZEITUNG lügen, daß anderswo vielleicht ein wenig mehr die Wahrheit gesagt werde, aber nutzlos, denn alle Leute lesen doch nur *Bild*? Vornehme Verachtungshaltung gegenüber der ›Springer-Presse‹ ist längst zum Alibi für sämtliche (mehr oder weniger bescheideneren) Schweinereien des übrigen Journalismus geworden: da können auch noch die letzten mit demokratischem Tugendmut schimpfen – froh, nicht so zu sein wie diese Teufel . . . Eine solche Haltung mag in einem pressekritischen soziologisierenden Essay präzisierbar sein: in einer Novelle, die leider nicht nur vom Opfer handelt, sondern auch von Tätern und von der Umwelt, wirkt es steril vornehm, wenn die Schlechtigkeit der einen Seite vorausgesetzt wird. Oder wenn auf Baader-Meinhof angespielt wird, ohne daß man innerhalb des Kontextes erfährt, was denn nun mit dem verfolgten Götten wirklich los ist. An einer Schlüsselstelle der Novelle wird das Problem, vor dem Bölls Haß sich drückt, überhaupt erst deutlich. Wenn die von der ZEITUNG tödlich Verleumdete darauf hingewiesen wird, es gäbe auch andere, sachlichere Berichterstattungen, fragt sie: ›Wer liest das schon? Alle Leute, die ich kenne, lesen die ZEITUNG!‹

Warum ist das so? Muß es so sein? Was machen die tugendhaften anderen falsch? Böll liebt nur sein reines Geschöpf. Für die Welt, an der Katharina zu Grunde geht, hat der

Zornige hier nichts anderes übrig als Haß, Ironie und falsch-vornehme Verachtung.«

Joachim Kaiser: Liebe und Haß der heiligen Katharina. In: Süddeutsche Zeitung. Nr. 183. 10. August 1974. S. 76. – Mit Genehmigung von Joachim Kaiser, München.

Auch Wolfram Schütte arbeitet in seiner am gleichen Tag veröffentlichten Besprechung – unter dem Titel *Notwehr, Widerstand und Selbstrettung* (ein weiterer Auszug daraus in Kap. IV, S. 142–145) – die persönlichen Motive heraus, die Böll zur Niederschrift von *Katharina Blum* gedrängt haben, und wertet sie als Schreibimpetus – im Gegensatz zu Kaiser – positiv:

»Die drei Jahre, die zwischen Bölls letztem Roman ›Gruppenbild mit Dame‹ und der jetzt erschienenen Erzählung liegen, waren gewiß die Zeit, in der er am meisten im Licht der Öffentlichkeit stand. Ich meine nicht so sehr jene offiziellen Ehrungen und Verpflichtungen – er wurde Präsident des Internationalen PEN und erhielt den Literaturnobelpreis –, die ihm halbdiplomatische Aktivitäten auferlegten, welche besonders im Falle Solschenizyns, wo sie ganz deutlich wurden, viel Zeit und Arbeit kosteten. Mehr aber als durch solche Tätigkeiten, die mit Reisen und Konferenzen verbunden waren, von denen er sich jetzt fast ganz zurückgezogen hat, war Bölls Leben in den letzten drei Jahren jedoch von seinem im Januar 1972 erschienenen Spiegel-Artikel mit dem Titel ›Will Ulrike Meinhof Gnade oder freies Geleit?‹ bestimmt, in manchem wohl auch nachhaltig verstört worden.
Bölls mit kalter Wut geschriebenes Pamphlet richtete sich gegen die Baader-Meinhof-Hysterie, für deren Verbreitung als Klimazone der Hetze und Verdächtigungen er zu Recht vor allem die BILD-Zeitung namhaft machte. Daß er Begriffe wie ›Gnade‹ und ›Freies Geleit‹ in die Diskussion ein-

führen wollte, wurde ihm als Sympathisantendienst ausgelegt. [. . .]

Was das bedeutet für einen einfachen und unbescholtenen Menschen, plötzlich der ›Multiplizität der Publikationsmittel‹ ausgeliefert zu sein, das ist ganz offensichtlich das thematische Zentrum der ›Verlorenen Ehre der Katharina Blum‹. Böll führt durch diese Erzählung seine Auseinandersetzung mit der verheerenden Macht der gewiß einflußreichsten Sorte von Presse bei uns fort, die schon Ziel seines Angriffs in seinem Spiegel-Artikel von 1972 war. In der Vorbemerkung zur Erzählung heißt es: ›Personen und Handlung dieser Erzählung sind frei erfunden. [. . .]‹

Personen und Handlung der Erzählung sind allerdings auch nicht so ›frei‹ erfunden, wie es scheinen möchte. Sicher: diese Geschichte der Katharina Blum ist Phantasie; aber daß sie eine mögliche, wahrscheinliche Wirklichkeit vorstellt, ergibt sich ›unvermeidlich‹ daraus, daß Böll das Material für seine Phantasiearbeit zahlreichen Details der Wirklichkeit unserer Tage entnommen hat. Die Betroffenheit persönlichen Erlebens hat den erzählten Stoff mit Realität getränkt.«

Wolfram Schütte: Notwehr, Widerstand und Selbstrettung. In: Frankfurter Rundschau. Nr. 183. 10. August 1974. Beilage »Zeit und Bild«. S. IV. – Mit Genehmigung von Wolfram Schütte, Frankfurt a. M.

In seiner *Der deutschen Gegenwart mitten ins Herz* überschriebenen Besprechung deklariert Marcel Reich-Ranicki die Erzählung als eine »unpathetische Anklage«. Vor dem Hintergrund von Bölls eigenem künstlerischem Anspruch attestiert er dem Text einen hohen Grad an Realitätsnähe:

»›Der Schlüssel zum Wirklichen‹ sei für ihn – schrieb einst Böll – ›das Aktuelle‹.[9] Eine Banalität? Damals, in den fünf-

9 In seinem 1954 vom Westdeutschen Rundfunk gesendeten Essay *Der Zeitgenosse und die Wirklichkeit* schreibt Böll: »Aus dem Aktuellen das Wirk-

ziger Jahren, als man in der Bunderepublik von zeitkritisch-engagierter Literatur meist verächtlich sprach, mutete sein in der Tat schlichtes Bekenntnis geradezu kühn und radikal an. Vor allem aber: Er hat es mit jeder seiner Arbeiten aufs neue bestätigt und beglaubigt.
Auch wenn Bölls Bücher höchst zwiespältige und fragwürdige literarische Produkte waren – und auf welchen seiner Romane treffen diese Attribute nicht zu? –, so bewiesen sie doch einen einzigartigen Blick, ein schlechthin phänomenales Gespür für jene Motive, Situationen und Stimmungen, in denen ›das Aktuelle‹ wie von selbst zum Vorschein kommt und anschaulich wird. Was Böll erzählt, mag besser oder schlechter sein. Aber es traf und trifft die deutsche Gegenwart mitten ins Herz. Das gilt auch für die Geschichte von der ›Verlorenen Ehre der Katharina Blum‹.«

Marcel Reich-Ranicki: Der deutschen Gegenwart mitten ins Herz. In: Frankfurter Allgemeine Zeitung. Nr. 195. 24. August 1974. Literaturbeilage. – Wiederabgedr. in: M. R.-R.: Entgegnung. Zur deutschen Literatur der siebziger Jahre. Stuttgart: Deutsche Verlags-Anstalt, 1981. – Mit Genehmigung von Marcel Reich-Ranicki, Frankfurt a. M.

Die Aufmerksamkeit Reich-Ranickis gilt vor allem der Titelfigur. Im Gegensatz jedoch zu Rolf Michaelis, den die starke »Idealisierung des Blum-Mädchens« stört, hält er die Figurenzeichnung für gelungen:

»Katharina Blums Vorgänger in Bölls epischem Universum waren meist unglückliche Sonderlinge und verzweifelte Außenseiter, die sich selber gern und ausgiebig bemitleideten. Sie waren immer – im Krieg wie im Frieden – Opfer gesellschaftlicher und historischer Verhältnisse. Katharina Blum

liche zu erkennen, dazu müssen wir unsere Vorstellungskraft in Bewegung setzen, eine Kraft, die uns befähigt, uns ein Bild zu machen. Das Aktuelle ist der Schlüssel zum Wirklichen« (Ess. 1,74).

ist es keineswegs. Sie wird es erst im Laufe der Handlung. Gewiß, auch sie leidet, aber nicht am ›Dritten Reich‹ oder an der Bundesrepublik oder an der katholischen Welt von Köln und Bonn. Sondern an ihrer Frigidität.[10]
Und während Böll etwa den Architekten Robert Fähmel (›Billard um halbzehn‹) oder den Clown Hans Schnier oder den Ich-Erzähler aus der ›Entfernung von der Truppe‹ reichlich mit Schrullen und wunderlichen Eigenarten versehen hat, ist die Figur der Katharina Blum frei von Schnörkeln und Zutaten. Böll verzichtet endlich auf jenes bisweilen etwas naive Beiwerk, mit dem er viele seiner früheren Geschöpfe unverwechselbar machen wollte – und schafft trotzdem (oder eben deshalb) eine gradlinig-einheitliche, eine glaubhafte und überzeugende Gestalt.
Hierzu trägt eine Darstellungsmethode bei, die Böll schon früher – wenn auch damals recht glücklos – versucht hatte. In der vor zehn Jahren erschienenen ›Entfernung von der Truppe‹ wurden von ihm nur einzelne Punkte und Striche geliefert: Es waren Konturen, die sich die Leser selber ausfüllen sollten. Das Ganze wollte er lediglich als ›Malvorlage‹ verstanden wissen. Auch hier werden nur einzelne (doch glänzend ausgewählte) Informationen, Zitate und Hinweise gegeben, die als Anhaltspunkte dienen und die Phantasie anregen sollen. Auch das Porträt der Katharina Blum ist eine Malvorlage.
So wird die Geschichte eines Mädchens aus proletarischer Familie erzählt, einer vernünftigen und sachlichen Person, die tüchtig und fleißig und glücklicherweise weder sentimental noch weltfremd ist. Sie hat eine Fachschule absolviert und darf sich eine ›staatlich geprüfte Wirtschafterin‹ nennen. Mit einundzwanzig hat sie geheiratet, sich jedoch

10 Diese Interpretation bezeichnete der Böll-Biograph James Henderson Reid als »schier unglaubliche Fehlleistung«, die – »zweifellos unbeabsichtigt« – zeige, wie feindlich sich die männliche Gesellschaft gegenüber einer unabhängigen Frau verhalte (J. H. Reid, *Heinrich Böll. Ein Zeuge seiner Zeit*, München 1991, S. 246 f.).

schon nach wenigen Monaten scheiden lassen. Der Grund: Ihr Mann wurde ›zudringlich‹. [...] Immer wieder wehrt sie die Angebote der Männer ab, und doch sehnt sie sich nach einem Mann. Denn wie sie der Zudringlichkeit überdrüssig ist, so ist sie der Zärtlichkeit bedürftig. Böll deutet unmißverständlich ihre sexuellen Hemmungen an und verstößt dennoch nie gegen jene Diskretion, die manche Autoren auch gegenüber den Geschöpfen ihrer Einbildungskraft für angebracht halten.

Diskret ist auch die Liebesgeschichte skizziert. [...]

Böll hat gute Gründe gehabt, die erotische Komponente im Porträt seiner Katharina Blum besonders stark zu akzentuieren: Erst die nicht ganz alltägliche psychische Disposition der überaus empfindlichen und labilen, als spröde geltenden, bisher deutlich frustrierten jungen Frau macht ihre Euphorie nach der Nacht mit jenem Deserteur ganz begreiflich. Und erst diese Euphorie erklärt ihr Verhalten angesichts der Pressehetze, die nun mit äußerster Intensität gegen sie in Gang gesetzt wird.

Die ›Zeitung‹, ein skrupelloses Sensationsblatt mit Millionenauflage, attackiert und denunziert die vermeintliche Helfershelferin in täglich erscheinenden Berichten, Kommentaren und Interviews. Das Blatt operiert mit bewußten Entstellungen und Fälschungen, mit perfiden Unterstellungen und Lügen, die vor allem auf einen einzigen Bereich abzielen: auf das Sexualleben der Katharina Blum. Sie wird als ›Räuberliebchen‹ beschimpft, sie habe immer schon ›Herrenbesuche‹ empfangen, im Grunde sei sie eine gewöhnliche Hure.

Dieser Verleumdungskampagne ist sie in einem Augenblick ausgesetzt, in dem das Sexuelle für sie – möglicherweise zum ersten Mal – höchste Bedeutung erlangt hat. Und die Kampagne trifft sie doppelt stark, weil sie in einem Milieu lebt, in dem alle die ›Zeitung‹ und nur die ›Zeitung‹ lesen. Zu den Folgen, die sie sofort zu spüren bekommt, gehören

Hunderte von anonymen Briefen und Anrufen mit wüsten Beschimpfungen und obszönen Angeboten.

Einer derartigen Hexenjagd ist Katharina Blum nicht gewachsen. Sie bricht zusammen. Die Tat, mit der Bölls Erzählung beginnt und endet, beweist dies. Katharina Blums Schüsse auf den Reporter, der sie interviewen und bei dieser Gelegenheit auch mit ihr schlafen wollte, zeugen von ihrer Verzweiflung, von ihrer Hilflosigkeit und Ohnmacht und ganz gewiß nicht, wie schon behauptet wurde, von einem bewußten Protest gegen die bestehende Gesellschaftsordnung. Um es paradox auszudrücken: Sie schießt auf den Vertreter der ›Zeitung‹, weil sie wehrlos ist.

An die Stelle jener übermächtigen Instanzen, mit denen Böll seine unheroischen Helden in früheren Büchern konfrontiert hat, tritt also jetzt die ›Zeitung‹. Aber um eine anonyme Instanz, um eine gefährliche, doch nicht definierte Gegenwelt handelt es sich keineswegs. Die Ähnlichkeit der von ihm dargestellten journalistischen Praktiken mit den Praktiken der ›Bild‹-Zeitung seien – heißt es im Vorspruch der Erzählung – ›weder beabsichtigt, noch zufällig, sondern unvermeidlich‹. Böll hatte ja Anfang 1972 gegen Artikel der ›Bild‹-Zeitung im Zusammenhang mit der Baader-Meinhof-Gruppe polemisiert und war dann selber Objekt einer außergewöhnlich scharfen Kampagne geworden.

So unzweifelhaft dieser direkte biographische Anlaß, so sehr würde man Böll verkennen, wollte man die Geschichte der Katharina Blum vor allem oder gar ausschließlich als Reaktion auf diese Presse-Attacken verstehen. Zunächst einmal geht es um das Individuum als Opfer der Massenmedien überhaupt, das Extreme (also die ›Zeitung‹) dient hier zur Verdeutlichung des Exemplarischen. Zum anderen ist Bölls Kritik weniger gegen die ›Bild‹-Zeitung gerichtet als gegen die Gesellschaft, die ein Phänomen wie die ›Bild‹-Zeitung duldet, ermöglicht und offenbar benötigt. Der Schlüsselsatz der Erzählung lautet: Katharina zog ›die beiden Ausgaben der ZEITUNG aus der Tasche und fragte, ob

der Staat – so drückte sie es aus – nichts tun könne, um sie gegen diesen Schmutz zu schützen ...‹
Diese zeitkritische Anklage, die Bölls Buch artikuliert, läßt sich also kaum gewichtiger und umfassender vorstellen; und die Geschichte einer jungen Frau, deren Persönlichkeit innerhalb von wenigen Tagen vor den Augen ihrer Bekannten und der Behörden, ja der ganzen Öffentlichkeit zerstört wird, konnte leicht pathetisch oder feierlich geraten. Aber in der Erzählung von der ›Verlorenen Ehre der Katharina Blum‹ wird man Pathos, Feierlichkeit oder Monumentalität nicht finden.«

Ebd.

Andreas Oplatka wählt für seine Besprechung Bölls vorangegangene literarische Arbeiten als Folie und würdigt insbesondere die »brillante Komposition« von *Katharina Blum:*

»Ging es Böll in ›Gruppenbild mit Dame‹ um die Vermessung einer weit zurückreichenden Epoche, so beschränkt er sich im vorliegenden Werk, das als erzählte Zeit lediglich vier rheinländische Karnevalstage umfaßt, ganz auf die Gegenwart. In dieser Hinsicht gemahnt das neue Buch eher an ›Das Ende einer Dienstfahrt‹, in welchem auch ein Kriminalfall (freilich grotesker Art) zum Ausgangspunkt einer gerichtlichen und damit einer literarischen Untersuchung wurde, wobei letztere schließlich über ihren ursprünglichen Gegenstand weit hinausging. Der gleiche satirische Ton läßt sich in dieser Erzählung wieder vernehmen; er klingt jedoch um einiges bitterer hinter der Sachlichkeit, die sich der Erzähler als Haltung auferlegt. Strenger als in der ›Dienstfahrt‹ (wo der Autor sich weit ausholende eigene Schilderungen erlaubt) oder im ›Gruppenbild‹ (wo der Schriftsteller sich selbst auf der Materialsuche beschrieb) hält sich Böll diesmal an die Form der Untersuchung, an die Rekapitulierung der Geschehnisse, zitiert aus protokollierten Aussagen

– und auch aus den Artikeln der ›ZEITUNG‹, deren Entstellungskunst und Verlogenheit sich gerade durch diese Konfrontierung mit den Fakten erweisen.
Nun ist es trotz alldem nicht so, daß ›Die verlorene Ehre der Katharina Blum‹ eine spröde Erzählung wäre, nur eine mit ironischen Hieben angereicherte Streitschrift gegen allgemeine Mißstände in Staat und Kirche und gegen eine sehr bestimmte Art von Journalismus (›Ähnlichkeiten mit den Praktiken der ›Bild‹-Zeitung ... sind weder beabsichtigt noch zufällig, sondern unvermeidlich‹ – heißt es in Bölls böser Vorbemerkung). Bölls mit wenigen Strichen, oft nur durch ihre direkten Reden eingeführte Gestalten, ob es sich um Polizeibeamte, Untersuchungsrichter, Verkäuferinnen, Industrielle oder Köchinnen handelt, sie sind vielmehr durchwegs von einer Lebendigkeit und (auch in ihrer Sprech- und Handlungsweise) von einer Glaubwürdigkeit, wie das von manch einer Figur im ›Gruppenbild‹ nicht behauptet werden konnte. Das Netz von Beziehungen, in welches Böll diese Menschen verstrickt, das labile Gebäude von Abhängigkeiten, das er mit stillem Humor und sprühendem sprachlichem Witz nach und nach sichtbar werden läßt, erscheinen keinen Augenblick als ›Konstruktion‹. In der abgerundeten, ausgeglichenen Form dieser auf knappstem Raum entwickelten brillanten Komposition bewährt sich ein großer Erzähler.«

Andreas Oplatka: Große Erzählkunst auf knappem Raum. In: Neue Zürcher Zeitung. Nr. 373. Morgenausgabe. 14. August 1974. S. 23. – Mit Genehmigung von Andreas Oplatka, Zürich.

Es zeigt sich, daß in den großen unabhängigen Tages- und Wochenzeitungen der politischen Mitte die neue Erzählung Bölls sowohl in bezug auf ihren kritischen Gehalt als auch hinsichtlich ihrer künstlerischen Form kontrovers diskutiert wurde. Eine radikale Polarisierung der Kritiker-Positionen

ist hingegen in den SPD-nahen bzw. den linken Blättern auf der einen und den konservativen Organen (zumeist der Springer-Presse) auf der anderen Seite zu vermerken.
KLAUS RAINER RÖHL, früher Chefredakteur der aus dem *Studentenkurier* hervorgegangenen linken Zeitschrift *konkret* (an der auch Ulrike Meinhof zeitweise redaktionell mitgearbeitet hat), prognostiziert der von ihm als »moderne Legende« charakterisierten Erzählung eine starke positive politische Wirkung:

»Seine *Katharina Blum* ist ein überzeugender Punktsieg der Menschenfreundlichkeit über die Barbarei. Sie ist Agitation mit Tatsachen, Tatsachen, die aber von der Phantasie aufgearbeitet und – das Gegenteil von Verfälschung – zu formelhafter Einfachheit stilisiert wurden.
Böll erreicht dieses Ziel gewissermaßen nebenher, indem er sein zweites Ziel erreicht: einen für alle Schichten der Bevölkerung gleichermaßen lesbaren und spannenden Roman zu schreiben.
Was geschildert wird, ist eine moderne Legende. Hierbei durchdringen sich uralter Legendenstoff mit der hochmodernen, die klassische Märtyrerlegende gewissermaßen umkehrenden Lehre von der Gegen-Gewalt und der alten Geschichte des gerechten, sein Recht suchenden, um sich schlagenden Individuums à la Michael Kohlhaas. [...]
Diese Geschichte, von ihrem Stoff her zum Kitsch oder zumindest zur Schnulze verführend, ist von Böll fast ganz in dem schon erprobten Protokoll- bzw. Augenzeugenstil des *Gruppenbilds* geschrieben, der bruchlos aus der tradierten Sprache der deutschen Erzählprosa von Kleist bis Kafka entwickelt ist. Bei dieser Erzählung wird selbst das Grauenhafte und Empörende noch überlagert von sprachlicher Schönheit oder detailfreudiger Gemütlichkeit. [...]
Lenz und Böll machen den Menschen besser, ohne ihn zu verändern – sie geben ihm ein besseres Gefühl von sich selbst, von seiner Gattung.

Das ist auch ihre Grenze, aber das hat Langzeitwirkung im Kleinen, in der Breite. Der sich nach der Böll Lektüre besser fühlende Mensch findet, die Welt ist doch nicht ganz so elend, es gibt noch Hoffnungen. Er denkt ein bißchen über sich selbst nach, über einige Probleme, oberflächlich, in kleinen Schüben, aber es sind gleich Massen, die so denken.
Massenhafte Veränderungen werden vorbereitet. Zumindest wählt der Leser beim nächsten Mal nicht mehr CDU, wahrscheinlich sogar SPD. Er wird bei der nächsten Gelegenheit an einer Mieter- oder Stadtteilinitiative teilnehmen, besonders, wenn er im Fernsehen sieht, daß Böll das auch tut. Er wird gegen Griechenlandreisen sein, wenn Böll aus Protest gegen die Mißhandlung Wallraffs[11] vor dem griechischen Reisebüro protestiert. Er wird über die Volksverhetzung der *Bild*Zeitung nachdenken, wenn Böll einen Roman gegen die Hetze in einer *Bild*Zeitung schreibt. Dieses Buch wird stärkere Wirkungen haben als die ganze Kampagne ›Enteignet Springer‹[12].«

Klaus Rainer Röhl: Die heilige Katharina und die Bildzeitung. In: das da. Nr. 8. August 1974. S. 50.

11 Im Mai 1974 kettete sich der Schriftsteller Günter Wallraff in Athen an einen Lichtmast, um auf die politische Lage in Griechenland, das von einer Militärjunta beherrscht wurde, aufmerksam zu machen. Da er zunächst unerkannt blieb, unterwarfen ihn die Militärs den üblichen Folterungen und Verhörmethoden, bevor er zu 14 Monaten Gefängnis verurteilt wurde.

12 Durch den Sozialistischen Deutschen Studentenbund (SDS) und andere Gruppierungen des Studentenprotests wurde gegen die zunehmende Konzentration der Presse auf den Springer-Konzern – der zu dieser Zeit etwa 50% der Tages- und 70% der Sonntagszeitungen herausbrachte – die Kampagne ›Enteignet Springer‹ im Herbst 1967 eingeleitet. Sie eskalierte schließlich, verschärft durch das Attentat gegen den SDS-Vorsitzenden Rudi Dutschke, in den sog. Osterunruhen, der Blockade des Berliner Springer-Hochhauses und schweren Zusammenstößen zwischen dem 12. und dem 15. April 1968.

Vor allem die analytischen Fähigkeiten Bölls hebt ULRICH ROSENBAUM in der sozialdemokratischen Wochenzeitung *Vorwärts* hervor:

»[. . .] Soweit die Geschichte. Bei Böll beginnt sie mit dem Mord, dann werden die Vorgänge auf verschiedenen Ebenen aufgerollt. Formal ist diese Erzählung ein Meisterwerk, das Bölls unumstrittene literarische Position wieder einmal bestätigt.

Die Aussage ist unzweideutig: Böll, der Ähnliches selbst und mit seiner Familie im Rahmen der Baader-Meinhof-Fahndungen erlebt hat, will vor allem die Methoden der Boulevardpresse des Hauses Springer durchsichtig machen. Dann aber auch das Verhalten von Justiz und Polizei, das eindeutig als Klassenverhalten entlarvt wird. Ausführlich, bis hin zur Satire, sinniert er darüber, wie schnell die Justiz bei den ›kleinen Leuten‹ mit Abhör-Genehmigungen bei der Hand ist. Und alles spielt, ohne daß ein echter Ortsname fällt, mitten im ›kölschen Klüngel‹.

Hat Böll, emotionalisiert durch eigene Erfahrungen, die Geschichte überzogen? Diejenigen, die sich – wäre die Story authentisch – betroffen fühlen müßten, werden diese Frage bejahen. Und doch kann ebendies in unserer Gesellschaft zumindest so ähnlich passieren. Denn Moralisten und Humanisten wie Böll haben Seltenheitswert, und die Verteufelung alles Linken ist leider immer noch Usus.

Dies ist wohl auch eine Geschichte an die Adresse aller, die in den nächsten Monaten über die Baader, Meinhof & Co. richten werden. Denn wer Gerechtigkeit will, muß mit Böll auch die Frage untersuchen, ›wie Gewalt entstehen und wohin sie führen kann‹. Wenn das Recht wirklich unteilbar wäre, gehörte auch eine gewisse Art von Journalismus mit auf die Anklagebank.«

Ulrich Rosenbaum: Wie Rufmord zu Mord führen kann. In: Vorwärts. Nr. 31. 1. August 1974. S. 14. – Mit Genehmigung der Berliner vorwärts Verlagsgesellschaft mbH, Berlin.

Zwei Wochen später erscheint im *Vorwärts* eine weitere Besprechung, und zwar von Dieter Lattmann, Mitglied des Bundestages für die SPD und seit 1969 Vorsitzender des Verbandes Deutscher Schriftsteller. Die literarische Qualität – vor allem die Direktheit und Einfachheit der Sprache – sowie die politische Korrektheit werden auch von ihm anerkennend hervorgehoben:

»Schärfer als Böll in diesem Buch ist kein Erzähler in der Bundesrepublik mit dem militanten Verleumdungsjournalismus ins Gericht gegangen. Es ist eine so unmittelbar politische Geschichte, daß es abwegig wäre, sie in erster Linie literarisch zu beurteilen. Dennoch: Als literarischer Text ist dies ein kleines Werk von scheinbar größter Einfachheit – in der verhaltenen, jedermann zugänglichen Sprache geschrieben, die Böll vor Jahren mit der Erzählung ›Ende einer Dienstfahrt‹ gefunden und seitdem völlig ungezwungen zur Verfügung hat.
Es ist eine Sprache mit dem Mut zur Direktheit, die dennoch eine genaue und unüberhörbare Aufrichtigkeit in den Differenzierungen einbezieht. Ein Altersstil ohne Alter, in dem sich Wissen, Resignation und eine radikalmoralische Energie zu etwas Unverwechselbarem verbinden. Dieser Schriftsteller besitzt unter den international namhaften Autoren der Bundesrepublik am meisten Kontinuität.
Vor allem hat Böll mit diesem Buch eine Grenze gesprengt: Mit literarischen Mitteln ist es ihm gelungen, einem Wirtschaftsimperium zu Leibe zu rücken, das sich als Meinungskartell für unangreifbar hält.
Alexander Solschenizyn hat einmal gesagt, ein großer Schriftsteller sei etwas wie eine kleine Regierung. In der Tat vermag Böll mit dieser äußerlich schmalen Erzählung entschiedener und wohl auch wirkungsvoller auf die Verwirklichung verfassungsmäßiger Grundrechte zu drängen als manches Kabinettsmitglied in tagespolitischer Anstrengung.

Ich meine: ›Katharina Blum‹ wird jener politischen Kriminalität, die so schwer faßbar ist, obwohl man sie schwarz auf weiß nach Hause tragen kann, zu schaffen machen als eine ungeheure Provokation. Sie gilt nichts anderem als den Freiheitsrechten des einzelnen und der Unantastbarkeit der Person.
Außerdem: Was in der Geschichte an Satire auf die Abhörpraktiken der ›nationalen Tonbandstreitkräfte‹, auf Neonationalismus und politischen Opportunismus steckt, reicht allein schon aus, um als allgemeines Lesebuch im öffentlichen Dienst empfohlen zu werden. Die Gestalt der Katharina Blum aber gehört, denke ich, in die Reihe der großen Unschuldigen, die immer die Literatur bewegt haben mit den Geschichten von Verkettung und Schuld in den Niederungen einer Zeit.«

Dieter Lattmann: Böll und sein Buch des Anstoßes. In: Vorwärts. Nr. 33. 15. August 1974. S. 18. – Mit Genehmigung von Dieter Lattmann, München.

Noch weiter geht Peter Schütt in der Wochenzeitung *Unsere Zeit*, dem Organ der Deutschen Kommunistischen Partei (DKP), mit seinem Lob der Erzählung. Er würdigt Bölls gestalterisches Können und erläutert seinen Lesern die politische Dimension des Textes, der allerdings vor der Offenlegung der systembedingten Ursachen der kritisierten Mißstände haltmache:

»Zahlreiche, aus früheren Werken vertraute Elemente der Böllschen Erzählkunst kehren in der ›Katharina Blum‹ wieder. Ähnlich wie in dem letzten Roman ›Gruppenbild mit Dame‹ ein fiktiver Verfasser, so tritt hier ein in seiner Erzählperspektive mit dem Autor identischer Erzähler auf, der gleich zu Anfang seine Quellen beschreibt und auf die Glaubwürdigkeit seiner Dokumente und Unterlagen allergrößten Wert legt. Der Erzähler schaltet sich im Verlauf des

Untersuchungsberichtes mehrfach ein und erläutert sein Verfahren: Böll macht seine literarische Methode selber zum Thema.

Das kunstvolle Erzählverfahren bestätigt das gestalterische Können Heinrich Bölls, das gegenwärtig in der westdeutschen Literatur seinesgleichen suchen muß. Die Erzählung ist auf die vier tollen Tage zwischen Weiberfastnacht und Rosenmontag zusammengedrängt, sie spielt wiederum in der vertrauten rheinischen Atmosphäre Bölls und verwendet eine ganze Reihe klassischer Motive, die der Autor Goethes ›Karneval in Rom‹ oder den phantastischen Erzählungen E. T. A. Hoffmanns entnommen haben könnte. Schon dieser souveräne und schöpferische Umgang mit dem literarischen Erbe, die ironisch-selbstsichere Haltung des ›allwissenden Erzählers‹ und der in jedem Detail ebenso wie in der Gesamtkomposition spürbare Bezug auf die gesellschaftliche Realität beweisen Bölls Rang als nationaler Erzähler der BRD. [. . .]

Böll ist in seiner Zentralgestalt eine verhaltene Sympathie für die Motive des Anarchismus nicht abzusprechen. Katharina versucht einen Moment lang, ›kaputtzumachen, was sie kaputtgemacht hat‹, sie antwortet auf die Gewalt der ›Zeitung‹ mit einem Akt des individuellen Terrors, den Böll als unausweichlich darstellt. Man sollte sich hüten, hinter der Gestalt der Katharina nach realen Vorbildern etwa unter den Mitgliedern der Baader-Meinhof-Gruppe zu suchen, wie das die reaktionären Kugelschreiber tun.

Böll geht es ganz gewiß nicht um eine Legitimation der Baader-Meinhof-Aktionen, ihm geht es um die radikale Anklageerhebung gegen die bestehende Gesellschaftsordnung. Er will zeigen: Diese Welt ist so von Gewalt, Lüge und Haß beherrscht, daß sie notwendigerweise und sogar in dem edelsten Menschen Mordgelüste hervorrufen muß. Damit ist nichts darüber ausgesagt, ob der Mord an dem Springermann ein politisch wirksames und richtiges Mittel ist, um der Gewalttat ein Ende zu setzen. Böll deutet an: Durch die Ausschaltung des Tötges ändert sich nicht das Geringste, die ›Zeitung‹ setzt ihre Rufmordpraktiken nur noch wütender fort, politisch bewirkt der Mord eher das Gegenteil seiner Intention. Insofern rechnet Böll zugleich mit dem politischen Anarchismus ab. Er billigt ihm moralische Beweggründe zu (wie Lenin dem Fürsten Kropotkin[13]), spricht ihm aber die politische Ernsthaftigkeit ab.

Treffend charakterisiert Böll das soziale Milieu, in dem Sympathien für den Anarchismus gedeihen können: unter gutsituierten, gelangweilten und leicht überspannten Bürgern, die an sich selber, an ihrer Rolle in der Gesellschaft verzweifeln und mit der Welt nicht mehr zu Rande kommen.

Mit einer Radikalität, die in der Gegenwartsliteratur unseres Landes beispiellos ist, geht Böll mit der imperialistischen Meinungsmanipulation ins Gericht. Und er macht in seinem bitteren Zorn klar, daß ein wichtiges Mittel der Rufmordpraktiken der Antikommunismus ist: die Aussage des Dorfpfarrers, daß Katharinas Vater ein verkappter Kommunist gewesen sei, und ähnliche linksverdächtige Randerscheinungen genügen der ›Zeitung‹, Katharina als linksradikal abzustempeln.

Die Folgen der Diskriminierung werden deutlich, nur die Ursachen bleiben im dunkeln. An diesem Punkt, an der Frage, wo die gesellschaftlichen Ursachen und Hintergründe des Antikommunismus, der Lüge und der Gewalt liegen, endet Bölls Erzählung.

Damit ist aber nicht gesagt, daß der Leser an diesem Punkt aufhören muß: Er kann den Gedankengang Bölls fortsetzen. Als Zusatzlektüre sei ihm das ›Manifest‹[14] empfohlen.«

Peter Schütt: Die verlorene Ehre der Katharina Blum. In: UZ. Unsere Zeit. Nr. 207. 7. September 1974. S. 7.

13 Peter Kropotkin (1842–1921), der bedeutendste Vertreter des kommunistischen Anarchismus.

14 Gemeint ist das zuerst 1848 erschienene *Manifest der Kommunistischen Partei* von Karl Marx und Friedrich Engels.

Fällt bei den politisch links stehenden Zeitungen das Urteil über *Katharina Blum* insgesamt positiv aus, äußern sich die Kritiker der konservativen Presse durchweg ablehnend. Günter Schloz, Rezensent der *Deutschen Zeitung*, bewertet die künstlerische Qualität der Erzählung äußerst negativ und führt die Mängel und Schwächen auf Bölls persönliche Betroffenheit zurück:

»Über eines braucht indes nicht gerangelt zu werden: darüber, daß der als ›gütig‹ beleumdete Heinrich Böll in seiner neuen Erzählung nach dem Primitivmuster der Gerechtigkeit verfährt: Auge um Auge, Zahn um Zahn. Gegen den Skandaljournalismus tritt er als Skandalschreiber auf. Er überläßt sich seinem Zorn.
Der Versuch, sich im Zornesmut literarisch zu fassen, den Empörungsdruck durch Ironie und über eine verzwirbelte Kanzleisyntax abzuleiten, scheitert kläglich. Vor soviel Empörung verweigern die Kunstmittel ihre Funktion. Doch weil der Autor sie vorzeigt, auch mit ihnen hantiert, erzielt er die am wenigsten gewollte Wirkung: Am Ende erscheint dann seine Empörung selbst künstlich. [. . .]
Nicht, daß Böll mit so dick aufgeschäumter Schwein-Rein-Malerei die Leser dazu auffordern wollte: Schießen Sie doch auf Journalisten! Nein, bewahre. Böll wollte nur – wie weiland Schiller mit seinem Kriminalbericht ›Der Verbrecher aus verlorener Ehre‹ – Verständnis für die Verhaltensweise von Menschen erwecken, die von der Gesellschaft und ihren verblendeten Wortführern (auch sie Opfer der Verhältnisse) zu Gewaltakten getrieben werden. Er lieferte nach längerer literarischer Inkubationszeit die erzählerische Fassung seines streitbaren ›Spiegel‹-Artikels ›Will Ulrike Gnade oder freies Geleit?‹, angereichert durch persönliche Erfahrungen mit der einschlägigen Presse.
Doch diese persönliche Betroffenheit, seine empfindsame Verletzlichkeit wurde dem Erzähler Böll zum Verhängnis: Sie brachte ihn in ein befangenes Verhältnis zu den realen

Vorgängen, die er fabulierend nacharbeitet, und diese Befangenheit schlug auf die Erzählung durch, blockierte Bölls Fähigkeit, erzählend Wirklichkeit zu finden, lähmte seine Sensibilität für psychologische Wahrhaftigkeit, verklemmte seinen Humor zu beschränkter Wortwitzelei. Sein präziser Blick wirkt polemisch eingetrübt, die Detailbeobachtung zeigt Unschärfen, die Handlungsführung ist mühselig konstruiert, die Erzählhaltung verkrampft, seine Sprache bürokratisch verquält.
Kein Zweifel, Bölls Erzählung ›Die verlorene Ehre der Katharina Blum‹ gibt sich als ein im Zorn geschludertes, mit Ungeduld zusammengestückeltes Nebenwerk zu erkennen. Dieser Zwitter aus Schmähschrift und Kolportage trägt nur wenig bei zur Aufklärung über Gewalt und wie sie entsteht.
Allenfalls verführt er Rezensenten und vielleicht auch Leser neuerdings zu Gewalt mit Worten oder doch zu gewaltsamen Worten. Das kann nur für harmlos halten, wer die Erzählung nicht gelesen oder nicht ernst genommen hat. Denn mit Worten kann man Ehre abschneiden und aus verlorener Ehre kann man zum Totschläger werden.«

Günter Schloz: Reine und Schweine. Wohin Zorn führen kann. In: Deutsche Zeitung. Christ und Welt. Nr. 32. 9. August 1974. S. 13.

Weit aggressiver bekundet Heinz Beckmann im konservativen *Rheinischen Merkur* seine Abneigung und schreckt auch nicht vor direkten Angriffen auf den Autor zurück:

»Spätestens bei der Lektüre der Korrekturfahnen seines jüngsten Buches hätte ein Nobelpreisträger ... Aber lassen wir das. Nicht einmal Platzpatronen lohnen mehr. [...]
Heinrich Böll meint aber diesmal gar nicht das so unschuldig verstrickte Mädchen oder den Deserteur, der auf Raub ausging, sondern eine gewisse Boulevardpresse, im Klartext

die Bildzeitung und deren Verhalten im Falle desertierter Räuber und deren Liebschaften. Bölls andere Pappkameraden bleiben selbstverständlich mit von der Partie, katholische Geistliche zum Beispiel, christliche Unternehmer während einer Tagung in Bad Boll und andere, ungeschützter Weiblichkeit nachsetzende Prominente aus Politik und Wirtschaft. Die Reporter von der ZEITUNG – so nennt Böll die im Vorspruch namentlich angeführte Bildzeitung – schnüffeln natürlich in Katharinas Intimsphäre herum, bringen auch andere Menschen um ihren Ruf, beschleunigen durch einen üblen Trick den Tod von Katharinas Mutter, manipulieren Aussagen, verkehren Tatsachen in ihr Gegenteil und wittern allenthalben, wie Katharinas katholischer Ortspfarrer, Kommunisten.
Herrn Tötges, den finstersten Boulevardisten von der ZEITUNG, erschießt Katharina kurzerhand. Mit dem Ermordeten, wie man das aus der Fernsehsendung ›Der Kommissar‹ kennt, beginnt Bölls neue Erzählung. Es folgt der Kriminalfilm. Daß Böll auf diese Gattung nicht gerade spezialisiert ist, weiß man, zumal er ja die Täter ganz woanders sucht, als Erik Ode das getan hätte. Katharina hat doch schließlich nur das ausgeführt, was das Schwein Tötges von ihr wollte. Der Leser möge verzeihen, aber der diesbezügliche Wortlaut in der Erzählung von Heinrich Böll kann ihm nicht erspart bleiben. Da ist nun also der widerliche Dreckskerl, von Katharina zu einem Interview herbeigelockt, in ihre Wohnung gekommen. Katharina erzählt: ›... und er kam mir nach und sagte: ‚Was guckst du mich denn so entgeistert an, mein Blümelein – ich schlage vor, daß wir jetzt erst einmal bumsen.‘ Nun, inzwischen war ich bei meiner Handtasche, und er ging mir an die Kledage, und ich dachte: ‚Bumsen, meinetwegen‘, und ich hab die Pistole 'rausgenommen und sofort auf ihn geschossen.‹
Na ja, und weil Böll nicht einmal den Stil der Bildzeitung einigermaßen zu kopieren vermag und einen eigenen Stil diesmal pflegt, der einem sogar die Platzpatronen kritischer

Erwägungen aus der Hand schlägt, mag denn auch noch die Tatortbesichtigung nach dem Bumsen, wie Katharina es verstand, als Kostprobe gereicht werden: ›Es soll hier nicht so viel von Blut gesprochen werden [...] Das sind also die Fakten.‹ [S. 10]

Ja, leider, das sind also die Fakten, aber gut sind sie nicht, eher zum Heulen, und man stellt sich einen Nobelpreisträger vor, der die Korrekturfahnen seines jüngsten Buches liest – und er ruft nicht unverzüglich seinen Verlag an, um zu sagen: weg damit!

P. S. Der vorstehende Text beruht zweifellos auf dem horrenden Mißverständnis, Heinrich Böll hätte eine Erzählung geschrieben. Böll jedoch in seinem Grimm war noch bei der Meinhof und was ihm da angetan wurde von der ZEITUNG. Daß es solche ZEITUNG auch von ganz anderer politischer Färbung gibt, hat er in seinem Grimm einfach übersehen, und der SPIEGEL war so freundlich, seine neue Erzählung im Vorabdruck zu veröffentlichen. Aber Boulevard hin und Boulevard her – was Heinrich Böll nicht übersehen durfte als der moralisch so engagierte Schriftsteller, das ist die wahrhaftig unübersehbare Spur ganz ähnlicher Verdächtigungen, Verallgemeinerung und Ehrabschneidungen in seinem eigenen Werk. Es gibt doch auch für Heinrich Böll Menschen, die er nicht für Menschen hält, sondern für ›Faschisten‹. Die Geschichte vom Steinewerfen im Glashaus war schon immer sehr lehrreich ...«

Heinz Beckmann: Diesmal schießt Bölls Dame. Zur neuen Erzählung des Nobelpreisträgers. In: Rheinischer Merkur. Nr. 33. 16. August 1974. S. 18.

GÜNTER ZEHM nutzt seine Besprechung in der zur Springer AG gehörenden Tageszeitung *Die Welt* zur Verteidigung des Konzerns gegen die von Böll wiederholt vorgebrachten, auch der Erzählung impliziten Vorwürfe:

»Das neue Buch von Heinrich Böll, ›Die verlorene Ehre der Katharina Blum‹, löst auch bei seinen anhänglichsten Lesern Verlegenheit aus. Wohlmeinende Kritiker sind irritiert und sprechen davon, daß der Meister hier ›allzu hastig‹ gearbeitet habe, daß ihm die Dringlichkeit seines ›Anliegens‹ keine Zeit gelassen habe, ›falsche Parenthesen‹, ›absichtslose Wiederholungen‹ und ›fade Witzeleien‹ aus dem Text zu tilgen (Joachim Kaiser). Andere gehen noch weiter und konstatieren ein Übermaß an stilistischer Schlamperei, ein merkwürdiges Konglomerat aus Wehleidigkeit und Aggressivität, das man nur mit dem Ausdruck ›saurer Kitsch‹ hinreichend charakterisieren könne.

Interessant und bezeichnend ist dabei, daß sich die Kritik gegen die mißlungene Form der Erzählung wendet und eine Würdigung des Inhalts taktvoll ausspart, ganz so, als ließen sich Inhalt und Form in der Literatur reinlich voneinander scheiden. Umgangen wird die wichtige Frage, ob es denn möglich sei, einen guten Roman für eine schlechte Sache zu schreiben. Indessen ist es gerade diese Frage, die sich einem bei der Lektüre des Böllschen Buches aufdrängt.

Denn die Sache, für die sich Böll hier mit Verve und Ingrimm engagiert, ist die Sache der Baader/Meinhof-Terroristen, die vor zwei Jahren schießend und bombenlegend durch unser Land zogen, oder besser: die Sache jener, die den Terroristen Unterschlupf gewährten und dafür herbe Kritik von einem Teil der Öffentlichkeit und einem Teil der Presse hinnehmen mußten. Bölls Verhalten stand damals im Mittelpunkt der öffentlichen Diskussion, und in seiner jetzigen Erzählung nimmt er den Faden der Debatte wieder auf, um seinen Standpunkt noch einmal zu rechtfertigen und seinen Gegnern noch einmal Saures zu geben.

Der Leser erinnert sich: Nachdem es seinerzeit dem Terroristenbund ›Rote Armee Fraktion‹ gelungen war, unter rücksichtslosem Waffengebrauch seinen Häuptling Baader aus

einem Berliner Gefängnis zu befreien, entfaltete die RAF alsbald eine alptraumhafte Aktivität. Banküberfälle am laufenden Band, Schußwechsel mit der Polizei auf offener Straße, Sprengstoffattentate, Verletzte, Tote. Obwohl die Terroristen in einem sogenannten ›Rotbuch‹ ihre kriminellen Ziele offen dargelegt und keinen Zweifel darüber gelassen hatten, daß sie bei der Durchsetzung dieser Ziele ohne weiteres Tote (insbesondere ›tote Bullen‹) einkalkulierten, fanden sie in linken intellektuellen Kreisen Sympathie und sogar Unterstützung. [. . .]
Ende 1971 wurde in Kaiserslautern der 25jährige Polizist Herbert Schoner ermordet, als er einen Banküberfall verhindern wollte – das Landgericht Kaiserslautern hat wegen dieses Mordes mittlerweile Anklage gegen die Baader/Meinhof-Leute Grashof, Grundmann und Jünschke erhoben. Die ›Bild‹-Zeitung berichtete (wie sich heute aus den polizeilichen Ermittlungen ergibt) völlig korrekt über die Tat und deren Hintergründe und versah ihren Bericht mit der Vorschlagzeile ›Baader/Meinhof-Bande mordet weiter‹. Daraufhin brachte sich Heinrich Böll ins Spiel und veröffentlichte im ›Spiegel‹ einen Aufsatz, der der Ausgangspunkt auch für seine jetzige Erzählung geworden ist. [. . .]
Man mag die Dinge drehen und wenden, wie man will, Bölls neues Buch nimmt sich aus der Sicht der dramatischen Ereignisse des Jahres 1972 wie eine literarische Retourkutsche aus, wie ein Versuch, nachträglich doch noch das letzte Wort zu behalten. Ist es das, was seine Diktion so larmoyant und fade, so unsicher und rechthaberisch macht? Fest steht jedenfalls, daß ihm das Rechtbehalten nur gelingt, indem er die Verhältnisse von 1972 bis zur Unkenntlichkeit entstellt, indem er eine groteske Karikatur der Ereignisse zeichnet, in die man hineinlesen kann, was man gerade hineinlesen möchte.
Da ist die in ihrer Ehre verletzte Katharina Blum – ein Mägdelein so fein und rein, wie es sonst nur noch in den Roma-

nen der Courths-Mahler[15] vorkommt. Da ist der Terrorist Götten, der Katharina auf einem Karnevalsvergnügen kennenlernt (!) und dem sie Unterschlupf gewährt, ohne viel zu fragen, weil sie sich ›schlagartig‹ in ihn verliebt hat (›ich empfand große Zärtlichkeit für ihn ... Er war es eben, der da kommen soll‹). Und da ist schließlich der Reporter der ZEITUNG, Tötges mit Namen, ein Schurke, wie er schlimmer nicht denkbar ist, ein Halunke in einer Redaktion von Halunken, ein Muttermörder und professioneller Menschenjäger, der die arme Katharina gnadenlos als Räuberliebchen hinstellt – da er aber in das saubere Kämmerlein der Katharina eindringt, was sagt er da, der geile Hund? ›Mein Blümelein! Ich schlage vor, daß wir jetzt erst einmal bumsen.‹ Verständlich, daß ihn die reine Katharina mißversteht und hast du nicht gesehen über den Haufen schießt. ›Ich dachte: ‚Bumsen, meinetwegen‘, und ich hab die Pistole rausgenommen und sofort auf ihn geschossen ... Er guckte mich noch 'ne halbe Sekunde oder so erstaunt an, so wie im Kino, wenn einer plötzlich aus heiterem Himmel erschossen wird. Dann fiel er um, und ich glaube, daß er tot war ...‹

Damit endet die Erzählung ›Die verlorene Ehre der Katharina Blum‹. Katharina findet noch Zeit zu konstatieren, daß sie ›ohne Reue, ohne Bedauern‹ an ihren Mord denkt, auch der Autor Böll mischt sich ein und wundert sich, warum die Zeitungen so großen Krawall über den Fall machen. ›Als ob – wenn schon auf der Welt geschossen wird – der Mord an einem Journalisten etwas Besonderes wäre.‹ Solche Passagen (wie auch die Gräten des Weihnachtskarpfens[16]) lassen einen

15 Hedwig Courths-Mahler (1867–1950), Verfasserin von über 200 Unterhaltungsromanen, die – trivial und voller Klischees – Massenauflagen erreichten.

16 Bölls im *Spiegel* veröffentlichter Essay *»Will Ulrike Gnade oder freies Geleit?«* enthält den Satz: »Ich hoffe, daß Herrn Springer und seinen Helfershelfern dieser Witz im Hals steckenbleibt mit den Gräten ihres Weihnachtskarpfens« (Ess. 2,544).

denn doch zweifeln an der moralischen Lichtgestalt ›Heinrichs des Gütigen‹, als der er von seinen Apologeten stilisiert wird. Der Verdacht stellt sich ein, daß hier möglicherweise ein monumentaler Fall von Tartüfferie[17] zur weiteren Verhandlung steht.
Aber nicht das Psychogramm Heinrich Bölls und nicht die literarische Qualität oder Nichtqualität seiner neuen Erzählung sind das eigentlich Bemerkenswerte, sondern der Zeitpunkt ihrer Publikation. Möglich, daß Böll – wie Joachim Kaiser vermutet – wirklich zu hastig gearbeitet hat. Doch dann stellt sich die Frage nach dem Warum des Erscheinungsdatums nur um so eher. Sollte das Büchlein etwa unbedingt noch vor dem Beginn des Hauptverfahrens gegen die Baader/Meinhof-Leute auf dem Markt sein, um den Prozeß beeinflussen zu können?
Über die Motive und das ›personelle Umfeld‹ des Terroristen Götten erfährt man in Bölls Erzählung nichts. Alles reduziert sich auf die Hetzjagd der ZEITUNG gegen die reine Katharina Blum. Von neuem soll also offenbar die Mär von den ›wirklich Schuldigen‹ lanciert werden. Auf den dabei zu erzielenden Nebeneffekt hat bereits der SPD-›Medienexperte‹ Erich Küchenhoff in einer öffentlichen Äußerung mit dankenswerter Offenheit hingewiesen [. . .].[18]
Nachdem die Bemühungen der Bonner Koalition um eine repressive Pressegesetzgebung bisher auf den beinahe einhelligen Widerstand der Zunft gestoßen sind, will man jetzt allem Anschein nach das Prinzip ›divide et impera‹[19] anwenden, um doch noch zum Erfolg zu kommen. Die neue Erzählung Heinrich Bölls mag literarisch mißlungen sein – politisch erfüllt sie ihre wohlkalkulierte Funktion. Es ist –

17 (frz.) Heuchelei; nach dem Titelhelden von Molières Komödie *Le Tartuffe*.
18 Zehm bezieht sich auf den in Kap. III, S. 55 wiedergegebenen Leserbrief Küchenhoffs, den er vollständig zitiert.
19 Sprichwörtliche lateinische Redensart, oft fälschlich Macchiavelli zugeschrieben; übersetzt: »Teile und herrsche!« oder »Entzwei' und gebiete« (Goethe) oder »Trenne und herrsche« (Heine).

beinahe möchte man sagen: natürlich – eine repressive Funktion.«

Günter Zehm: Heinrich der Grätige. Macht Bölls neue Erzählung Stimmung für ein restriktives Pressegesetz? In: Die Welt. Nr. 189. 16. August 1974. S. 13. – Mit Genehmigung der *Welt*, Berlin.

In der ebenfalls zum Springer-Konzern gehörenden *Welt am Sonntag* veröffentlicht der Schriftsteller und Publizist Hans Habe, der Böll am 16. Januar 1972 öffentlich aufgefordert hatte, sein Amt als Präsident des Internationalen PEN-Clubs niederzulegen, eine böse Polemik zu *Katharina Blum*. Die zynische Grundtendenz seines Beitrags zeigt sich schon in der Überschrift: *Requiem auf Heinrich Böll*. Er nimmt die Erzählung als Bestätigung dessen, was spätestens seit dem Meinhof-Artikel für ihn feststand, als ein Buch, das »seinen Autor vollends entlarvt«:

»Vom Schmerz gebeugt, berichten wir vom schriftstellerischen Hinscheiden unseres lieben literarischen Vaters, Großvaters, Onkels, Vormunds und Idols Heinrich Böll, geboren am 21. Dezember 1917 zu Köln, verblichen im Juli 1974 bei Kiepenheuer & Witsch, Nobelpreisträger, Präsident des Internationalen PEN a. D., Träger hoher und höchster Adjektive, guter Mensch von Köln, der nach schweren, mit Ungeduld ertragenen Leiden an den Folgen seiner Erzählung ›Die verlorene Ehre der Katharina Blum oder: Wie Gewalt entstehen und wohin sie führen kann‹ im Herrn unsanft entschlafen ist.
Spaß beiseite – denn um einen Spaß handelt es sich, da ich dem Hochgeehrten von Herzen einen geruhsamen Lebensabend wünsche. – Jeder Schriftsteller schreibt gelegentlich ein schlechtes Buch. Sinclair Lewis' ›Cass Timbarlane‹ ist ebenso schwach wie Heinrich Manns ›Mutter Marie‹, und Bernard Shaws Schauspiel ›The Apple Cart‹ ist gar fürchterlich. Nur selten geschieht es jedoch, daß ein Buch seinen

Autor vollends entlarvt, seine Unfähigkeit zu lieben, seinen Hang zum intellektuellen Pharisäertum, die Schwäche seiner Logik und die Maßlosigkeit seines Urteils. Ein solches Buch ist die Mär von der blütenreinen Hausangestellten, die, nur weil sie einen blütenreinen Terroristen liebt, von der Boulevardpresse zum Mord getrieben wird – mit Werfel zu sprechen: Barbara oder Die Unfrömmigkeit.[20]

Warum ein gutes Buch entsteht, aus Liebe oder aus Rache, aus Trauer oder aus Jubel, aus gesellschaftlicher Rebellion oder aus persönlicher Kränkung, ist gleichgültig. Anders verhält es sich mit wohlfeilen Texten – wenn aus schlechten Motiven ein schlechtes Buch wird, darf man das Dunkle hellhörig prüfen. Heinrich Böll hat einen, übrigens verzeihlichen Fehler begangen, als er die Baader/Meinhof-Bande, noch ehe alle ihre Untaten bekannt wurden, mit Leib und Seele verteidigte. Andere, so die ›Bild‹-Zeitung, von der dieser Schlüsselroman spricht, wußten es besser. Statt aber seinen Irrtum zu bekennen oder betroffen zu schweigen, rächt sich Böll an jenen, die es richtiger sahen: Man weiß jetzt, warum er nimmermehr an die Unfehlbarkeit des Papstes glaubt – er glaubt an seine eigene. Er liebt seine Fehler, wie andere ihre Tugenden lieben, er ist verliebt in seinen kleinlichen Ärger. Damals wurde Böll heftig angegriffen, und nun präsentiert er seine Empfindlichkeit auf eine Weise, die eines von Berufs wegen so guten Menschen unwürdig ist – nicht ein verfolgter Schriftsteller, der sich ja wehren kann, ist sein Held, sondern eine wehrlose Schöne ist seine Heldin, die sich nur mit dem Revolver wehren kann. Zugleich mutet er dem Leser zu, den Autor mit der heiligen Katharina zu identifizieren, was zu einem literarischen Kurzschluß führen muß: Man weiß, warum die ›Bild‹-Reporter Böll nicht liegen, versteht jedoch nicht, warum die ebenso lebenslustige wie wohlhabende Hausdame einen von ihnen

20 Anspielung auf Franz Werfels 1929 veröffentlichten Roman *Barbara oder Die Frömmigkeit*.

umlegt. Und wenn man nach der Lektüre der ›Katharina‹ nicht von einer Aufforderung zu Gewalt spricht, dann nur deshalb, weil aus dem guten Menschen von Köln ein törichter Mensch von Köln geworden ist. Der ›gute Mensch von Köln‹ sieht mit christlicher Nächstenliebe die Schwächen der Mörderin, bei den Schwächen des Opfers hört seine Nächstenliebe abrupt auf. Der Herr verzeihe ihm, er weiß nicht, was er tut. [. . .]
Der Zorn hat ihn zerstört. Die Baader/Meinhof-Bande, deren Verbrechen Böll in ein Passionsspiel umfunktioniert, war nie so edel, wie es der Autor darstellt, und was die verhaßte Presse betrifft, so haut sie zwar zuweilen über die Stränge, aber es handelt sich nur um Strenge, wenn es um solche Fälle geht wie die Aufdeckung der Baader/Meinhof-Anschläge oder die Watergate-Affäre. In Amerika, wo es ja auch häufig ›bumst‹, wäre Bölls Reporter Tötges nicht von einer reinen Törin erschossen worden, er hätte den Pulitzer-Preis[21] bekommen. Böll flimmert es vor den Augen: Wo die Presse nicht rot sieht, da sieht er rot. Sie hat es gewagt, an seinem Monument zu mäkeln, und beinahe hätte es ihn den im Wahljahr 1972 von Schweden so großzügig verliehenen Nobelpreis gekostet. In solchem eitlen Zorn – eitel in des Wortes doppelter Bedeutung – entsteht eine langweilige Mischung aus Dichterprätention und Räuberpistole. Was weiter? Weiter nichts als dieses: Wohin Zorn führt und wie Gewalt aus ihm entstehen kann.
In masochistischem Vergnügen klatscht die Linkspresse Beifall – der geschäftstüchtige ›Spiegel‹ druckt noch den Illustriertenroman, ›Die Zeit‹ spricht schon in einer einzigen süßsauren Rezension fünfmal von einem ›Werk‹, statt von einem Machwerk zu sprechen. Harakiri auf deutsch. Da ist Kiepenheuer & Witsch zu loben: Die Sprache seines prominentesten Autors hat auf den Verlag abgefärbt. Man liest im

21 Von dem amerikanischen Journalisten und Verleger Joseph Pulitzer gestifteter, seit 1917 vergebener Preis für hervorragende Leistungen u. a. auf journalistischem Gebiet.

Klappentext: ›Im Motiv und Stil zeigt sich diese Erzählung als Fortschreibung des großen Romans *Gruppenbild mit Dame*.‹ Der Verlag wollte Fortsetzung, Ausbau, Ergänzung sagen. Böll aber hat in der Tat nicht nur ›Gruppenbild mit Dame‹, er hat auch Heinrich Bölls Werk ›fort-geschrieben‹.«[22]

Hans Habe: Requiem auf Heinrich Böll. In: Welt am Sonntag. Nr. 33. 18. August 1974. S. 5. – © F. A. Herbig Verlagsbuchhandlung GmbH, München.

Die jahrelangen publizistischen Nachstellungen in Organen des Springer-Konzerns brachte Enno von Loewenstern im Mai 1978 noch einmal auf den Punkt, und zwar anläßlich der Ausstrahlung des *Katharina-Blum*-Films von Volker Schlöndorff (s. Kap. III, S. 117) im ARD-Fernsehen:

»Zweifellos hat Böll zur Hoffähigmachung der [Baader-Meinhof-]Bande mehr beigetragen als irgend jemand. Und zu ihrer Ermutigung. Sein Buch schildert in der empfehlendsten Weise, wie ein ›Bild‹-Reporter ermordet wird. [...] Schrieb er das Buch freiwillig? Wurde er getreten oder erpreßt? Man wird es vermutlich nie erfahren. Gudrun Ensslin, Katharina Blum-Meinhof und Götten-Baader sind tot. Heinrich Böll kassiert seine Tantiemen.«

Enno von Loewenstern: Die liebste Heldin Heinrich Bölls. In: Die Welt. Nr. 122. 29. Mai 1978. S. 16. – Mit Genehmigung der *Welt*, Berlin.

Solchen Versuchen, den Text bewußt als Handlungsvorschlag zu mißdeuten, und auch allen Unterstellungen, die

22 Den Gedanken der ›Fortschreibung‹ entwickelte Böll in einem Interview mit Dieter Wellershoff zu seinem Roman *Gruppenbild mit Dame* (1971): »Ich empfinde jedes Buch als eine Erweiterung des Instrumentariums, der Ausdrucksweise, der Komposition und auch einer gewissen Erfahrung, und insofern ist dieses Buch, wie alles, was ich geschrieben habe – auch zwischendurch kleinere Dinge, Aufsätze, Kritiken usw. – eine Fortschreibung. Der Prozeß des Schreibens ist eine dauernde Fortschreibung« (Int. 1,120).

auf eine simple Identifikation von Autor und fiktiver Figur abzielen,[23] sind die Aussagen Bölls entgegenzustellen. Im Oktober 1974 forderte er in einem Gespräch mit Dieter Zilligen mögliche Opfer von Pressekampagnen auf, sich zur Wehr zu setzen, hob indes im Blick auf seine Erzählung ausdrücklich hervor: »Diese junge Dame wählt diesen Weg, den ich nicht empfehlen kann, aber es gibt andere Möglichkeiten, sich zu wehren und die Unfehlbarkeit der Zeitungen permanent in Frage zu stellen.«[24] Im März 1975 erklärte Böll in einem Interview mit Christian Linder, er glaube nicht, »daß jemand seine Ehre und seine Integrität durch einen Mord wiederherstellen kann«. Böll artikulierte im Fortgang des Gesprächs seine Überzeugung, die Darstellung von Gewalt in einem literarischen Werk sei »natürlich keine moralische Rechtfertigung von Gewalt, sondern die Konfrontation von Problemen und Personen, die einfach Gewalt hervorrufen«. Und er fügte resümierend hinzu: »Wenn ich einen Mord schildere, rechtfertige ich ihn noch nicht, sondern stelle nur die Menschen in ihren Konflikten dar« (Int. 1,388 und 408).

Auf Vorwürfe, daß die Erzählung »eine Rechtfertigung von Gewalt« darstelle, und auf die Aufforderung an den Autor, »sich von der Terrortätigkeit zu distanzieren« (so der CDU-Fraktionsvorsitzende Karl Carstens; s. Abb. S. 95), hat Böll in seinem Beitrag zu dem am 3. März 1978 uraufgeführten Episodenfilm *Deutschland im Herbst* höchst ironisch reagiert: Die von Volker Schlöndorff filmisch umge-

23 Vgl. z. B. Lothar Ulsamer, *Zeitgenössische deutsche Schriftsteller als Wegbereiter für Anarchismus und Gewalt*, Esslingen 1987, S. 117–127. Vgl. demgegenüber Günther Rühle in einer Besprechung des *Katharina-Blum*-Films: »Natürlich weiß Böll wie Schlöndorff, daß man durch keinen Schuß seine Ehre wiederherstellen kann. Was künstlerisch richtig ist, enthält keine Rechtfertigung für den Vollzug in der Wirklichkeit« (*Frankfurter Allgemeine Zeitung*, Nr. 223, 26. September 1975, S. 25).

24 Zit. nach: Horst Hensel (Hrsg.), *Unterrichtseinheiten zur demokratischen Literatur. Eine Publikation des »Werkkreis Literatur der Arbeitswelt«*, Frankfurt a. M. 1977, S. 43.

Plakat von Klaus Staeck zu den Vorgängen um
Die verlorene Ehre der Katharina Blum

setzte Sequenz erzählt die fiktive Absetzung einer *Antigone*-Inszenierung durch eine bundesdeutsche Fernsehanstalt. Die Absetzung erfolgt, obwohl der Regisseur vorsorglich – unter mehreren anderen – folgende »Distanzierungsversion« vorgesehen hat (gesprochen von zwei Schauspielerinnen in Alltagskleidung):

> Es ist unvermeidlich, auch unübersehbar,
> daß in manchen Stücken, auch klassischen
> Gewalt dargestellt wird – *wir*
> distanzieren uns aufs schärfste von *jeglicher*
> Form der Gewalt, und wir sagen dies
> auch im Namen der Regie, der Verwaltung
> des gesamten Ensembles
> der Bühnenarbeiter
> der Kassierer
> im Namen aller, die
> direkt oder indirekt an der Inszenierung
> mitwirken.

Zit. nach: H. B.: Werke. Hörspiele, Theaterstücke, Drehbücher, Gedichte 1. Köln: Kiepenheuer & Witsch, [1978]. S. 614. –

In seinem Ende 1974 veröffentlichten metakritischen Artikel *Die Kritiker lassen ihre Tarnkappen fallen* untersuchte Hanjo Kesting die Reaktionen auf Bölls neue Erzählung in den Medien und stellte fest, daß die üblichen Rücksichtnahmen der Literaturkritik außer Kraft gesetzt worden seien: »die Kritiker kommen aus ihren Löchern hervor, bekennen Farbe«:

»Nicht nur Bölls Erzählung vom guten Menschen, der mit Kriminalität auf gesellschaftliche Zwänge – hier: die schmutzigen und zerstörerischen Praktiken der Boulevardpresse – reagiert, ist entlarvend, entlarvend sind auch die

Kritiken, die sie gefunden hat. Insbesondere dort, rechts, wo man sich getroffen gefühlt hat. Feuilletonisten, die sonst warmherzige Plädoyers für die heimliche Identität von Konservativismus und Geist schreiben, haben die Tarnkappe abgestreift. Die Reaktion ist einhellig, nach Form und Inhalt.

Und es ist in gewissem Sinn eine Überreaktion. Denn nirgendwo wird eine ernsthafte literarische Kritik auch nur ansatzweise unternommen. Die Kritiker flüchten sich vielmehr in die Ironie, die vernichten soll, als die einzige Haltung, die Bölls moralistische Attacke unterlaufen, wenn schon nicht widerlegen kann.

Doch der Witz ist stumpf, die Ironie gequält [. . .].

Und dann Rudolf Augstein und der *SPIEGEL* – das Magazin, das die ganze Erzählung im Vorabdruck brachte und eine Parodie von Friedrich Torberg, die einem Verriß gleichkam, nachschob, so, als hätte die Wahrheit immer zwei Seiten und beide fänden sich im *SPIEGEL*. Im Fernsehen mokierte sich Augstein über Böll, der das Bild vom Boulevardjournalismus naiv und weltfremd verzeichnet habe, und bot ihm eine Volontärstelle bei seiner Zeitung an.[25] Eine Ungezogenheit, hinter der der intellektuelle Übermensch seine Identifikationsängste und sein unernstes, im Grunde parodistisches Weltverhältnis zu verbergen sucht.

Der Kritiker als Henker und der Kritiker als Clown. Bölls Erzählung handelt vom Mörderspiel der Millionenpresse. Nimmt man zusammen, was Springers Zeitungen, Augsteins Magazin, was auch der *Stern* in einem auf banale Pointen gestellten Artikel, das erste Fernsehen in einem plump argumentierten TTT-Beitrag über die ›Verlorene

25 In einem von Jürgen Kritz geführten Interview in der Sendung *Titel, Thesen, Temperamente*, HR-Fernsehen, Erstes Programm (ARD), 22. August 1974. – Böll antwortete in einem Interview mit Dieter Zilligen, in: *Bücherjournal*, NDR-Fernsehen, Drittes Programm, 19. Oktober 1974; abgedruckt in: Hensel (s. Anm. 24) S. 39–43.

Ehre der Katharina Blum‹ verbreiteten, dann sieht man Bölls Analyse bestätigt. Ihre Offenheit schlägt auf ihn selbst zurück, und durchaus nicht immer aus böser Absicht, sondern aus purer Oberflächlichkeit, die freilich zur Essenz dieser Medien gehört.
Dennoch steht Bölls Erzählung seit Wochen an der Spitze der Bestseller-Listen, wie um Bölls ›unbeirrbares Vertrauen in das Volk‹ zu bestätigen. Dorothee Sölle hat davon in einer Besprechung gehandelt, die im *MERKUR* erschien, einer Monatsschrift mit kleiner Auflage.[26] Niemand liest sie, würde Katharina Blum sagen, denn alle lesen die *ZEITUNG*. Aber hier im *MERKUR* steht auch der Satz, der durch Bölls Erzählung Realitätsgehalt bekam: ›Ein realistisches Erzählen ist ohne Hoffnungen nicht denkbar.‹«

Hanjo Kesting: Die Kritiker lassen ihre Tarnkappen fallen. In: Vorwärts. Nr. 51. 19. Dezember 1974. S. 13.

Wie Hanjo Kesting zutreffend hervorhebt, stand Bölls Erzählung wochenlang in den Bestseller-Listen der großen Zeitungen und Magazine; im *Spiegel* erreichte sie noch während des Vorabdrucks auf Anhieb Platz 2 (in Nr. 34 vom 19. August). Eine Woche später rückte sie auf den Spitzenplatz und hielt ihn bis Ende Oktober. Vom 4. November bis 9. Dezember 1974 stand *Die verlorene Ehre der Katharina Blum* auf dem dritten Platz, über den Jahreswechsel auf dem vierten. Ab Mitte März rangierte sie auf hinteren Plätzen der Bestsellerliste; der letzte Eintrag, nun auf Platz 10, datiert vom 5. Mai 1975.
Auch in der Bestsellerliste der *Welt am Sonntag* rangierte die Erzählung auf den Spitzenplätzen. Als die Springer-Zeitung ihre Bestsellerliste ab dem 22. September 1974 schließlich nicht mehr veröffentlichte, wurde über die Gründe

26 Ein Auszug aus Dorothee Sölles Rezension ist abgedruckt in Kap. IV, S. 145 f.

öffentlich spekuliert.[27] Der *berliner EXTRA dienst* brachte folgende Notiz:

»Die ›Welt am Sonntag‹ muß die Veröffentlichung von wöchentlichen Bestsellerlisten auf ihrer Buchseite auf Anweisung des Verlegers Springer einstellen, ist aus gutinformierter Quelle zu erfahren. Offiziell wird verbreitet, die Maßnahme diene der ›Entlastung der WamS-Redaktion‹. Tatsache ist jedoch, daß Springer persönlich verärgert ist, daß sein Blatt immer wieder die Bücher linker Autoren in die Bestseller-Liste aufnehmen muß. Den besonderen Zorn von Springer hat erregt, daß das Böll-Buch ›Die verlorene Ehre der Katharina Blum‹ seit Wochen auf Platz 1 der Liste meistverkaufter Bücher steht. In dem Buch werden die perfiden Methoden der ›Bild‹-Zeitung angeprangert. Den letzten Anstoß zur Springer-Entscheidung gab Engelmanns neues Buch ›Großes Bundesverdienstkreuz‹, in dem die NS-Vergangenheit zahlreicher Freunde Springers enthüllt wird. Das Buch mußte auch auf die Bestsellerliste der WamS.«

Springer-Anweisung: WamS muß Bestseller-Liste wegen linker Erfolge einstellen. In: berliner EXTRA dienst. Nr. 80. 4. Oktober 1974. S. 3.

Die Erzählung *Die verlorene Ehre der Katharina Blum* gehört zu den erfolgreichsten Büchern Heinrich Bölls. Innerhalb kürzester Zeit, schon nach sechs Wochen, meldete Kiepenheuer & Witsch einen Verkauf von 150 000 Exemplaren. Seit 1976 erscheint die Erzählung auch im Deutschen Taschenbuch Verlag. Im September 1981 wurde Böll mit zwei goldenen Taschenbüchern ausgezeichnet, da die dtv-Ausgaben von *Ansichten eines Clowns* und *Die verlorene Ehre der Katharina Blum* im Sommer fast zeitgleich eine Auf-

27 Vgl. »Bestseller: ›WamS‹-Liste gestrichen«, in: *Der Spiegel*, Nr. 41, 7. Oktober 1974, S. 180.

lagenhöhe von einer Million erreicht hatten.[28] Im März 1993 lagen die Absatzzahlen bei insgesamt 250 000 Stück für die gebundene Ausgabe und 1,8 Millionen Stück für die Taschenbuchausgabe.

Auch die Raubdrucker witterten von Anbeginn ein gutes Geschäft: Schon wenige Tage, nachdem die Originalausgabe auf den Markt gekommen war, wurden an den Universitäten Marburg, Köln und Heidelberg illegale Drucke (u. a. mit der fingierten Angabe »Meta Vlg, Graz 1974«) vertrieben, die mit einem Preis von nur 8 Mark um 11,80 Mark billiger waren als die gebundene Ausgabe von Kiepenheuer & Witsch. Bölls Stammverlag stellte am 29. August Strafantrag, zog diesen jedoch einen Tag später wieder zurück.[29] Knapp ein Jahr danach, im Juni 1975, berichtete der Kölner *Express* unter der Überschrift *Der Krieg der Raubdrucker*:

»Der deutsche Buchmarkt freut sich: Deutschlands Raubdrucker sind untereinander verkracht: sie bekämpfen sich gegenseitig mit Dumpingpreisen, so daß mancher illegale Nachdruck nun für die Raubdrucker selbst ein Reinfall wird, weil sie drauf sitzenbleiben. [. . .]

Heinrich Bölls ›Katharina Blum‹ zum Beispiel ist auf dem Schwarzen Markt für acht Mark zu haben. Der Unterschied zum 18 DM teuren Original ist der Titel. Im Raubdruck heißt das Buch ›Sprachbarrieren‹.«

Der Krieg der Raubdrucker. In: Express (Köln). 26. Juni 1975. S. 9.

28 »Zweimal Gold. Für Heinrich Böll«, in: *Frankfurter Allgemeine Zeitung*, Nr. 224, 28. September 1981, S. 25.

29 Vgl. *Börsenblatt für den deutschen Buchhandel*, Nr. 72, 10. September 1974, S. 1389. – Vgl. auch »Der Böll-Raubdruck«, in: *Frankfurter Allgemeine Zeitung*, Nr. 210, 11. September 1974, S. 25.

2. Der Film von Volker Schlöndorff und Margarethe von Trotta

Volker Schlöndorff und Margarethe von Trotta hatten zunächst die Absicht, Bölls Roman *Gruppenbild mit Dame* zu verfilmen. Obwohl sie ein Jahr an dem Drehbuch gearbeitet hatten, konnte das Projekt nicht realisiert werden, vor allem weil die finanziellen Mittel nicht zu beschaffen waren. Nach dem Scheitern stellte Böll den beiden etwas Neues in Aussicht – und er hielt Wort: Er schickte den Filmemachern die ersten Fahnenabzüge der *Katharina Blum*, ein oder zwei Monate, bevor die Erzählung im Druck erschien.
In enger Kooperation mit Böll schrieben von Trotta und Schlöndorff das Drehbuch. Die Zusammenarbeit an diesem Film, für den die Dreharbeiten ab Februar 1975 in Köln und Umgebung stattfanden und der – durch deutliches Insert – das Geschehen in die Karnevalstage des Jahres 1975 verlegt, haben VOLKER SCHLÖNDORFF und MARGARETHE VON TROTTA wie folgt geschildert:

»Böll machte die Sache Spaß. Von Etappe zu Etappe – es gab drei Drehbuchfassungen – besprach er sich mit uns. Wir erfanden gemeinsam die Klosterszene, die Kirche sollte auch rein. Er korrigierte den Geldbetrag, den Katharinas Mutter hinterläßt. ›Sind 56 Mark nicht zuviel? Eher etwa 28 Mark.‹ Einzelheiten. Oder uns fehlte eine Szene für den jungen ›politischen‹ Kommissar, der auf die linke Szene spezialisiert ist. Böll schrieb drei, vier Seiten Dialog: ›Nehmen Sie sich die Sätze, die Sie brauchen können.‹ Dann wieder verbesserte er ›Textungenauigkeiten‹, wie er es nannte, und fügte hinzu: ›Ich bin nun einmal als alter Prosaschreiber und Dauerkorrektor an diese Pedanterie gewöhnt.‹
Das Allerwichtigste jedoch für uns war seine Beschreibung der Personen. Wir hatten die Staatsanwälte, den Anwalt, die Kommissare fast alle zehn, fünfzehn Jahre älter gesehen. Diese Leute sind aber heute zwischen 35 und 40, keiner von

ihnen hat den Faschismus bewußt miterlebt. ›Das ist wichtig‹, sagt Böll.«

Sieben Fragen an Volker Schlöndorff und Margarethe von Trotta [von Wolf Donner]. In: Die Zeit. Nr. 42. 10. Oktober 1975. S. 44. – Mit Genehmigung von Volker Schlöndorff, Potsdam.

Über die Absichten, die mit der Hinzufügung der Klosterszene verfolgt wurden, hat sich Böll im Oktober 1976 in einem Interview geäußert. Auf die Frage, ob diese Szene eigens für Sträubleder angelegt worden sei, antwortete er:

»Die zielt auch darauf, die Verstrickung Kirche-Arbeitgebermilieu klarzumachen. Auch im Buch wird ja diese Lokalität genannt, wo er also das Wochenende verbringt, mit christlichen Unternehmern, und Vorträge hält, aber im Buch nur andeutungsweise. Ich fand das legitim, diese Verstrikkung bildlich zu machen. Auch die vermittelnde Rolle der Kirche, personifiziert in dem Pater. Vermittelnd im ursprünglichen Sinn des Wortes, sagen wir, Konfrontation vermeidend. Ich glaube, da war im Drehbuch eine andere Szene. Die habe ich verändert und wahrscheinlicher gemacht.«

Int. 1. S. 668. –

In einem Gespräch mit Karin Mecklenburg hat Schlöndorff einige ergänzende Hinweise zu Bölls Einstellung zu diesem Filmprojekt und zum Umfang seiner Beteiligung gegeben:

»Böll sieht die *Katharina Blum* nicht als Verfilmung, sondern als einen selbständigen Film. Er sieht seine Rolle als Schriftsteller. Er hat ergänzende Dialoge geschrieben, ebenfalls die Schlußrede. Auch viele Anregungen zum Drehbuch und zur Auswahl der Schauspieler kamen von ihm. Oft hat er bei den Dreharbeiten zugeschaut. Doch trotzdem war er von dem Ergebnis überrascht, er hatte vom fertigen Film nicht diesen Impact erwartet.«

Interview mit Volker Schlöndorff. In: Szene Hamburg 24 (1975) S. 22. – Mit Genehmigung von Volker Schlöndorff, Potsdam.

In diesem Gespräch stellte Schlöndorff unterschiedliche inhaltliche Akzentuierungen von Buch und Film heraus, die aus den nicht übereinstimmenden Darstellungsmöglichkeiten dieser Medien resultieren: »Die stilistischen Fragen des Journalismus, die ich filmisch nicht ausdrücken konnte, wurden aufgewogen durch plastisches Aufzeigen der Verbindung und des Informationsaustausches zwischen Polizei und Presse« (ebd.).
Der Film verzichtet überdies auf die Zeitverschränkungen der Erzählung, auf die verspielt-komplizierte Erzählstruktur: Streng chronologisch rekonstruiert er die Tage, die das Leben Katharina Blums entscheidend verändern. Dazu Schlöndorff:

»[. . .] wir nahmen uns die Fabel und schrieben ein Drehbuch über das, was auch das Buch beschreibt. Dabei fielen Bölls ›Rückstau‹-Technik, seine kabarettistischen Elemente, die Collagen und ähnliches weg, wir konzentrierten uns ganz auf eine einfache Chronologie innerhalb von vier Tagen.«

Sieben Fragen an Volker Schlöndorff und Margarethe von Trotta [von Wolf Donner]. In: Die Zeit. Nr. 42. 10. Oktober 1975. S. 44. – Mit Genehmigung von Volker Schlöndorff, Potsdam.

Die von Schlöndorff angesprochenen stilistischen und strukturellen Veränderungen des Films gegenüber der Erzählung hat Wolfram Schütte schon im September 1975 in einer Vorbesprechung – nach einer Vorführung für die Presse – hellsichtig kommentiert:

»Als sich die Schlöndorffs daranmachten, ein Drehbuch zu schreiben, war es unumgänglich, das humoristische Sprachgestrüpp aus Berichten, Zitaten, Anmerkungen und Protokollen zu lichten, das Böll um seine pamphletistische Märchengestalt der Katharina Blum wie die Hecke um Dornröschens Schloß hatte wuchern lassen.
Für Böll war das ethisch und ästhetisch notwendig, um den aus persönlicher Betroffenheit herrührenden Stoff durch sprachhumoristische Vermittlungen von sich selbst zu distanzieren, aber auch, um das Pathos der Geschichte sich indirekter entfalten zu lassen. Wenige Literaturkritiker haben diese Notwendigkeiten verstanden.
Der Film brauchte einen solchen Paravant, eine solche Spanische Wand nicht. Es wäre wohl auch höchst schwierig gewesen, die ironische Beleuchtung, unter deren Licht die Geschichte von der ›Verlorenen Ehre der Katharina Blum‹ in Bölls Erzählung liegt, filmisch zu übernehmen: das wäre nicht ohne Platt- & Grobheiten und wohl auch nicht ohne störende Stilisierungen abgegangen.«

Wolfram Schütte: Der Durchbruch. In: Frankfurter Rundschau. Nr. 212. 13. September 1975. S. 14. – Mit Genehmigung von Wolfram Schütte, Frankfurt a. M.

Eine der einschneidendsten inhaltlichen Veränderungen des Films gegenüber dem Buch wurde in der Erschießungsszene vorgenommen. Anhand des Film-Transkripts von Andrea Park läßt sich nachvollziehen, daß insbesondere der Part von Tötges – durch Einfügung eines Monologs – beträchtlich erweitert wurde:

»*Beschwingt kommt Tötges durch den Gang und durch Katharinas Wohnungstür. Er drückt die Tür ins Schloß und*

Aus Volker Schlöndorffs und Margarethe von Trottas Film *Die verlorene Ehre der Katharina Blum*: Kommissar Beizmenne (Mario Adorf) bei der morgendlichen Durchsuchung der Wohnung von Katharina Blum (Angela Winkler)

geht langsam in Katharinas Wohnraum. Er bleibt stehen und zeigt Katharina einen Stapel Briefe.
TÖTGES: Siehst du, Blümelein, du bist berühmt geworden, soviel Post, sogar am Sonntag – hast du alles mir zu verdanken, Eilboten, Telegramme. [...] Warte nur ab ... Du kannst mit deinem Namen noch viel Geld machen. In der Story ist noch viel drin. Wir müssen nur jetzt gleich was nachschießen, nachschießen Mädchen, immer nachschießen, sonst vergessen die Leute dich. Erst mal Exclusiv-Story für die Illustrierte. Jetzt bist du in. Jetzt muß du (*gedehnt*) absahnen.

Triumphierend greift er in seine Tasche und nimmt eine Handvoll Geldscheine heraus. Er läßt sie fallen.
Hier! Für deine Story mit Sträubleder ... [...] Diese Schlüsselgeschichte, den Sträubleder kaufen wir uns ...
Er zieht einen Schlagstock aus seiner Tasche.
Knüppel aus dem Sack! Mußt 'n bißchen toleranter sein.
Er lächelt schmutzig, dann wird er ernst; scheinbar beleidigt steckt er den Schlagstock weg.
Du machst mich doch nicht verantwortlich für die Aufmachung in der ›Zeitung‹? Sie haben dich ein bißchen hart angefaßt, du bist doch nicht etwa sauer auf mich?! Ich werds überleben und du wirst es auch überleben. Was meinst du, wie ich mich manchmal über die in der Redaktion ärgere, ich liefere denen prima Material und die machen so'nen Dreck draus ...
Ich respektiere dich – sehr. Doch was du gemacht hast, – Hut ab, politisch ... ist es natürlich naiv.
Wir müssen uns erst privat 'n bißchen näher kennenlernen. Das Interview heute (*leiser*) ist erst der Anfang ...
Tötges wird zudringlich. Katharina rührt sich nicht. Ihr Blick ist starr.
TÖTGES: ... Ich schlage vor, daß wir jetzt erst mal 'n bißchen bumsen – hm?
Sie erhebt sich. Tötges tritt zurück.
Tötges geht einen Schritt rückwärts. Katharina schießt.«

Schlöndorff / von Trotta: ›Die verlorene Ehre der Katharina Blum‹. Transcript von Andrea Park. Tübingen: Narr, 1981. (Medienbibliothek. Ser. A: Texte. Bd. 3.) S. 104–106. – Mit Genehmigung des Gunter Narr Verlags, Tübingen.

Böll hat im Oktober 1976 im Gespräch mit seinem Neffen Viktor erklärt, daß diese Ausgestaltung der Szene gemeinsam vorgenommen worden sei, »weil uns das auslösende Moment [für den Schuß] im Buch zu schwach war« (Int. 1,672). Die Bedeutung der für den Film entwickelten Version – »das Entscheidende am ganzen Film« – hat er in diesem Gespräch eingehend erläutert:

»Jemand, der eine Pistole lädt, ist ja noch lange nicht entschlossen zu schießen. Das ist im Film doch auch durch das ganze Gequatsche provoziert, das Tötges noch von sich gibt. Ich glaube, daß das Auslösen zum Schießen erfolgt, weil sie die totale Kommerzialisierung ihres Falles erkennt. [. . .]
Aber das auslösende Moment ist auch, daß Tötges gar nichts gegen sie hat, sondern im Gegenteil, daß er glaubt, ihr einen Gefallen getan zu haben, indem er sie berühmt gemacht hat, und daß sie jetzt noch Geld verdienen kann, indem sie mit ihm zusammen nochmal eine Story macht. Ich glaube, daß dieses Moment, die Erkenntnis der totalen Vermarktung ihres Problems und ihrer selbst, der sie völlig hilflos ausgeliefert ist, diese Schießerei auslöst. Wir haben uns das sehr genau überlegt mit dieser Szene, sehr genau auch den Monolog dieses Herrn, um gleichzeitig darzustellen, daß sie beide ausgebeutet sind, er ja auch. [. . .]
Es ist im Film etwas kolportagehaft, auch wie er das Geld da so hinschmeißt, aber so wird das gemacht. Der ganze Typ, wie er sich aufführt, das beruht auf genauen Recherchen.«

Int. 1. S. 671, 673. –

Ist für die Erzählung eher eine – unangemessene – Tendenz zur Personalisierung des Problems zu konstatieren, eine Reduktion des Konflikts ins Private (sexuelle Attacke), so werden in der filmischen Version die ökonomischen Hintergründe bewußt gemacht: die Verdinglichung des Menschen zum Presse-Artikel, zur Ware, die sich lukrativ vermarkten läßt. Es ist jedoch nicht nur die Einsicht in diesen Sachverhalt, die Katharina zur Pistole greifen läßt. Tatauslösend wirkt vielmehr – so jedenfalls die Überzeugung Bölls – die naiv-infame Einladung des Journalisten, sich aktiv an dieser Vermarktung zu beteiligen. BÖLL kommentierte:

»[. . .] man prostituiert jemanden zunächst transitiv, man stellt jemanden hin, prostituiert ihn im wörtlichen Sinn, und im entscheidenden Augenblick macht man ihn wirklich zum Prostituierten, greift man zu. Das ist der Vorgang am Schluß, und dagegen wehrt sie sich durch Schießen. Daß sie prostituiert wird, kann sie nicht verhindern, aber daß sie sich jetzt selber prostituieren soll, das Geld liegt ja schon auf dem Tisch, dagegen wehrt sie sich.«

Ebd. S. 673.

Anna K. Kuhn, die in ihrer Analyse des Films herausstellt, daß Schlöndorff »das Melodramatische der Erzählung durch Reduktion, Identifikation und Spannung« beträchtlich verstärkte (S. 95), hat gegenüber dieser Argumentation des Autors Zweifel angemeldet:

»Mag Böll noch so sehr auf dieser Motivierung bestehen, mag er sogar, was Tötges betrifft, von der Naivität eines nur in Marktwerten denkenden Menschen sprechen, mag er noch so sehr den Zuschauer davor warnen, seine Antipathie auf Tötges zu verlegen – im Rahmen des Films überzeugt diese von Schlöndorff und Böll intendierte Motivation nicht.

Wer so erfolgreich mit Melodrama, Kolportage, kurzum mit Affekt zu arbeiten versteht, darf nicht plötzlich in medias res rational, intellektuell motivieren wollen. Katharina Blum tötet Tötges, weil er ein Schwein ist und es verdient hat. Wenn dem Film vorgeworfen wurde, er arbeite mit eben jenen Mitteln, gegen die Böll in seiner Geschichte ankämpfte, so mag das stimmen. Doch wie der Boulevard-Journalismus, so ist auch dieses Melodrama äußerst wirkungsvoll.«

Anna K. Kuhn: Schlöndorffs *Die verlorene Ehre der Katharina Blum*. Melodrama und Tendenz. In: Film und Literatur. Literarische Texte und der neue deutsche Film. Hrsg. von Sigrid Bauschinger [u. a.]. Bern/München: Francke, 1984. S. 99 f. – Mit Genehmigung des Francke Verlags, Tübingen.

Wesentlich verändert und umgestaltet wurde neben der Erschießungsszene auch der Schluß: Gegenüber der Erzählung ist der Film um einen satirischen Epilog erweitert. Anläßlich der filmisch in Szene gesetzten Beerdigung des erschossenen Reporters Tötges hält der Herausgeber der ZEITUNG, Dr. Lüding, folgende Grabrede:

»Die Schüsse, die Werner Tötges tödlich getroffen haben, haben nicht nur ihn getroffen. Sie galten der (*laut*) Pressefreiheit, einem der kostbarsten Güter unserer jungen Demokratie. Und durch diese Schüsse sind auch wir, die wir trauernd und entsetzt stehen, nicht nur betroffen – sondern getroffen –. Wer spürt nicht die Wunde, wer spürt nicht den Schmerz, der weit über das Persönliche hinausgeht. Wer spürt nicht den Atem des Terrors und die Wildheit der Anarchie. Wer spürt nicht die Gewalt, mit der hier an der freiheitlich demokratischen Grundordnung gerüttelt wurde, die uns allen so am Herzen liegt. Hier wurde scheinbar private Motivation zum politischen Attentat. Und wieder einmal gilt: ›Wehret den Anfängen‹! Seid wachsam, denn mit der Pressefreiheit steht und fällt alles. Wohlstand, sozialer Fortschritt, Demokratie, Pluralismus – Meinungsviel. . .
Lüding blickt triumphierend in die Runde
. . .falt. Und wer die ›Zeitung‹ angreift, greift uns alle an.
Er geht nach links. Auf dem Kranz der Redaktion steht ›unserem Kollegen – Opfer seines Berufs‹.«

Schlöndorff / von Trotta: ›Die verlorene Ehre der Katharina Blum‹. Transcript von Andrea Park. Tübingen: Narr, 1981. S. 109. – Mit Genehmigung des Gunter Narr Verlags, Tübingen.

Der Text dieser Grabrede, der in Stil, Vokabular und Substanz Kommentare der *Bild*-Zeitung parodiert, stammt nicht, wie häufig angenommen wird, von Schlöndorff, sondern – nach dessen Hinweis selbst – ganz von Böll (Gespräch mit Karin Mecklenburg, in: *Szene Hamburg* 24, 1975, S. 22).

Die den Film beschließende Szene hat sehr unterschiedliche Beurteilungen hervorgerufen. Günther Rühle meint, »Bölls sich verlierende Erzählung« werde durch die Friedhofszene konsequent beendet, indem diese »etwas von der Satire, die Böll gemeint hat«, spürbar werden lasse (*Frankfurter Allgemeine Zeitung*, Nr. 223, 26. September 1975, S. 25). Heidemarie Fischer-Kesselmann sieht den Schluß des Films – und hier die Trauerrede Lüdings – als »satirische Reflexionsebene« an, »die mit einem harten Schnitt gegen das empirische Handlungsgeschehen, die gefühlvolle Happy-End-Umarmung von Katharina und Ludwig, montiert wird« (Fischer-Kesselmann, S. 196). Nach dem Urteil Wolf Donners ist der von ihm als »Satyrspiel nach der Tragödie« charakterisierte Schluß »sehr kraß und grell, ein Zerrbild!« (*Die Zeit*, Nr. 42, 10. Oktober 1975, S. 44). Zu einer noch negativeren Einschätzung gelangt Karena Niehoff:

»Gerade aber weil Schlöndorff-Trotta sich mit so offenkundiger Liebe und klarer Genauigkeit der Katharina widmen und zum Beispiel Bölls ziemlich angestrengte Misch- und Folgehandlungen – getragen von dem ominösen ›Herrenbesuch‹ Sträubleder (Karl Heinz Vosgerau) und den Dienstherren Katharinas, Rechtsanwalt Blorna und seiner Frau, der ›roten Trude‹ (Heinz Bennent und Hannelore Hoger) – einerseits nicht ganz zu unrecht, andererseits aber auch merklich verlegen zu bleichen Randfiguren reduzieren –, da nimmt sich in dieser Striktheit das satirische Kuckucksei, die kabarettistische Rede am Grabe des Erschossenen (›Opfer des Berufes‹) als ästhetische Verunreinigung aus, als peinliche Nachhilfestunde. Und dann auch noch am Ende dieses himmlisch jauchzende Zueinanderrasen der beiden Verhafteten im Gefängnistunnel! In Schönheit leiden? Ewigkeit der Liebe. Des ›Amens‹ hätten wir gut entraten können.«

Karena Niehoff: Die schöne Seele Katharina Blum. In: Der Tagesspiegel. Nr. 9141. 10. Oktober 1975. S. 5. – Mit Genehmigung des *Tagesspiegel*, Berlin.

Anna K. Kuhn glaubt feststellen zu können, daß in der Friedhofszene die Musik – »kontrapunktisch zur Grabrede über die Pressefreiheit« – die Aussage Lüdings ironisiert (S. 100). Schöpfer der Filmmusik ist Hans Werner Henze, einer der bedeutendsten zeitgenössischen Komponisten, der u. a. große musikdramatische Werke geschaffen hat. Über die Funktion der Musik gaben SCHLÖNDORFF / VON TROTTA im Gespräch mit Wolf Donner folgende Hinweise:

»Die Entwicklung, die Katharina in den drei Tagen der Erzählung durchmacht, läßt sich nicht gut mit mimischen Mitteln darstellen, denn es ist ja hauptsächlich ihre innere Einstellung zur Welt, die sich ändert. Die Komposition Henzes verfolgt diese Entwicklung von ihrem anfänglichen Staunen über ihre Klage – das Hauptthema heißt ›Katharinas Klage‹ – bis zur Verzweiflung und schließlich der Überwindung derselben. Ohne den analytischen Blick auf ihre Umwelt aufzugeben, können wir so gleichzeitig mitempfinden, was in ihr vorgeht. Nur eine wirklich durchkomponierte Musik, die auf ihrer Ebene das Vorgehen des Films nachvollzieht, kann das leisten. [. . .] Die Musik erscheint übrigens in einer weiterbearbeiteten Form als Konzertsuite.«

Sieben Fragen an Volker Schlöndorff und Margarethe von Trotta [von Wolf Donner]. In: Die Zeit. Nr. 42. 10. Oktober 1975. S. 44. – Mit Genehmigung von Volker Schlöndorff, Potsdam.

Der Film entläßt die Zuschauer mit folgender Texteinblendung:

»Personen und Handlung sind frei erfunden. Ähnlichkeiten mit gewissen journalistischen Praktiken sind weder beabsichtigt noch zufällig, sondern unvermeidlich.«

Schlöndorff / von Trotta: ›Die verlorene Ehre der Katharina Blum‹. Transcript von Andrea Park. Tübingen: Narr, 1981. S. 110. – Mit Genehmigung des Gunter Narr Verlags, Tübingen.

Wenn im Gegensatz zu dem entsprechenden Hinweis in Bölls Erzählung der unmittelbare Bezug auf die *Bild*-Zeitung fehlt, so hat dies nicht zuletzt mit direkten Interventionen des Springer-Verlags zu tun. Nach der Darstellung Karin Mecklenburgs, die offenkundig auf Mitteilungen Schlöndorffs basiert, übersandte Springers Rechtsabteilung »lange vor Drehbeginn präventiv eindeutige Schriftsätze und juristische Belehrungen über das, was zu erwarten wäre, sollte in der Böll-Verfilmung auch nur einmal der Name ›der Zeitung‹ erwähnt werden.« Schlöndorff kommentierte: »Unsere Verfilmung hat bestimmt eindeutig gezeigt, um welches Blatt es sich handelt. Nur beim Betroffenen scheint es Zweifel zu geben, denn der hat sich bisher ausgeschwiegen.« Und »augenzwinkernd« fügte er hinzu: »Übrigens steht mein Film auf der Hit-Liste der *Bild*-Zeitung schon seit einigen Wochen auf dem zweiten Platz ...« (Interview mit Volker Schlöndorff, in: *Szene Hamburg* 24, 1975, S. 23).

Schlöndorffs Film, der am 10. Oktober 1975 in neun Kinos der Bundesrepublik Premiere feierte, war die erste Koproduktion im Rahmen des 1974 geschlossenen Film- und Fernsehabkommens. Die Finanzierung des 1,7 Millionen Mark teuren Projekts kam wie folgt zustande: 500 000 Mark WDR, 500 000 Mark Koproduktion von Paramount Orion, 300 000 Mark Darlehen der Filmförderungsanstalt, das aus dem Einspielergebnis voll zurückgezahlt wurde. Der Rest war Eigenbeteiligung des Produzenten.[30]

Vor allem aufgrund der faszinierenden Verkörperung der Titelfigur durch Angela Winkler war der Film, der mehrfach – erstmals am 28. Mai 1978 – im ARD-Fernsehen ausgestrahlt wurde, ein großer Publikumserfolg. Ähnliches läßt

30 Vgl. dazu den Beitrag »Böll-Film zur Diskussion geeignet« von E. Proebster (Programmdirektor des SFB) in der *Berliner Rundschau* vom 22. Juni 1978. In diesem Artikel gibt der Verfasser auch den Hinweis, daß bis zu diesem Zeitpunkt 1,5 Millionen Bundesbürger Schlöndorffs Film im Kino gesehen hätten.

sich auch für das Ausland konstatieren. Anfang Oktober 1975 wurde *Die verlorene Ehre der Katharina Blum* auf dem New Yorker Filmfestival gezeigt (»Der beste deutsche Film seit 30 Jahren!«) und kam dann in anderen amerikanischen Staaten in kommerzielle Kinos. Im Frühjahr 1977 lief er in 30 Moskauer Filmtheatern, danach in fast allen Großstädten der Sowjetunion. In Israel wurde er in der deutschen Originalfassung gezeigt.
Die Preise, mit denen der Film und die an seiner Herstellung Beteiligten ausgezeichnet wurden, hat Horst Schäfer in einem Beitrag zur Reihe *111 Meisterwerke des Kinos auf Video* zusammengestellt:

»Der Film erhielt eine Reihe von Auszeichnungen: unter anderem das Prädikat ›Besonders wertvoll‹ der Filmbewertungsstelle Wiesbaden; den Preis der spanischen Filmkritik (CEC) und den Preis des Internationalen Katholischen Filmbüros (OCIC, 1975). Angela Winkler wurde mit dem Bundesfilmpreis (Filmband in Gold) sowie mit dem Kritiker-Preis 1975 in der Sparte Film für die Darstellung der Titelfigur ausgezeichnet. Für seine Kameraführung in Schlöndorffs Film (und in ›Lieb Vaterland, magst ruhig sein‹ von Roland Klick) erhielt Jost Vacano ebenfalls einen Bundesfilmpreis (Filmband in Gold).«

Horst Schäfer: »Die verlorene Ehre der Katharina Blum«. In: Rheinischer Merkur / Christ und Welt. Nr. 14. 1. April 1988. S. 22.

Am Tage der Uraufführung erschien in der *Zeit* eine kritische Würdigung durch Wolf Donner, der dem Film große Attraktivität bescheinigt, ihn jedoch als »konsequent unpolitisch« qualifiziert:

»Der geschickt geraffte und spannende Erzählfluß des Films, der Aufbau der einzelnen Szenen, Kamera und Schnitt sind

professionell und machen ›Katharina Blum‹ sicher für ein großes Publikum attraktiv.
Es sei denn, der massive Vorausjubel erweist sich als Querschläger. Denn als handle es sich hier um die Kampffront des neuen deutschen Kinos (›der Durchbruch‹) oder um ein Pferderennen (›Nun haben sich die Schlöndorffs wieder an die Spitze gesetzt‹), wurde dieser Film lange vor seinem Start förmlich totgelobt (›eine neue Ebene‹, ›ein Glücksfall‹, ›ein Musterbeispiel‹) und von Schlöndorff selbst vorweg zerredet und mit einem gefährlichen Anspruch überfrachtet (ein Film, ›wie er seit Jahren in Deutschland nicht gemacht wurde‹; ›Das ist Dynamit – ein deutsches Watergate‹;[31] Angela Winkler eine ›Leitfigur für eine ganze Kinogeneration‹; ›Ich hoffe, daß ‚Katharina Blum' mein ‚Chinatown'[32] wird‹).
[...] Gerade weil alle darauf warten, daß der vielbeschworene neue deutsche Film endlich auch das große Einspiel im In- und Ausland erbringt, sollte die Kritik nicht zur Akklamation als Pflichtkür verkommen wie in Frankreich. Eine gute Gesinnung und ein brennend aktuelles, wichtiges Thema sind so wenig ausreichende qualitative Kriterien wie die kommerziellen Chancen eines Films.
Trotz eingestandener Einschüchterung also ein paar Einwände.
Erstens: Der Film bleibt, wie schon Bölls Pamphlet, bei der Schwarzweißzeichnung, bei der – zugegeben sehr kinogerechten, suggestiven – Konfiguration von einem Engel samt einigen sympathischen Freunden hier, lauter Schurken und Fieslingen dort. Da gibt es wenig Differenzierung, keinen Abstand, keine Alternative. Das ›Nachspiel‹, die Beerdi-

31 Watergate-Affäre: Politischer Skandal in den USA, durch dessen Aufdekkung Präsident Nixon im August 1974 zum Rücktritt gezwungen wurde.
32 1974 uraufgeführter, sehr erfolgreicher Film von Roman Polanski, mit den Darstellern Faye Dunaway, John Huston und Jack Nicholson als Detektiv J. J. Gittes. »Neben der Detektivgeschichte und der gesellschaftlichen Korruption ist der Film sehr stark eine geheimnisvolle Mann-und-Frau-Geschichte« – so Polanski in einem Interview (abgedruckt in: *Der Spiegel*, Nr. 51, 16. Dezember 1974, S. 103–105, Zitat ebd. S. 104).

Katharina Blum (Angela Winkler) in
V. Schlöndorff / M. von Trottas Film

gung des Journalisten, ist bis zum grellen politischen Kabarett verzerrt.
Zweitens: Schlöndorff/Trotta setzen einzig auf die Überzeugungskraft des vorgeführten Einzelschicksals und verzichten auf jede Argumentation und Analyse. Das Zusammenspiel etwa von Polizei, Justiz und Rechtspresse wird nur in seinen Auswirkungen erfahrbar, aber nicht auf seinen Mechanismus und seinen politischen Hintergrund hin transparent gemacht. ›Katharina Blum‹, ein eminent politisches Sujet, bleibt als Film konsequent unpolitisch.
Drittens schließlich umgehen die Regisseure jede Stellungnahme zur Figur des Anarchisten [Götten]. Ist er überhaupt einer, ist er schuldig, ein politisch motivierter Täter oder nur ein harmloser ›kleiner Fisch‹, wie in der Vorlage? Die Figur von Jürgen Prochnow bleibt ein Märchenprinz, ein Schemen, das durch ein paar idyllisch untermalte Szenen gleitet. Ein Krimineller, gar ein politischer, als eine zumindest durch die Hauptfigur positiv sanktionierte Person: für einen westdeutschen Film scheint das noch zu prekär, zu riskant zu sein.
Diese Einwände bezeichnen freilich zugleich die Vorzüge des Films. ›Die richtigen Personen in der richtigen Situation‹ nennt Schlöndorff die Methodik des Erzählers Böll,[33] und das ist das Prinzip des Films. Er erzählt einen konkreten Fall, ganz sinnlich und durchaus emotional. Diese Kinofigur Katharina Blum, eine verführerische Identifikationsofferte, glaubwürdig und ergreifend, eine Frau, die unser ganzes Gefühl in Bewegung setzt, macht uns so betroffen, weil sie uns so unmittelbar die zwei bedrückenden Wahrheiten ihrer Geschichte vermittelt: daß jedem von uns das gleiche

33 Auf die Frage »Wie erklären Sie sich das große Interesse der Filmemacher an Böll-Stoffen?« erklärte Schlöndorff im Gespräch mit Thomas Thieringer: »Böll ist eben ein großer Erzähler, das heißt, er analysiert nicht Probleme, um sie dann zu illustrieren, sondern er schildert die richtigen Personen in der richtigen Situation. Uns ist es bislang noch nie gelungen, mit soviel Einfachheit unsere Vorstellungen festzuhalten.« (»Ein Kinotraum von Menschlichkeit«, in: *Frankfurter Rundschau*, Nr. 32, 7. Februar 1975, S. 7.)

passieren könnte wie ihr, mit derselben brutalen Logik, und man genauso verletzt, zerstört, wehrlos bliebe; und daß so Gewalt als Gegengewalt entsteht, daß einer, dermaßen in die Enge getrieben, sich wehren muß und sich nur noch radikalisieren kann.«

Wolf Donner: Der lüsterne Meinungsterror. Ein Buch, ein Film, eine deutsche Krankheit. In: Die Zeit. Nr. 42. 10. Oktober 1975. S. 44. – Mit Genehmigung der *Zeit*, Hamburg.

Am Tage vor der ersten Ausstrahlung des *Katharina-Blum*-Films im ARD-Programm (am 28. Mai 1978, 21 Uhr) druckte die *Bild*-Zeitung in der Programmvorschau folgenden Text:

»Spielfilm von Volker Schlöndorff – Inhalt: Katharina Blum (Angela Winkler) lernt einen Mann kennen. Liebe! Nach einer gemeinsamen Nacht steht die Polizei vor ihrer Wohnung. Der Liebhaber wird gesucht. Katharina Blum gerät in einen Strudel von Ereignissen . . .«

Bild-Zeitung. 27. Mai 1976.

Am Tage nach der Fernsehausstrahlung schrieb Enno von Loewenstern in der *Welt*:

»Ein wenig obsolet wirkte der Film ›Katharina Blum‹ schon, jetzt am 28. Mai des Jahres 1978, auch wenn er gewiß nicht der letzte Beitrag zur Terrorverherrlichung sein wird, den das Deutsche Fernsehen zur besten Sendezeit ins Programm hievt. Als das Buch erschien, 1974, war die Bereitschaft weitaus größer – zumindest im deutschen Medien- und Meinungsführungsestablishment –, die große Reinwaschung der Ulrike Meinhof als reine Magd ›Katharina Blum‹ ebenso zu feiern wie die Beschimpfung der ›Bild-Zeitung‹ und der Polizei als derjenigen, die schuld seien am Entstehen der Gewalt. Heute, vier Jahre und unzählige

Morde, Überfälle, Mordversuche, Geiselnahmen und Entführungen später, und nach dem Ende der Bandenführer in Stammheim,[34] ist die Öffentlichkeit wohl nicht mehr ganz so aufnahmebereit.«

Enno von Loewenstern: Die liebste Heldin Heinrich Bölls. In: Die Welt. Nr. 122. 29. Mai 1978. S. 16. – Mit Genehmigung der *Welt*, Berlin.

Werner Faulstich hat 1982 im Rahmen eines Beitrags über »Neue Methoden der Filmanalyse« Schlöndorffs filmische Adaption genauer untersucht, und zwar speziell im Blick auf das, »was man die narrative Struktur eines Films nennen könnte, seinen formalen Aufbau, die konzeptionelle Sukzession der Handlung« (gedruckt in der in Fußnote 35 genannten Aufsatzsammlung). Die folgenden Auszüge sind einem Diskussionsbeitrag entnommen, in dem Faulstich seine Ergebnisse in zum Teil erweiterter, zum Teil modifizierter Form noch einmal vorgetragen hat:

»Der Spielfilm hat 5 Teile gemäß den 5 Tagen des Geschehens (Einstellung 1–39, 40–169, 170–271, 272–329, 330 bis 368). Sie entsprechen fünf *Phasen* einer stringenten Handlungsentwicklung: 1. Exposition (Götten und Katharina begegnen sich; der Gegensatz von Liebe und Krieg – sprich: Polizei – wird etabliert); 2. Steigende Handlung (Verhaftung, brutale Verhöre; die Folgen werden aufgezeigt bei Tötges, Blorna und der anonymen Bevölkerung); 3. Krise (Zusammenarbeit von Kapital + Kirche, Polizei + Justiz, bei Presse + Polizei; zugleich weitere Verhöre, Anklagen, Scheinindizien bis zur Fangschaltung der Polizei); 4. Fal-

34 In der Nacht vom 17. auf den 18. Oktober 1977 begingen Andreas Baader, Jan-Carl Raspe und Gudrun Ensslin im Hochsicherheitstrakt der Justizvollzugsanstalt Stuttgart-Stammheim Selbstmord, wenige Stunden nach der Befreiung der mit der Lufthansa-Boeing »Landshut« entführten Geiseln in Mogadischu. Ulrike Meinhof hatte sich schon in der Nacht vom 8. auf den 9. Mai 1976 in ihrer Zelle in Stammheim erhängt.

lende Handlung (Beziehungen zerbrechen: Blornas zu Hach + Sträubleder; Katharinas zur Mutter; Abschluß ist die Verhaftung Göttens); 5. Katastrophe (Tod und Beerdigung von Tötges).
Der *Aufbau* ist demnach eine chronologische 5-Akt-Struktur gemäß der klassischen Tragödie. [. . .]
Kamera: Es gibt relativ viele längere Einstellungen, viele Kamerabewegungen/Schwenks und Figurenbewegungen, d. h. fast doppelt so viele Einstellungsgrößen (661) wie Einstellungen (368). Kleinere Einstellungsgrößen (Groß, Nah, Amerikanisch) sind extrem bevorzugt, was z. T. auf die Produktionsbedingungen dieses sog. ›amphibischen‹ Films zurückzuführen ist. Entscheidend ist die Entwicklung der Einstellungsgröße, mit der kamerasprachlich der Heldin ›zu nahe‹ getreten wird.«

[Fußnote dazu:] »Dies ist eine der wichtigsten Differenzen von Erzählung und Film. Anhand des Filmprotokolls von Andrea Park läßt sich feststellen, daß sich die Zahl der Einstellungsgrößen (nicht: Einstellungen) von Phase zu Phase steigert. Dabei verschiebt sich deutlich das Verhältnis von eher großen zu eher kleinen Wirklichkeitsausschnitten. Der Film kommt per Einstellungsgröße seinem Gegenstand immer näher. Hauptgegenstand ist die Figur Katharina, die in 47 % aller Einstellungen des Films zu sehen ist und in 23 % aller Einstellungen allein auftritt. Da auf sie auch die meisten ›kleinen‹ Ausschnitte entfallen, bewirkt die Entwicklung der Einstellungsgrößen eine zunehmende Focussierung speziell auf die Figur Katharina. Dazu muß noch die Einstellungsperspektive in Rechnung gestellt werden: Anfangs wird Katharina häufig in Aufsicht gezeigt, die Vertreter des Staates dagegen häufig in Untersicht; das ändert sich im Verlauf des Films, d. h. aus der hilflosen Frau wird die entschlossene, aus dem Opfer der Täter. ›Es wird auch filmästhetisch nicht nur gezeigt, *daß* die Ehre der Katharina Blum verlorengeht, sondern auch, *wie* – nämlich dadurch, daß man ihr im Verlauf des Films immer näher tritt und alles Persönliche, Private nach und nach an die Öffentlichkeit zerrt; die Kamera selber wird immer indiskreter, vermittelt ein immer intimeres Bild. Von Einstellungsgröße, Figurenauftritt und Einstellungsperspektive her hat der Film ein Aufbauprinzip, das man als zunehmende Zudringlichkeit beschreiben könnte, als allmähliches gewaltsames Zerbrechen einer Persönlichkeit in Fragmente, als immer drastischeres, rigideres Zerlegen in Einzelteile.‹«[35]

»[. . .] Der Film unterscheidet *2 Arten von Gewalt*, aber andere als die Erzählung: die Gewalt eines inhumanen Systems (Gesellschaft als Netz, als Struktur) und die Gewalt eines Individuums, das sich (vergeblich) wehrt mit Gewalt gegen eine Person. Auf den ersten Blick beschreibt der Film den Verlust der Ehre Katharinas als unabänderlich und das System einseitig als negativ. Der nur emotionale Zuschauer erstickt an seiner hilflosen Wut, die damit folgenlos bleiben muß – der Film also wäre letztlich unpolitisch. Tatsächlich aber geht der Film über die Erzählung noch hinaus: Bei Böll richtet sich die Kritik am falschen Gebrauch der Verbal-Sprache gegen BILD, die Presse, die Manipulation der Öffentlichkeit; bei Schlöndorff / v. Trotta kommt eine Kritik am falschen Gebrauch der Bild-Sprache hinzu, die sich gegen den Zuschauer selber richtet – als den Voyeur, der gebannt, lustvoll und zustimmend verfolgt hat, wie die Kamera immer näher an Katharina herangerückt ist und sie schließlich zerbrochen hat.«

Werner Faulstich: Kritische Randbemerkungen zu dem Beitrag »Heinrich Bölls Erzählung ›Die verlorene Ehre der Katharina Blum‹ und die gleichnamige Verfilmung von Volker Schlöndorff und Margarethe von Trotta« von Heidemarie Fischer-Kesselmann. In: Diskussion Deutsch 15 (1984) S. 450–453. – Mit Genehmigung von Werner Faulstich, Lüneburg.

Knapp ein Jahrzehnt nach der Verfilmung von *Katharina Blum* durch Schlöndorff und von Trotta wurde in Amerika eine Fernsehversion produziert, die am 24. Januar 1984 von CBS, einer der drei großen überregionalen amerikanischen

35 Faulstich zitiert aus seinem Aufsatz »Neue Methoden der Filmanalyse«, abgedr. in: W. F., *Was heißt Kultur? Aufsätze 1972–1982*, Tübingen 1983, S. 142–160, ebd. S. 156 f.

Fernsehanstalten, ausgestrahlt wurde.[36] Diese Verfilmung – unter dem Titel *The Lost Honor of Kathryn Beck* – transponiert die Fabel in ein amerikanisches Milieu, von Bölls Version geblieben ist nur das Grundgerüst.[37] In einem auf dpa-Mitteilungen basierenden Artikel berichten die *Ruhr-Nachrichten:*

»In der CBS-Verfilmung spielt Marlo Thomas die Rolle der von der Polizei und einem skrupellosen Reporter verfolgten Frau. Der bärtige Country-Sänger und Filmschauspieler Kris Kristofferson verkörpert den flüchtigen Terroristen Ben Cole, den Katharina Blum – in der US-Version heißt sie Kathryn Beck – bei sich verbirgt.
In Vorbesprechungen des Fernsehfilms konnten amerikanische Rezensenten mit der literarischen Vorlage, die offensichtlich ohne den Hintergrund der in den siebziger Jahren in der Bundesrepublik herrschenden Terroristenverfolgung schwer zu verstehen ist, wenig anfangen. Die Kritikerin einer Nachrichtenagentur meinte ironisch, das ›Melodram‹ wäre etwas glaubwürdiger, ›wenn sich herausstellte, daß Ben Herpes hat‹.«

Bölls »Katharina Blum« wird im US-Fernsehen gezeigt. In: Ruhr-Nachrichten. Nr. 21. 25. Januar 1984.

3. Bühnenbearbeitungen und Oper

Am 8. Mai 1976 wurde an der Werkstattbühne des Bonner Stadttheaters ein Bühnenstück von Margarethe von Trotta »nach der Erzählung von Heinrich Böll« uraufgeführt, und

36 Im Oktober 1975 hatte die populäre amerikanische Zeitschrift *Redbook. The Magazine for Young Women*, die in einer Auflage von 4,5 Millionen Exemplaren erscheint, eine gekürzte Fassung gedruckt und damit der Erzählung zu weitester Verbreitung in den USA verholfen.

37 Vgl. dazu: Charles H. Helmetag, »The Lost Honor of Kathryn Beck: A German Story on American Television«, in: *Literature/Film Quarterly* 13 (1985) H. 3, S. 240–244.

zwar unter der Regie von Günther Büch. Die Ausstattung besorgte Peter Heyduck, der die Bühne mit der idyllischen Rheinansicht der Stadt Köln austapezierte. Bei dieser Inszenierung wurden die einzelnen Szenen – statt durch einen Vorhang – durch eine Laufschrift mit Schlagzeilen aus der Boulevardpresse getrennt, wodurch eine Ablenkung der Aufmerksamkeit vom Bühnenumbau und zugleich eine Vertiefung der erzeugten Eindrücke erreicht werden sollten.
Die Dramatisierung greift auch Elemente des *Katharina-Blum*-Films auf, dessen Drehbuch unter maßgeblicher Beteiligung von Trottas entstanden war. Verwendung findet u. a. die eigens für die Schlußszene des Films konzipierte Grabrede Lüdings, allerdings in veränderter Form: Sie wird durch das Radio in Katharinas Zelle übertragen, und das Publikum kann ihre Funktion und den Redner bestenfalls erraten.
Anläßlich der Uraufführung hat Georg Hensel in seiner Besprechung diese Bühnenfassung an der Buchvorlage und an Schlöndorffs Film gemessen:

»Wer im Theater gegen den Film Schlöndorffs antritt, gegen seine Gesichter, gegen die Fülle und Kraft seiner Bilder, der steht auf verlorenem Posten. Günther Büch, Regisseur der Uraufführung, hat es gar nicht erst versucht, und dies ist der Aufführung gut bekommen: ihre Einfachheit, ihr Mangel an Glanz werden streckenweise Bölls Geschichte sogar besser gerecht als der hochpolierte Aufwand des Kinos. So scheinen bei Dagmar Hessenland die ungewöhnlichen Eigenschaften der Katharina Blum, ihre Empfindsamkeit und ihr Stolz, angenehm unapart und unauffällig [. . .].
Im übrigen aber besitzen die ihres Erzählfleischs beraubten und auf ihren Dialog reduzierten Figuren nur noch anderthalb Eigenschaften, und die Bonner Schauspieler fügen ihnen aus Eigenem kaum etwas hinzu: mit zahlreichen Seufzern als Hauptausdrucksmittel wird die Handlung nichts als abgewickelt.

Was für Erzählung und Film ausreichen mag, das reicht nicht für die Bühne. Ein Erzähler wie Heinrich Böll kann den Leser immer wieder dazu überreden, seine Personen für glaubwürdig zu halten. Der Film kann durch die Suggestionskraft seiner Bilder über die Dürftigkeit der Charaktere hinwegtäuschen. Die dreidimensionale leere Bühne aber ist erbarmungslos: auf ihr hört man nur die Stimmen der Personen Bölls, und da sie ungeschützt von der Überzeugungskraft seiner Prosa auftreten, sind es nicht einmal seine Personen, sondern nur Figuren, die seine Personennamen tragen. Böll hat sie gleichwohl adoptiert: er ließ sich auf die Bühne holen und stellte sich mit Margarethe von Trotta dem langwährenden Beifall. Er galt wohl vor allem der Hauptqualität dieser Veranstaltung: immerhin macht sie Gedanken über unsere Gegenwart.

Dennoch ist die auf die Bühne gebrachte Katharina Blum ein weiterer Beweis für die zwar hartnäckige, aber unglückliche Liebe Heinrich Bölls zum Theater. Seine Erzählung ist unendlich viel reicher als die Bühnenfassung. Was Kunst ist an Bölls Geschichte, das steckt in seiner Prosa: in ihrem grimmigen Spott und in ihrem Sarkasmus, der das moralische Pathos vor der Plattheit bewahrt; im Wechsel der Tonfälle und des Abstands von den erzählten Begebenheiten. Bölls Bestes, die Stimme des Erzählers, bleibt auf der Bühne stumm.«

Georg Hensel: Theater mit der verlorenen Ehre der Katharina Blum. In: Frankfurter Allgemeine Zeitung. Nr. 104. 15. Mai 1976. S. 25. – Mit Genehmigung von Anna Hensel, Darmstadt.

Ulrich Schreiber stellt in seiner Kritik einige Eingriffe des Regisseurs in das der Aufführung zugrunde liegende Textbuch heraus und zieht einen Vergleich mit Bölls Erzählung:

»Nachzutragen ist bezüglich der Uraufführung des Theaterstücks im Bonner Werkraumtheater, daß Regisseur Günther

Büch die auf dem Argumentationsniveau der von Böll angegriffenen Boulevardpresse angesiedelte Textfassung Margarethe von Trottas von einigen theatralischen Effekten wie der Protokollunterzeichnung in Handschellen befreit, die im Film auf die Allianz von Kirche & Kapital zielende Szene mit dem Dominikanerpater – in der Theaterversion liefert er sich bei der Vernehmung im Revier ein Wortgefecht mit dem Staatsanwalt – nicht ungeschickt umgeschrieben und die Erschießung des Boulevardjournalisten wieder eingefügt hat. Aber Büch und die Bonner Schauspieler [. . .] haben vergeblich auf der von Peter Heyduck mit einem Prospekt der Kölner Rheinlandschaft verkleideten Bühne darauf vertraut, daß der Wahrheitsgehalt der Erzählung Bölls sich jenseits der kümmerlichen Faktur der Theaterversion mitteile. [. . .]

Erlaubte es die Erzählung dank ihrer legendenhaften Mischung aus Sprachschludrigkeit und Formprotzerei dem Leser, deren geschichtliche und gesellschaftspolitische Substanz durch die Betonung des Kunstcharakters zu erfahren, so geht im Theaterstück diese Erfahrungsmöglichkeit in Richtung auf eine rein affektive Besetzung des Tauschwerts von Bölls Stoff verloren. Auf diese Theaterversion trifft direkt zu, was Böll, augenzwinkernd die erzähltechnischen Digressionen seiner Erzählung rechtfertigend und zugleich ironisierend, dortselbst beschrieben hat: ›In dieser Geschichte passiert zu viel. Sie ist auf eine peinliche, kaum zu bewältigende Weise handlungsstark: zu ihrem Nachteil‹.

Wegen ebendieses Nachteils aber wird die ungleich ärmere Theaterversion ihren Weg machen. Der starke Beifall nach der Bonner Uraufführung jedenfalls deutete das an.«

Ulrich Schreiber: Die mehrfach verlorene Ehre der Katharina Blum. In: Frankfurter Rundschau. Nr. 107. 19. Mai 1976. S. 7. – Mit Genehmigung von Ulrich Schreiber, Erkrath.

Anläßlich der Wiederaufführung dieser Bühnenfassung im September 1986, diesmal durch das Kölner Theater Der Keller, schrieb Rainer Hartmann:

»Die Kolportage-Elemente, die Heinrich Böll recht mühselig durch erzählerische Tricks in den Hintergrund drückte, bestimmen den Text. Auf der Bühne hat ›Katharina Blum‹ mehr mit einem ›Tatort‹ gemein als mit Literatur. [. . .]
Dieses Gebrauchsstück inszenierte Wolfgang Trautwein schlicht und karg. Die rasch ablaufende Aufführung im umbaufreundlichen Bühnenbild Gabriel Feuersteins berührt durch die Sachlichkeit, mit der sie die Handlung zeigt, keinerlei Kunst vorspiegelt.«

Rainer Hartmann: Auf den Rufmord folgt die Rache. In: Kölner Stadt-Anzeiger. Nr. 213. 13./14. September 1986. S. 11.

Über eine weitere Inszenierung in Ingolstadt notierte Manuel Brug:

»Die Schauspieler sind reduziert auf eineinhalb Eigenschaften, betätigen sich lediglich als Phrasendrescher und Sentenzenablieferer. Katharina von Büren in der Titelrolle bibbert sich durch ihren Part, hat kaum mehr anzubieten als ungläubig-seelenvoll-brennende Blicke ins Leere.
Immer wieder bekommt die Kolportage noch eins draufgesetzt. Nachdem ihr krimineller Liebhaber sie verlassen hat, bevor das (alberne) Überfallkommando ihre Türe eintritt, legt die schwarzgelockte Justiz-Märtyrerin Bach auf; Barockes und Brutales gibt es auch, wenn sie nach dem Brandenburgischen Konzert den Presse-Schmierfinken niederstreckt.
Man wolle kein ›Dallas‹ am Rhein, gaben die Ingolstädter Macher bekannt. Richtig, davor haben sie sich gehütet. Was

das Ingolstädter Publikum zu sehen bekommt, ähnelt eher einer der trübseligeren Folgen von ›Derrick‹.«

Manuel Brug: Wie ein schlechter Fernsehkrimi. In: Süddeutsche Zeitung. Nr. 242. 20. Oktober 1989. S. 49. – Mit Genehmigung von Manuel Brug, Berlin.

Eine zweite Bühnenfassung von *Katharina Blum* schuf 1990 Günther Fleckenstein, von 1966 bis 1986 Intendant des Deutschen Theaters in Göttingen. Fleckenstein übernahm viele Bestandteile wörtlich aus der Erzählung ins Stück, und er erweiterte das Personal um eine kommentierende »Stellvertreter«-Figur, der er Zitate aus anderen Werken Bölls in den Mund legte. Der Autor brachte sein 21 Bilder umfassendes »Schauspiel nach der gleichnamigen Erzählung von Heinrich Böll« in einer Gastinszenierung an seiner früheren Göttinger Wirkungsstätte heraus. Die Uraufführung erfolgte am 10. Februar 1990.
Ulrich Fischer urteilte über das Stück und die Aufführung:

»Die Erzählung ist ja ein eher verhaltener Angriff auf die Terroristenhysterie und Zeitungshetze jener Jahre (die Erzählung erschien 1974); anstatt die Tendenz zu verschärfen, wie es Volker Schlöndorff in seinem Film (1975) tat, verharmlost Fleckenstein. Von der Bunker- und Jägermentalität ist nichts geblieben, Kriminalkommissar Beizmenne ist in Till Sterzenbachs Verkörperung nur noch ein Schatten jenes Beizmenne, dem Mario Adorf zu ewigem Leben verhalf – aber das liegt weniger am Schauspieler als am Text und der Regie [. . .].
Was will Günther Fleckenstein? Nur Tantieme, ein wenig von der Sonne des Ruhms, die Böll umstrahlt, auf sein Künstlerhaupt lenken? Der Verdacht liegt so nahe, weil die Aussage seiner Bearbeitung so kümmerlich ist: Fleckenstein greift den rücksichtslosen Boulevardjournalismus an. Aber

wenn Böll das schon mit Zurückhaltung tat, so wirkt der Angriff Fleckensteins beruhigend, ja einschläfernd. Fleckenstein hat die Figur des ›Stellvertreters‹ geschaffen, der den Autor vertritt, und der muß in Zwischenszenen mit Werner Tötges, der Katharina die Ehre nimmt und mit dem Tod büßt, über Journalismus und Pressefreiheit streiten. Tötges ist als Figur noch mehr mißraten als der Stellvertreter, weil er nicht einmal soviel Zynismus und Publikumsverachtung aufbringt wie ein durchschnittlicher Mitarbeiter des Göttinger Lokalblatts, das weithin als seriös gilt. Angesichts der Mengen Kamillentees, die Fleckenstein verabreicht, der Substanzlosigkeit der Argumente, der Hilflosigkeit in der psychologischen Motivierung der Debatte schwingt sich die Sehnsucht des Betrachters durch Mauern ins nächste Kino; er stellt sich die Schlußszene im Film vor, wie bei der Beerdigung von Rufmörder Tötges der Verleger die Totenrede nutzt, um Gift zu spritzen und unmißverständlich klar zu machen, was Pressefreiheit ist und wem sie gehört.«

Ulrich Fischer: Der Film ist viel besser. In: Frankfurter Rundschau. Nr. 45. 22. Februar 1990. S. 25. – Mit Genehmigung von Ulrich Fischer, Frankfurt a. M.

* * *

Nachdem zwei in Gelsenkirchen – zunächst für den 11. Juli 1986, dann für den 8. Mai 1988 – geplante Inszenierungen nicht zustande gekommen waren, gelangte Tilo Medeks *Katharina Blum. Oper in fünf Tagen und einem Nachspiel* am 20. April 1991 am Stadttheater Bielefeld zur Uraufführung. Bereits am 8. August 1979 hatte Heinrich Böll das Libretto autorisiert. Es stammt von Dorothea Medek, der Ehefrau des Komponisten, der am 15. Juli 1977 aus der Staatsbürgerschaft der DDR »entlassen« und mit seiner Familie an den Rhein übergesiedelt war. Folgt man den Angaben im Druck des Klavierauszugs (Edition Moeck, Nr. 5271a), dann be-

gann die Komposition »am 6. Oktober 1984 in Unkel am Rhein und endete am 27. August 1986 in Remagen (Rheinhöhe).«
Gefragt, was ihn an der Böllschen Vorlage am meisten fasziniert habe, äußerte TILO MEDEK in einem im September 1987 mit Carl Friedrich Schröer geführten Gespräch, mit seiner Titelfigur habe Böll eine Variante zu Goethes Gretchen (aus dem *Faust*) geschaffen, »die uns miterleben läßt, wie die Zeitumstände und der Amoklauf der Presse Katharina zerstören«. Auf die Frage »Wie beschreiben Sie den eigenen musikalischen Beitrag Ihrer neuen Oper« antwortete er:

»Als Komponist, der ich nicht in der von Adorno infizierten Materialszene lebe, sehe ich den Fortschritt meiner Musik in einer bewußten Verknüpfung von Elementen der Umgangsmusik, auch Trivialmusik, mit denen unserer klassischen. Ein Liebesduett läuft scheinbar simpel, ja an der Grenze zum Trivialen ab, wie eine Liebesbegegnung natürlich immer trivial beginnt. Musikalisch läuft das in kleinen Modellen ab, wobei die Ironie nicht übersehen werden darf, die besagt, daß Liebesbeziehungen kleiner Leute durch kleine musikalische Modelle übersetzt werden. Auch die Verhöre, Telefongespräche, Zeitungsmeldungen oder ähnliche umgangssprachliche Passagen habe ich so ›realistisch‹ wie möglich ins ›unrealistische‹ Singen übertragen, daß die Umgangssprache wahrnehmbar bleibt. Der Reiz liegt darin, den authentischen Ton der Verhöre auf der Opernbühne wirken zu lassen. Die Ideen des epischen Theaters werden ins Musikdramatische transformiert.«

»Sie schießt, weil sie wehrlos ist.« [Tilo Medek im Gespräch mit Carl Friedrich Schröer.] In: Rheinischer Merkur / Christ und Welt. Nr. 38. 18. September 1987. S. 17.

Miserable Musik, gutgemeint – Katharina Blum als Opern-Opfer – Mief und Moral – Gequirlter Quark – Oper im Schmachtwinkel – Rufmord mit großen und kleinen Terzen – Katharinas vierter Ehr-Verlust – Die Tragödie eines empfindsamen Mädchens. Diese Auswahl von Titeln einschlägiger Besprechungen verdeutlicht, daß das journalistische Echo auf die Bielefelder Uraufführung der Oper überwiegend negativ war.

Das Wochenmagazin *Der Spiegel* brachte zwei Tage nach der Uraufführung eine Kurzkritik:

»Die Herren Tonsetzer können es nicht lassen: Letzten Samstag wurde in Bielefeld wieder mal die langlebigste Leiche des Genres – die zeitgenössische Literaturoper – gefleddert. Täter war diesmal der aus Jena stammende Wahlrheinländer Tilo Medek, 51, der, mit mehrjähriger Verspätung, nun doch ›Die verlorene Ehre der Katharina Blum‹ in ›Fünf Tagen und einem Nachspiel‹ besungen und nach fast zweieinhalb Stunden Spielzeit musikdramatisch geschändet hat. Mit dem kreuzbrav besetzten und spießig genutzten Orchester und mit einem Monsteraufgebot von 22 Solisten (mehr als in ›Idomeneo‹, ›Don Giovanni‹ und ›Così‹ zusammen) nimmt Medek sich und das von Frau Gemahlin Dorothea biß- und witzlos gefertigte Libretto über Gebühr wichtig. Mehr als eine kleindeutsche Konservatoriumsvariante der amerikanischen Minimal Music ist nämlich bei der Zugewinngemeinschaft nicht herausgesprungen: Im Orchestergraben ruckt, zuckt und orfft den ganzen müden Abend lang eine endlose Toccatatata; die Stimmen quälen sich durch den Wortwust der Vorlage; und was Reiz und Raffinement des Klanges angeht, so steht Medek mitten im Musikleben der Jahrhundertwende – alles in allem eine Ver*böll*hornung des geschätzten Dichters.«

Katharina Blum als Opern-Opfer. In: Der Spiegel. Nr. 17. 22. April 1991. S. 249.

Anspielend auf die Buchvorlage, den Film und das Bühnenstück von Trottas schreibt Ulrich Bumann am selben Tag unter der Überschrift *Katharinas vierter Ehr-Verlust*:

»Wo Heinrich Böll bei aller Wut-im-Bauch-Schreiberei wenigstens noch eine gewisse Art von bürokratischem Humor ins Feld führen konnte, geriert sich Medek als kompositorischer Biedermann mit der Befähigung fürs höhere Lehramt der musikalischen Langeweile. Mag ja sein, daß das Bemühen, sich heutzutage auch ans Tonale zu wagen, sich nicht ›intellektuell abzuschotten‹, durchaus etwas Verdienstvolles hat, nur ist es keine sonderlich eindrucksvolle Entschuldigung für die Absenz von dramaturgischem Geschick und dramatischem Gespür.
Das Ganze klingt mächtig nach gestern und vor allem so, als würden Weill, Eisler und Wagner-Régeny alle verfügbaren Zeigefinger in die (in Bielefeld dankenswerterweise leicht gekürzte) 150-Minuten-Partitur stecken und dabei fortwährend ins Leere stoßen. Ein bißchen U-Musik ist auch dabei, manches schlängelt versessen und naiv zum Volksliedton hin, anderes hat den Mief abgestandener Kompositionserzeugnisse für den Schulgebrauch [...].
Mit solcherart Opern können Bühnen, wie man so sagt, keinen Blumenpott gewinnen.«

Ulrich Bumann: Katharinas vierter Ehr-Verlust. In: Die Welt. Nr. 93. 22. April 1991. S. 18. – Mit Genehmigung der *Welt*, Berlin.

Wolfgang Sandner urteilt unter der Titelzeile *Rufmord mit großen und kleinen Terzen*:

»John Dew als Bühnenbildner und Regisseur hat der Dürftigkeit der musikalischen und musikdramatischen Faktur leider nicht entgegengewirkt. Das Geschehen um die naiv-liebenswerte Haushälterin Katharina Blum [...] wird in einer plakativen Form vorgestellt, die sich fast schon den

Vorwurf gefallen lassen muß, mit den gleichen Stilmitteln, nämlich der Vergröberung des Kausalzusammenhangs, mit larmoyanter Theatralik und mit grellen Zeichnungen das anzuprangern, was sie zu kritisieren vorgibt.
Im Einheitsbühnenbild mit einer Straße, die sich nach hinten wie eine Mauer des Schweigens fortsetzt, und bunt illuminierten Neonblitzen, die wie sichtbare Zeichen göttlichen Zorns dazwischenfahren, schleppen sich die Protagonisten mühsam von einer Karnevalsparty zum Verhör, zu permanenten telefonischen Zwiegesprächen, zu Bespitzelungsszenen, zum Mordgeschehen und wiederum zur Party – als habe sich nichts geändert, als breche an jedem Morgen alle Zeit an. Im Hintergrund sitzt, mit dem Rücken zum Geschehen, ein Zeitungsleser auf einem Stuhl. Er nimmt nicht teil und scheint doch darüber informiert zu sein, was auf der Bühne geschieht. Die sarkastische Übertreibung drängt sich auf: Wer nicht im Bielefelder Opernhaus gewesen ist und nur Zeitung gelesen hat, ist ebenso informiert wie die Besucher der Premiere.«

Wolfgang Sandner: Rufmord mit großen und kleinen Terzen. In: Frankfurter Allgemeine Zeitung. Nr. 93. 22. April 1991. S. 33. – Mit Genehmigung von Wolfgang Sandner, Frankfurt a. M.

Unter dem Titel *Mief und Moral* schreibt ECKHARD ROELCKE:

»Schon bei Heinrich Böll ist die Moral recht einfach: Katharina Blum ist gut, und die Welt, besonders die Männerwelt, ist schlecht. Böse sind vor allem die Journalisten der Boulevardzeitungen, die hetzen und verleumden. Böse sind auch die Polizisten mit den harschen Verhörmethoden und den abstrusen Verschwörungstheorien. Katharina, die Reine, sucht in der rauhen Welt nach Zärtlichkeit – und wird zum Opfer einer bleiernen Zeit. Das Gretchen der siebziger Jahre wird fertiggemacht. Die Hatz nach den Terroristen fordert Tribut.

Was Böll so schlicht und so schwarzweiß erzählt hat, klingt bei Tilo Medek noch schlichter und eher grau: Ein kurzes, sangliches Thema ohne große Intervalle, ohne Expressivität, ringelt sich als Ohrwurm durch die ganze Oper. Aber nicht etwa als Leitmotiv, das musikalisch mehr ›transportiert‹ als einfach nur den Text. Diese kleine, aber immer wiederkehrende Medek-Melodie ist nur Kolorit, tönendes Beiwerk, das immer mal wieder etwas variiert oder uminstrumentiert wird. Das austauschbare, dürftige musikalische Substrat einer immerhin mehr als zwei Stunden dauernden Oper wird nur angereichert durch einige andere kunsthandwerkliche Melodien. Da klingt zum Beispiel ein Rock 'n' Roll so zahm und steril, als hätten ein Synthesizer und eine Rhythmusmaschine die paar Töne produziert. Stereotyp ist die Idee von Medek, die Schlagzeilen und Texte der ›ZEITUNG‹ vom Männerchor singen zu lassen: Das Blatt für die Massen wird von den Massen gesungen. Von den männlichen Massen, weil die Männer böse sind. Geradezu erschreckend naiv wird die Musik, kurz bevor die Polizei die Wohnung der ahnungslosen Katharina stürmt: Da schwillt es im Orchester mächtig an – Gefahr ist im Verzug, die Pauke wirbelt. Nur das musikalische Peng, Peng fehlt – weil die Polizei nicht peng, peng macht. Wohl noch nie wurde in der zeitgenössischen Oper so simpel narrativ, so phantasielos an einem Libretto entlangkomponiert. [. . .]
Paradox genug: Was Tilo Medek mit seiner Böll-Oper anprangern will, begeht er selbst. Komplexe Situationen vereinfacht er, bis Klischees und Vorurteile fröhliche Urstände feiern. Frei nach dem Motto der Regenbogenpresse: Millionen Leser können sich nicht irren. (Der Komponist über das Liebespaar Katharina – Ludwig: ›Gegensätze ziehen sich an beziehungsweise aus.‹)«

Eckhard Roelcke: Mief und Moral. In: Die Zeit. Nr. 18. 26. April 1991. S. 66. – Mit Genehmigung der *Zeit*, Hamburg.

Auch wenn er anders argumentiert, gelangt FRIEDER REININGHAUS in seiner Kritik mit dem Titel *Gequirlter Quark* zu einer ähnlichen Einschätzung der Oper. Lobend hervor hebt er, wie die meisten Kritiker, die gesangliche Leistung Susan MacLeans in der Partie der Katharina:

»Tilo Medek entwickelte keine Klangvision zur Liebesgeschichte zwischen Katharina und ihrem dahergelaufenen Ludwig, die uns auf naivische Weise anrühren soll; erst recht kam ihm kein ungeheurer Klang für die brutale Sphäre der Polizeiverhöre und die menschenrechtsverletzenden Machenschaften der ZEITUNG in den Sinn. Dieser Klavierauszug ist am ›Text entlang komponiert‹, wie es mediokre Tonsetzer im 18. oder 19. Jahrhundert zu tun pflegten – und dann nach Kantorenart instrumentiert. Auch das eher bieder als elaboriert. Medek zeigt eine deutliche Vorliebe für die Flöten – und deren Stimmen führt er wie in der Weihnachtshausmusik vergangener Zeiten: ›Fröhlich soll mein Herze springen.‹ Derweil wäre eine ganz unfrohe Musik angesagt gewesen für dieses Thema von der verhunzten Ehre einer ›Frau aus dem Volk‹. Jedenfalls erlag der Komponist der Versuchung, ›volkstümlich‹ sein zu wollen mit seinen Anleihen bei Kurt Weill und Paul Dessau, obwohl das Volk nach dem Wort Brechts keineswegs ›tümlich‹ ist. ›Die Tonalität‹, schrieb Tilo Medek 1978 emphatisch, ›kann keine Perspektive sein.‹ Jetzt präsentiert er das von ihm selbst als ›perspektivlos‹ Erkannte mit etwas Pfefferminzschärfe: Tonalität, aufgerauht mit jener Art betulicher Dissonanzen, die schon in den dreißiger Jahren unerträglich war, damals den Kompromiß zwischen ›gemäßigter Moderne‹ und ›gesundem Volksempfinden‹ suchte.
Wäre da nicht die wunderbare Susan MacLean gewesen, die die dahingehackte und dahermontierte Medek-Musik mit großer Stimme aus der kleinkarierten Ecke gelockt hätte, es wäre ein noch schlimmerer Abend geworden. Der soziale Realismus der Frau Medek auf der Bühne und das volks-

tümelnde Gerammle des Orchesters stellen, auf kleinem Umweg, vielleicht so etwas wie ein Stück Erbe der DDR-Kultur in der gesamtbundesdeutschen dar. Vor vier Jahren prahlte Medek ja noch: ›Ich komponiere sozialistischer als die DDR-Kollegen.‹ Nach dieser Uraufführung will man ihm das gerne glauben. Nur: Das ›sozialistische Komponieren‹ ist vielleicht ebenso anachronistisch wie aller anderer ›realer Sozialismus‹.«

Frieder Reininghaus: Gequirlter Quark. In: die tageszeitung. Nr. 3388. 23. April 1991. S. 16. – Mit Genehmigung von Frieder Reininghaus, Much.

IV. Aspekte der Werkdeutung

1. Sprache und Sprachkritik

> »Worte können töten, und es ist einzig und allein eine Gewissensfrage, ob man die Sprache in Bereiche entgleiten läßt, wo sie mörderisch wird.«
>
> BÖLL, *Die Sprache als Hort der Freiheit* (Januar 1959)

Nahezu alle zeitgenössischen Rezensionen gehen auf Sprache und Stil der Erzählung ein. Während eine Gruppe der Kritiker sich darauf beschränkt, grammatische Schnitzer, holprige Konstruktionen, syntaktische Unstimmigkeiten, sprachliche Platitüden und verkrampfte Witzeleien zu monieren, ist eine andere darum bemüht, die Besonderheiten der stilistischen Gestaltung, die Funktion der sprachlichen Differenzierung und die möglichen Intentionen des Autors zu ergründen.

Unter der Zwischenüberschrift »Das Blümelein bumst« kritisiert ROLF MICHAELIS an einigen Beispielen detailliert sprachliche Schwächen der Erzählung:

»Böll ist am besten, wenn er direkt spricht. Im Bemühen, persönliche Betroffenheit zu überspielen, die hier als Wehleidigkeit erscheinen müßte, flüchtet er sich in einen Stil von oft gequält bürokratischer Ironie, wie sie ihm durch den Protokollcharakter mancher Abschnitte seines ›Berichts‹ gerechtfertigt erscheint. Da ist dann zu lesen, daß jemand ›nicht zur Pistole griff, sondern diese auch in Tätigkeit setzte‹; da führt der ›Todesherbeiführer‹ eine arg papierene Existenz und bitten ›behördlicherseits erstellte Abflußrinnen‹ um ein Lächeln. Böll, Romancier mit Humor, ist nicht so gut, wenn er sich in Wort-Spielen und Sprach-Scherzen

ergeht (›da hier nicht ge-, sondern berichtet werden soll‹; ›nicht nur Akt- auch Passiva‹; ›Ein- und Ehe-brecher‹). Das geht bis zur bewußten Zweideutigkeit des Wortes ›bumsen‹ im entscheidenden Augenblick. [. . .] Von unfreiwilliger Komik sind bei einem Erzähler, der eine wunderbar scheue Liebesgeschichte der neuen, sanften Art entwerfen kann, Wendungen für weniger zärtliche Begegnungen: ›Als jener einmal sie nicht gerade verführen, aber doch erheblich mit ihr flirten wollte‹ (wie denn Böll überhaupt, in diesem sich auf Verhörprotokolle berufenden Text, eine auffällige Vorliebe für das aus der Kameralsprache[1] der Kanzleien des Barockzeitalters stammende Adjektiv ›erheblich‹ hat).
Ironie und kunstvoll verwirrte Chronologie der Erzählung stehen in befremdlichem Mißverhältnis zu der Beteuerung: ›Hier soll absolute Gerechtigkeit walten‹ und zu der Bescheidung auf die ›Pflicht der Berichterstattung‹. Hätte ein trockenerer Ton hier nicht eher die ›Zeugniskraft‹, von der Böll einmal spricht? Die Frage gilt auch für die Kolportagezüge der Geschichte. Die sich prügelnden Manager, der Molotow-Cocktails bastelnde Industrieanwalt – kleinbürgerliche Wunschträume.«

Rolf Michaelis: Der gute Mensch von Gemmelsbroich. In: Die Zeit. Nr. 32. 2. August 1974. S. 18. – Mit Genehmigung von Rolf Michaelis, Hamburg.

Auf die fehlende Distanz des Autors zu seinem Thema zielt auch die Kritik von Helmut M. Braem, der unter der Zwischenüberschrift »Parterreakrobatik mit Wortwitzchen« ausführt:

»Die Tat der Katharina Blum ist leichter zu erklären als die Sprache Heinrich Bölls, der sich seinem Zorn offenbar überlassen hat, statt ihn zu lenken. Im Vergleich mit anderen

1 Die Kameralwissenschaften waren im 16. bis 18. Jahrhundert eine staatliche Verwaltungslehre (»Polizeiwissenschaft«), die sich auch mit wirtschaftlichen Fragen beschäftigte.

Satiren von ihm (›Dr. Murkes gesammeltes Schweigen‹, ›Nicht nur zur Weihnachtszeit‹) wirkt seine neue Erzählung plump, wie mit der Faust geschrieben. Der Reporter von der ZEITUNG ist ›ein richtiges Schwein‹, fährt einen ›roten Porsche‹ und will mit der ihm unbekannten Blum erst einmal ›bumsen‹. Durch solche fixe Formeln wird vieles von dem, was über die Machenschaften der ZEITUNG gesagt wird, abgewertet, verlieren Bölls Attacken an Überzeugungskraft, wodurch wiederum die Motive, die Katharina Blum zur Tat treiben, abgeschwächt werden.
Da die Haltung des Erzählers unklar bleibt, ist auch der Stil der Erzählung oft überraschend diffus. Auf dem Hochseil wird mit Symbolen gearbeitet: Katharina, das ist die ›Reine‹, Tötges heißt der zu Tode kommende Journalist, Ludwig Götten ist der himmlische Liebhaber, den sich die ›Nonne‹ genannte Katharina zum Geliebten nimmt (›Er war es eben, der da kommen soll‹). Dann wiederum Parterreakrobatik mit Wortwitzchen: Der erschossene Tötges trug ein improvisiertes Scheichkostüm – es ist ja Karneval zu Köln am Rheine –, das Blut färbte das weiße Tuch rot, ›da wird eine Pistole notwendigerweise fast zur Spritzpistole‹.
Die Kameralsprache der Kanzleien[2] ist weit besser ironisiert, sobald sich Böll die Floskeln der Protokolle vornimmt. [. . .]
›Wie Gewalt entstehen und wohin sie führen kann‹, darüber ist immer wieder nachzudenken. Heinrich Böll jedoch hat, meine ich, das Nachdenken seinen Lesern erschwert, weil er mit seiner Erzählung, seiner Sprache allzu gewalttätig umgegangen ist. Er hat seinen verständlichen Zorn nicht verständlich genug gemacht. Schade.«

Helmut M. Braem: Im Zorn erzählt – und wie mit der Faust geschrieben. In: Stuttgarter Zeitung. Nr. 189. 17. August 1974. S. 50. – Mit Genehmigung der Stuttgarter Zeitung.

2 Siehe Anm. 1.

Joachim Kaiser geht in seiner insgesamt eher negativen Besprechung gleichfalls mit der Sprache der Erzählung hart ins Gericht und führt zum Beleg eine Reihe unsauberer Formulierungen an:

»Aber sonst? Noch nie hat Böll so hemdsärmelig, ja so schlampig geschrieben wie im ersten Teil dieser Erzählung. Traut sich kein Lektor mehr an seine Manuskripte? Falsche Parenthesen; in einem Satz steht zweimal ›er‹, aber es sind verschiedene Personen damit gemeint; ›regelrecht‹ erscheint als regelrechtes Obsessions-Flickwort . . . Dabei wimmelt es von absichtslosen Wiederholungen. [. . .] Nur wenn Katharina selber spricht oder ihr Verhalten direkt dargestellt wird, ist alles besser oder gut. Dann schwingt der Triumph, die Güte einer strahlenden Heiligen mit: ›Beizmenne soll die aufreizend gelassen an ihrer Anrichte lehnende Katharina nämlich gefragt haben: ‚Hat er dich denn gefickt?', woraufhin Katharina sowohl rot geworden sein wie in stolzem Triumph gesagt haben soll: ‚Nein, ich würde es nicht so nennen'.‹ (Eine ähnliche Triumphhaltung schildert Kafka so: ›‚Sie fragten, ob ich Klamm kenne, und ich bin doch' – hier richtete sie sich unwillkürlich ein wenig auf, und wieder ging ihr sieghafter, mit dem, was gesprochen wurde, gar nicht zusammenhängender Blick über K. hin –, ‚ich bin doch seine Geliebte'.‹[3]) Doch die Novelle wird von Katharinas Ton nur allzu wenig geprägt. Denn statt auf einen betroffenen oder leidend-ironischen Erzähler treffen wir auf eine manchmal fad witzelnde *Man-Haltung* (›Das sollte doch noch einmal hervorgehoben werden, denn man kann da nie sicher sein‹).«

Joachim Kaiser: Liebe und Haß der heiligen Katharina. In: Süddeutsche Zeitung. Nr. 183. 10. August 1974. S. 76. – Mit Genehmigung von Joachim Kaiser, München.

3 Kaiser zitiert aus dem dritten Kapitel von Franz Kafkas Romanfragment *Das Schloß*.

Sprachliche Unebenheiten und stilistische Schwächen werden auch von EBERHARD SEYBOLD moniert:

»So genau nimmt Böll selbst es mit der Sprache leider nicht. Einige Flüchtigkeiten: ›Kurz nachdem die beiden entsetzten Frauen die ZEITUNG überflogen und Katharina mit Blorna telefoniert hatte (!) . . .‹ – ›Obwohl man bald herausfand (!), daß die Tatwaffe, die man neben Tötges fand (!) . . .‹ – ›Nun war aber (!) Tötges schon am Sonntagmittag erschossen worden, Schönner aber (!) erst am Dienstagmittag‹.
Solche Nachlässigkeiten dürfte sich ein Böll nicht gestatten. Störender wirken freilich die verkrampften Witzeleien und staksigen Scherze, mit denen der Autor den allwissenden Erzähler, seinen Vertreter, begabt. Auch die parodierenden ZEITUNGS-Artikel gehören zu den dünnen Stellen des Buchs, obschon man gerade da bittere Persiflage hätte erwarten dürfen. Ein Exkurs über die beamteten und beauftragten Telefonabhörer heitert das Gesamtbild auf, doch gehört er eigentlich nicht in eine straff gemeinte Erzählung.«

Eberhard Seybold: Zorn macht nicht immer schöpferisch. In: Frankfurter Neue Presse. Nr. 192. 21. August 1974. S. 7. – Mit Genehmigung des Societäts-Verlags, Frankfurt a. M.

Für MARCEL REICH-RANICKI ist Fragwürdiges in Sprache und Stil »mit den Händen zu greifen«, aber er entdeckt auch Böllsche Stärken:

»›Uns kommt nur noch die Komödie bei‹ – schrieb Dürrenmatt vor zwanzig Jahren.[4] Daran mag Böll gedacht haben. Er macht aus der düsteren Geschichte eine Humoreske: Er verfremdet den makabren Stoff mit Heiterkeit, ohne ihn deshalb zu verharmlosen. Er läßt das Ganze von einem Berichterstatter erzählen, dessen gemächliche, schmunzelnde

4 Diese Aussage findet sich in Dürrenmatts Vortrag *Theaterprobleme* von 1954.

und oft umständliche Diktion immer erkennen läßt, daß er gewohnt ist, sich in der Sprache der Behörden zu äußern [...]. So ähnelt die Erzählung nicht etwa einem Wutausbruch oder einem Notschrei, wohl aber einem Capriccio mit drohenden Untertönen, einem bitterernsten Scherzo.

Aber ist denn gegen dieses neue Buch gar nichts einzuwenden? Es war nie Bölls Sache, Vollkommenes zu schreiben. Immer schon hat er uns genötigt, mit dem Guten und bisweilen Unvergeßlichen auch Schwaches, Ärgerliches, ja Peinliches hinzunehmen. Nichts einfacher, als gegen die ›Verlorene Ehre der Katharina Blum‹ einen ganzen Katalog von Vorwürfen zu erheben. Denn das Fragwürdige und Mißlungene ist hier, wie so oft bei Böll, geradezu mit den Händen zu greifen.

Jeder Oberlehrer wird ihm eine Anzahl stilistischer Nachlässigkeiten ankreiden können, die sich nur zum Teil mit der Person und der Sicht des Ich-Erzählers rechtfertigen lassen. Daß sich aber in diesem Buch auch viele Beispiele der außergewöhnlichen sprachlichen Reizbarkeit Bölls finden – wer kann das Alltagsdeutsch so belauschen und fixieren wie er? –, ist ebenfalls sicher. Gewiß sind neben vorzüglich beobachteten und immer nur mit wenigen Strichen deutlich skizzierten Figuren auch einige, die allzu simpel und chargenhaft geraten sind.

Überdies gibt es neben glänzenden satirischen Akzenten jene Albernheiten und Witzeleien, auf die Böll wohl nie verzichten wird. Und es stimmt, daß er manches zu sehr vereinfacht und vergröbert hat und daß in Wirklichkeit die behandelten Fragen differenzierter und vielschichtiger sind.«

Marcel Reich-Ranicki: Der deutschen Gegenwart mitten ins Herz. In: Frankfurter Allgemeine Zeitung. Nr. 195. 24. August 1974. Literaturbeilage. – Wiederabgedr. in: M. R.-R.: Entgegnung. Zur deutschen Literatur der siebziger Jahre. Stuttgart: Deutsche Verlags-Anstalt, 1981. – Mit Genehmigung von Marcel Reich-Ranicki, Frankfurt a. M.

In seinem mit dem Untertitel »Parodie anstelle einer Besprechung« versehenen Beitrag attestiert FRIEDRICH TORBERG Bölls Erzählung einen durch »holprige Konstruktionen« und »abgedroschene Phrasen« gekennzeichneten Stil von »bemerkenswerter Schwerfälligkeit«. Seine nachfolgend wiedergegebenen Aussagen über die »Primitivität« Katharinas verlieren an Überzeugungskraft, wenn man die (im Anschluß daran zitierten) Überlegungen Wolfram Schüttes berücksichtigt:

»Katharina Blum ist proletarischer Abkunft und daher von denkbar redlicher Wesensart. Sie mußte schon als Kind harte Arbeit verrichten, trat als Vierzehnjährige, nach dürftigem, erst späterhin durch Absolvierung einer Hauswirtschaftsschule etwas aufgebessertem Schulbesuch ins Berufsleben ein, betätigte sich auf allmählich ansteigendem Niveau als Hausangestellte und Wirtschafterin. [...] Von privaten Neigungen oder außerberuflichen Interessen ist in dem über sie erstatteten Bericht keine Rede. Man wird ihr also, so ungern man das tut, eine gewisse, aus ihrem Lebenslauf nur allzu erklärliche Primitivität unterstellen dürfen, nein müssen – gebraucht sie doch Wendungen wie daß ihr jemand ›an die Kledage will‹ und möchte sie doch ›gern dort sein, wo ihr lieber Ludwig sei‹.
Bei diesem Ludwig – der natürlich in einer völlig anderen Hinsicht lieb ist als der liebe Leser, an den der offene Brief des MAGAZIN-Herausgebers gerichtet war[5] – handelt es sich um den polizeilich gesuchten Ludwig Götten, der die ganze Geschichte ins Rollen gebracht hat und von dem noch die Rede sein wird. Zunächst sind lediglich Zweifel anzumelden, ob eine sei's auch noch so arrivierte Hausgehilfin, der man an die Kledage will und die – obendrein im Verkehr mit Amtsorganen! – von ›ihrem lieben Ludwig‹

5 Torberg spielt an auf Rudolf Augsteins »Lieber Spiegelleser« überschriebene Ankündigung des Vorabdrucks von *Katharina Blum* (*Der Spiegel*, Nr. 31, 29. Juli 1974, S. 3).

spricht, andererseits in der Lage ist, sich über ein ›abstraktes Gemälde‹ zu äußern oder die mit ihrer Einvernahme befaßten Kriminalbeamten in eine langwierige Debatte über den Unterschied zwischen Zudringlichkeiten und Zärtlichkeiten zu verwickeln. Es kommt wohl bei solchen Gelegenheiten weniger Katharina Blum zu Wort als Heinrich Böll (der wirkliche, nicht der fiktive).«

Friedrich Torberg: »Katharina Blum«. Jetzt böllert's. Parodie anstelle einer Besprechung. In: Der Spiegel. Nr. 35. 26. August 1974. S. 100–105, hier: S. 102. – Mit Genehmigung von Marietta Torberg.

Wolfram Schütte geht in seiner Besprechung sehr detailliert auf stilistische Merkmale der Erzählung ein und versucht auch die Gestaltungsintentionen des Autors zu ergründen. Er glaubt u. a. eine poetische Umsetzung dessen zu erkennen, was Böll in einem Essay *Über Willy Brandt* als »plebejische Sensibilität« bezeichnet hat:

»Wie in vielen seiner Erzählungen und Romane – zuletzt im ›Gruppenbild mit Dame‹ und dessen utopisierendem Schlußtableau – verschmäht der Erzähler Böll auch hier nicht melodramatische und triviale Momente, die in unserer bürgerlichen Hochliteratur streng verpönt sind. Aber durch solche ästhetischen Unreinheiten, die als ›künstlerische Schwäche‹ auslegen mag, wer will, verdichtet Bölls Poesie gerade ihre moralische Verbundenheit mit den alltäglichen Erfahrungen in der wirklichen Gesellschaft, deren Bild er nie ganz, nie rest- oder schlackenlos in ›Kunst‹ überführt.
[. . .] öfter noch ergibt sich Komik, Sprachkomik aus den eingesprengselten Begriffen und Stilfiguren der Amts- und Juristensprache, aus Zitaten, mit denen alltägliche Redewendungen in den Berichtstil Eingang finden.
Die Wahl einer sprachhumoristischen Darstellung, die noch durch den umständlichen, mit Rück- und Vorverweisen und

Anspielungen arbeitenden Erzähler verstärkt wird, war um so notwendiger, als es Böll durchaus Ernst mit seiner Geschichte von der ›verlorenen Ehre der Katharina Blum‹ ist. Das signalisiert allein schon der Untertitel der Erzählung: ›Wie Gewalt entstehen und wohin sie führen kann.‹

Das klingt nach Chronik, nach dem didaktischen Tendenzgehalt einer fabula-docet-Geschichte.[6] Und das ist hier auch gemeint und gewollt. Die Gewalt, von der die Rede ist, geht von der Presse aus und führt Katharina Blum zum Mord. Er ist ein Akt der Notwehr: gegen die unmittelbare Drohung des Mannes und gegen die zerstörerische, ehrverletzende Macht der Presse. [...]

Aber eine mögliche rationalistische Trockenheit und Beweisführung, auch ein vielleicht allzu direkt prononciertes Pathos nämlich: das der verfolgten Unschuld, wird durch Bölls humoristisch verwilderte Chronik erzählerisch aufgelockert, keineswegs allerdings in seiner zeit- und pressekritischen Tendenz verwässert. Bölls oder seines Erzählers Sprachhumoristik, die immer auch Sprachkritik auf verschiedenen Ebenen ist, stellt sich aber nicht als bloßer formalistischer Paravant vor die Geschichte, die hier erzählt wird. Sie steht in notwendigem Zusammenhang mit ihr.

Denn nicht nur ist die Presse Gegenstand der Kritik – und damit deren hauptsächliches Mittel, die Sprache, die sie als Waffe, als Totschläger und Aufputschmittel benutzt: Böll in der Nachfolge von Karl Kraus[7] –, sondern auch Katharina Blum hat eine sehr bestimmte, sehr genaue Sensibilität für die Wahrheit und Lüge der Sprache. Schon während der

6 *fabula docet:* (lat.) ›das Erzählte / die Erzählung lehrt‹. Gemeint ist: »Und die Moral von der Geschichte ist ...« bzw. »Diese Lehre soll man aus der Geschichte ziehen.«

7 Österreichischer Schriftsteller (1874–1936), einer der bedeutendsten Satiriker deutscher Sprache. Die Parallele zu Karl Kraus zieht auch Scheiffele in dem S. 146–153 auszugsweise wiedergegebenen Aufsatz. Kraus habe gezeigt, »wie eine ›innere‹ Untersuchung des Sprechens und Schreibens ein ganzes moralisches und politisches System bloßstellen kann.« (Scheiffele, »Kritische Sprachanalyse«, S. 169.)

Vernehmung besteht sie, zum Ärger der Beamten, immer wieder darauf, daß ihre menschlichen Beziehungen zu ihrem ersten Mann und zu den Blornas durch das adäquate Wort wiedergegeben werden. So unterscheidet sie genau zwischen ›Zudringlichkeiten‹ und ›Zärtlichkeiten‹, zwischen ›nett‹ und ›gütig‹. Vom Erzähler wird an einer Stelle berichtet: Der Kommissar ›soll die aufreizend gelassen an ihrer Anrichte lehnende Katharina gefragt haben: ‚Hat (Ludwig) dich denn gefickt', worauf Katharina sowohl rot geworden sein wie in stolzem Triumph gesagt haben soll: ‚Nein, ich würde es nicht so nennen.'‹ Rechtsanwalt Blorna hält diese Frage für wichtig, ›weil er glaubt, daß, wenn sie wirklich gestellt worden ist, hier und nirgendwo anders der Beginn von Katharinas Verbitterung, Beschämung und Wut gelegen haben könnte‹.

Im Gegensatz zu den landläufigen Ideologen der neuen Sensibilität, die sie vornehmlich den Intellektuellen zusprechen, beharrt Böll darauf, diese emotionale, mit Erkenntnis verbundene Verletzlichkeit auch und gerade unter ›einfachen Leuten‹ finden zu können. Er spricht einmal an anderer Stelle von deren ›plebejischer Sensibilität‹.[8] Der Terror, der mit einer brutalisierten Sprache vor allem im erotischen Lebenszusammenhang der Menschen erzeugt wird – durch den Revolverjournalismus –, das ist die Gefahr, welche die Würde des Menschen zerstören kann. Aufgrund einer gewissen immanenten Sprachlogik – fast könnte man von einem automatischen Analogieschluß sprechen – reagiert denn auch Katharina auf Tötges' sexuelle Aufforderung zum ›Bumsen‹ mit deren übersetzter Ersatzhandlung, dem Bumsen, dem Schuß aus der Pistole.

Es wäre oberflächlich, darin nur eine lässige, feuilletonistische Pointe zu sehen: denn die ganze pressekritische, humoristische und auch satirische Argumentation des Buches be-

8 Siehe Bölls Essay *Über Willy Brandt* aus dem Jahr 1972; vgl. Kap. I, Anm. zu 44,6 f.

wegt sich konsequent auf diesen Augenblick zu. In ihm bringt Katharina Blum den aggressiven Charakter des Sexualjargons auf seinen hintergründigen Begriff; und die totschlägerische Mischung des BILD-Zeitungsunstils – Aggression und spießerhafte Geilheit – kehrt sich gegen einen seiner Erzeuger. Katharina ist Opfer, aber auch Selbstretterin.«

Wolfram Schütte: Notwehr, Widerstand und Selbstrettung. In: Frankfurter Rundschau. Nr. 183. 10. August 1974. Beilage »Zeit und Bild«. S. IV. – Mit Genehmigung von Wolfram Schütte, Frankfurt a. M.

Dorothee Sölle, die die Erzählung unter die »kleine Anzahl klassischer deutscher Geschichten« rechnet, setzt andere Akzente bei der Erörterung der sprachlichen Gestaltung:

»Die Beziehung dieser Erzählung zur Tradition ist keineswegs zufällig, sondern poetisch sehr bewußt. Das zeigt sich vor allem an der Sprache, die in zwei Richtungen hin Erweiterungen vornimmt. Die eine Tendenz zielt auf vulgäre, lange Zeit nicht-literaturfähige Sprache, mit Wörtern wie ›ficken, bumsen, Sexklemmer‹ usw.; die andere auf vergessene traditionelle Sprache, die Wörter wie ›Ehre, gütig, Zärtlichkeit, innig‹ kannte. Beide Formen der Einbeziehung geschehen bewußt und reflektiert. ›Beizmenne soll die aufreizend gelassen an ihrer Anrichte lehnende Katharina nämlich gefragt haben: ‚Hat er dich denn gefickt?‘, woraufhin Katharina sowohl rot geworden wie in stolzem Triumph gesagt haben soll: ‚Nein, ich würde es nicht so nennen.‘‹ Der Widerstand der Katharina Blum gegen ihre Umgebung ist immer auch ein sprachlicher Widerstand; die verlorene Ehre ist zugleich auch die verlorene Sprache, in der man es nur ficken nennen kann, in der ein Wort wie ›gütig‹ nicht vorkommen darf, sondern behördlicherseits durch ›sehr nett‹ oder ›gutmütig‹ ersetzt werden soll. Dem Verlust an

Ehre für das Individuum entspricht der Verlust an Sprache für die Gesellschaft. So besteht Katharina darauf, daß im Polizeibericht zwischen ›Zudringlichkeiten‹ und ›Zärtlichkeiten‹ unterschieden wird. Der transitive Gebrauch von ›Ficken‹ auf der einen Seite, auf der anderen Aussagen wie die, daß Katharina ›ausschließlich und innig‹ mit ›ihrem lieben Ludwig‹ getanzt habe, bezeichnen den erweiterten sprachlichen Spielraum. Die Anknüpfung an bestimmte, traditionelle Formulierungen der Humanität ist hier nicht eine literarische Sache (wie bei Ulrich Plenzdorfs ›Neuen Leiden des jungen Werther‹,[9] die im Medium Buch- und Tonband passiert), sondern sie geschieht durch die Figur der Katharina, die ›es nicht so nennen‹ würde, die es wagt, von ›diesem Schmutz‹ und von ihrer ›verlorenen Ehre‹ zu sprechen.«

Dorothee Sölle: Heinrich Böll und die Eskalation der Gewalt. In: Merkur. 28. Jg. H. 9. September 1974. S. 885 f. – Wiederabgedr. in: D. S.: Das Eis der Seele spalten. Theologie und Literatur in sprachloser Zeit. Mainz: Matthias-Grünewald-Verlag, 1996.

Ausschließlich mit der Sprache der Erzählung befaßt sich der 1979 publizierte wissenschaftliche Beitrag von EBERHARD SCHEIFFELE, der viele Aspekte aufgreift und systematisiert, die in den Rezensionen – teils lobend, teils tadelnd – erörtert worden sind. – Zum Gegenstand seiner Untersuchung macht Scheiffele zum einen die Sprache der »ZEITUNG«:

»›Alle Leute, die ich kenne, lesen die ZEITUNG‹, klagt Katharina [S. 61]. Verglichen mit den vulgären, saloppen, ver-

9 Der Titel der 1973 veröffentlichten Erzählung, in der Elemente von Goethes berühmtem Briefroman aufgegriffen und ironisch verfremdet werden, lautet korrekt: *Die neuen Leiden des jungen W.* Plenzdorfs Held trägt den Namen Edgar Wibeau.

waschenen Ausdrücken der Umgangssprache, wie Böll sie wiedergibt, wirkt die Sprache dieses Massenblattes an vielen Stellen fast poetisch, hochgestochen, sentimental. Brettloh, von dem sich Katharina hat scheiden lassen, sagt laut ZEITUNG: ›Einen Porsche hätte ich dir wohl nie bieten können, nur ein bescheidenes Glück, wie es ein redlicher Arbeitsmann zu bieten hat, der der Gewerkschaft mißtraut. Ach, Katharina‹ [S. 41]. Der ›einfache Mann‹ spricht natürlich nicht so. Der Reporter ist hier wohl auch nach der Gewohnheit verfahren, ›einfachen Menschen Artikulationshilfe zu geben‹ [S. 103]. Durch eine solche ›Hilfe‹ wurde die Aussage von Frau Blum ins Gegenteil verkehrt. Sagte sie: ›Warum mußte das so enden, warum mußte das so kommen‹, so heißt dieser Satz in der ZEITUNG: ›So mußte es ja kommen, so mußte es ja enden‹ [S. 103, vgl. S. 41]. Auch dem Rechtsanwalt Dr. Blorna, der nicht zu den ›einfachen Menschen‹ zu rechnen ist, wird auf diese Weise ›geholfen‹. Seine Bemerkung, Katharina sei eine ›sehr kluge und kühle Person‹ [S. 35], erscheint in dem Blatt als die Aussage, sie sei ›eiskalt und berechnend‹ [S. 36]. [. . .]

Die ZEITUNG setzt alles daran, den ›Fall Blum‹ als politischen erscheinen zu lassen, und suggeriert im Leser die Vorstellung einer weitverzweigten Verschwörung, an der die ›radikale Person‹ und ihre Bekannten Anteil hätten. Gezielt werden ihre Freunde als ›Sympathisanten‹ abgestempelt. Zunächst flicht man ein, Blorna habe sich ›gelegentlich als ‚links' bezeichnet‹ [S. 43]. Später heißt er dann einfach ›der rote Antwalt‹ [S. 122], ›der linke Anwalt‹ [S. 130]. Über Trude Blorna erfährt der Leser, man habe sie während ihrer Studienzeit ›rote Trude‹ genannt [S. 42]. So vorbereitet, nimmt es ihn dann nicht wunder, daß sie, wie er später zu lesen bekommt, ›*heute* noch als die rote Trude bekannt‹ ist [S. 115].

Offenkundig benutzt die ZEITUNG die *Vorurteile* eines großen Teils der westdeutschen Bevölkerung, die unter der Oberfläche ›demokratischen‹ Miteinanderauskommens nach wie vor vorhanden sind: das tiefeingewurzelte Mißtrauen gegenüber den Intellektuellen, die Verteufelung kritischer Fortschrittlichkeit als Subversion von links, das Verlangen nach einfachen Lösungen, nach schärferem Durchgreifen der Behörden und der Polizei. Suggeriert wird, die Linken seien in Wirklichkeit die ›Großkopfeten‹. Wenn etwa Brettloh angeblich sagt, er sei ein ›redlicher Arbeitsmann‹, der ›der Gewerkschaft mißtraut‹, so unterstellt dieser Satz, der Arbeiter, der der Gewerkschaft *traue*, sei *unredlich*, denn diese vertrete nicht die wahren Interessen des ›einfachen Mannes‹. Ganz im Sinn dieser Strategie werden der ›linke Anwalt‹ und die ›rote Trude‹ vor ihrer Villa gezeigt [S. 114]. Unter dem Foto von Blornas ›Superschlitten‹ steht die hämische, alte Ressentiments weckende Frage: ›Wann wird der rote Anwalt auf den Wagen des kleinen Mannes umsteigen müssen?‹ [S. 122] Und gewiß werden viele autoritätsgläubige Leser im Sinne der ZEITUNG diese Frage beantworten: ›Sind unsere Vernehmungsmethoden nicht doch zu milde? Soll man gegen Unmenschen menschlich bleiben müssen?‹ [S. 114 f.] Diese Taktik der ZEITUNG ist für den ›einfachen‹ Leser deshalb so schwer zu durchschauen, weil sie ihre verdummende Gegenaufklärung mit aufklärerischem Anspruch betreibt. Sie gebärdet sich als Anwalt des ›kleinen Mannes‹, der sich nicht abwimmeln läßt – ›DIE ZEITUNG BLEIBT WIE IMMER AM BALL‹ [S. 37] –, der ›sämtliche Hintergrundinformationen‹ liefert [S. 37]. Oft gibt sie sich den Anschein unbestechlicher Analyse. Sie stellt zum Beispiel zunächst nicht Behauptungen auf, sondern stellt Scheinfragen, die dann der Leser in *ihrem* Sinn beantwortet, da seine Meinung ja schon vorher von der ZEITUNG suggestiv in eine bestimmte Richtung gelenkt worden ist [vgl. S. 37, 115].«

Eberhard Scheiffele: Kritische Sprachanalyse in Heinrich Bölls *Die verlorene Ehre der Katharina Blum*. In: Basis. Jahrbuch für deutsche Gegenwartsliteratur. Bd. 9. Frankfurt a. M.: Suhrkamp, 1979. S. 174–176. –

Ein zweiter Teil der Untersuchung Scheiffeles ist der Sprache Katharina Blums – der Figurenrede – gewidmet:

»Anders als in *Billard um halbzehn* scheidet Böll hier nicht einfach die ›Büffel‹ von den ›Lämmern‹, die Brutal-Tätigen von den Leidend-Sensiblen, die Verfolger von den Verfolgten. Auch im Kreis um Katharina spricht man die Sprache des ›bundesdeutschen‹ Durchschnittsbürgers. [...]
Böll zeichnet einige der Opfer allerdings durch ›sprachliche Sensibilität‹ aus. Frau Woltersheim beobachtet Katharinas ›Zerstörung und auch Verstörtheit‹ [S. 62]. Frau Blorna erkennt den geheimnisvollen Besucher daran, daß man von ›Herrenbesuch‹, nicht von ›Männerbesuch‹ gesprochen hat [S. 85]. Und Katharinas Beharren auf ›altmodischen‹ Wörtern wie ›gütig‹, ihre Unterscheidung zwischen ›Zudringlichkeiten‹ und ›Zärtlichkeiten‹ [S. 30] werden als ›affig‹ bespöttelt [S. 44]. Daß es ihr dabei um die *Sache* zu tun ist, nicht etwa um guten Stil, ist daran zu erkennen, daß sie das Wort ›nett‹, das sie unter keinen Umständen im Protokoll stehenlassen will [S. 30], zweimal selbst gebraucht: dann nämlich, wenn es angemessen ist [S. 24, 137]. Sie hat ein *Gespür* für richtigen oder schiefen Wortgebrauch. Die ›Definitionskontroversen‹ [S. 30] entstehen nicht aufgrund einer *intellektuellen* Auseinandersetzung Katharinas mit *allgemeinen* Problemen. Ihre sprachlich ›sensiblen‹ Äußerungen sind immer nur auf *ihren* ›Fall‹ bezogen. Ihre ›Sprachintensivität‹ ist *kein* ›moralischer Protest gegen die Schludrigkeit im gewöhnlichen Sprachgebrauch‹.[10] Auf dieses Mißverständnis gründet sich die Behauptung der meisten Rezensenten der Erzählung, Katharina sei zu idealisiert dargestellt. Böll sagte dagegen: ›Verklärt? Was ist sie denn? Eine Hausangestellte, die sich absolut konformistisch verhält [...]. Unverklärter, durchschnittlicher als sie kann sich keine verhalten.‹[11]

10 Scheiffele zitiert aus: Rainer Nägele, *Heinrich Böll. Einführung in das Werk und die Forschung*, Frankfurt a. M. 1976, S. 161.

11 Scheiffele zitiert nach: *Die Zeit*, Nr. 22, 21. Mai 1976, S. 50 (Rubrik ›Zeitmosaik‹).

Bei aller Vorsicht, die angebracht ist, wenn der Autor sein eigenes Werk erläutert, läßt sich doch eine derart eindeutige Stellungnahme nicht einfach übergehen. Tatsächlich hat die Kritik vor allem Katharinas ›*sensible*‹ Äußerungen beachtet. Meist spricht sie aber nicht weniger vulgär, schludrig, phrasenhaft oder sentimental als die anderen. Die ›Schweine‹ haben, so berichtet sie Blorna, ihre Mutter und Brettloh ›aufgestöbert‹ [S. 37]. Was Brettloh zu Tötges, dem ›Schwein‹ [S. 135], gesagt hat, ist für sie ›mieser Dreck‹ [S. 136]. Sie geht nicht zu Tanzveranstaltungen, bei denen ›eigentlich nur verklemmte Studenten eine kostenlose Nutte suchen‹ [S. 15]. In der Kirche werde sie, wenn sie dort Ruhe suche, ›angequatscht‹ [S. 49]. Frau Woltersheim bekennt sie: ›Mein Gott, er war es eben, der da kommen soll, und ich hätte ihn geheiratet und Kinder mit ihm gehabt – und wenn ich hätte warten müssen, jahrelang, bis er aus dem Kittchen wieder raus war‹ [S. 59]. Das ist Lieschen-Müller-Romantik, ›Edler-Räuber‹-Kitsch, den auch das Wort ›Kittchen‹ nicht verfremden kann!

Wenn man voraussetzen darf, sprachliche Sensibilität sei kein Prärogativ der ›Gebildeten‹, so ist die Behauptung hinfällig, dieses Attribut könne Katharina wegen ihrer ›aus ihrem Lebenslauf nur allzu erklärlichen Primitivität‹[12] nicht zugesprochen werden. Weniger leicht zu widerlegen wäre ein psychologischer Einwand gegen die Gestaltung dieser Figur. Wie kommt es, daß Katharina nur in bestimmten Fällen sprachlich sensibel ist? Es ist ja nicht so, daß sie nach diesen Äußerungen ihre bisherige Durchschnittlichkeit und Angepaßtheit überwinden würde. *Vor* jenen ›Definitionskontroversen‹ wie auch *danach* spricht sie, wie wir gesehen haben, nicht sensibler als die anderen. Man wird aber dieser Figur nicht gerecht, wenn man Entwicklungsfähigkeit und psychologische Glaubwürdigkeit von ihr erwartet. Was Böll von Leni in *Gruppenbild mit Dame* sagt, gilt auch für

12 Siehe den S. 141 wiedergegebenen Auszug aus Torbergs Parodie.

Katharina: diese Figur sei von Anfang an ›da‹, sie habe keine Entwicklung, und er, Böll, habe beim Schreiben ›natürlich keine psychologischen Ambitionen gehabt‹.[13] Seine ›Ambition‹ war es hingegen – ich nehme diesen Gedanken vorweg –, am ›Fall Blum‹ als an einem *repräsentativen* Beispiel das menschliche, gesellschaftliche und politische ›Klima‹ in der heutigen Bundesrepublik glaubhaft zu dokumentieren. Dies ist nur möglich, wenn die Hauptgestalt vor ihrer Begegnung mit Götten gern in diesem Klima gelebt hat. Nur so kann ihr Verhalten für den Leser als die *Regel* erscheinen, nicht als die *Ausnahme*. Nur so ist das Beispiel repräsentativ. Katharina ist kein Sonderling. [. . .] *weil* sie also alles andere als ein ›Extremtyp‹, weil sie keine Ulrike Meinhof ist, merkt auch der Durchschnittsleser das ›tua res agitur!‹[14] der Erzählung.«

Ebd. S. 176–179

Einen weiteren thematischen Schwerpunkt von SCHEIFFELES Studie, die Kritik an den Mechanismen des Sprachgebrauchs in einer sog. offenen Gesellschaft, könnte man als sprachsoziologisch oder soziolinguistisch charakterisieren.

»Man hat sich über das schlechte Deutsch der Erzählung mokiert. Andererseits wurde Böll bescheinigt, er habe sich ›mit großer Kunstfertigkeit darum bemüht, ein denkbar schlechtes Deutsch zu schreiben‹.[15] Tatsächlich bietet der Autor die ›bundesdeutsche‹ Umgangssprache direkt, kommentarlos, gleichsam als Rohmaterial. Von ›Verfremdung‹ kann man nur insofern sprechen, als er die Beispiele auswählt und so sehr häuft, daß es dem Leser auffallen muß, *wie* schlecht dieses Deutsch ist. Bisher dachte er vielleicht: ›Was ist denn so ‚falsch' ‚in so viel normalem und klarem

13 Scheiffele zitiert aus einem Gespräch Bölls mit Karin Struck (Int. 1,252).
14 (lat.) um deine Angelegenheit handelt es sich, du mußt selbst aktiv werden.
15 Scheiffele merkt an: »Ein kurzer Bericht über Hans Mayers Interpretation in: *Doitsu bungaku* 57 (Tokio, 1976), S. 146.«

Sprachgebrauch'? Ist es nicht Zeichen einer ‚offenen' Gesellschaft, daß sich so etwas wie eine allgemeine, einheitliche Umgangssprache herausgebildet hat? Ist darin nicht ein Abbau der so oft kritisierten ‚Sprachbarrieren' zu erkennen?‹ Bölls ›große Kunstfertigkeit‹ erweist sich nun darin, daß aus dem Zusammenhang der Geschichte klar wird: dieses kameradschaftliche, kumpelhafte oder betuliche Sprechen täuscht Offenheit und Gleichheit nur vor. Verräterisch ist schon, daß man ›Herrenbesuch‹, nicht ›Männerbesuch‹ sagt, wenn ein Herr aus ›offensichtlich besseren Kreisen‹ Katharina besucht [S. 31]. Beizmenne gibt sich ›väterlich‹, weil er etwas erreichen möchte [S. 27]. Sträubleders ›Aber Schwamm drüber‹ [S. 90] bedeutet nur, daß Blorna sich zufriedengeben soll. Das verwaschene, konturenlose Gerede einiger Personen dient eher der Verschleierung, der Beschönigung [S. 129], der Abstempelung durch Wörter wie ›humorlos‹ [S. 27], ›affig‹ [S. 44], die soziales Fehlverhalten bezeichnen. [. . .]
Tatsächlich ist eine solche Sprache wesentlich *wertend.* Sie stellt fest, wer ›dazu‹ gehört. Die ›Würde des Menschen‹ – Katharina sagt ›altmodisch‹ ›Ehre‹ [S. 60] –, die laut ›Grundgesetz‹ ›unantastbar‹ ist,[16] wird negiert, wenn man einen Menschen ›affig‹ oder ›humorlos‹ nennt, der nichts anderes tut, als daß er sich von seinen Bewachern nicht zu Kuchen und Tee einladen läßt [S. 27]. Zu einem bloßen Gebrauchsgegenstand degradiert wird ein Mensch, den man als ›Nutte‹ bezeichnet. In Verkleinerungsformen wie ›Nüttchen‹ [S. 40], ›unser rötliches Kathrinchen‹ [S. 136] kommt das Überlegenheitsgefühl des Sprechenden zum Ausdruck, Dünkel und die philisterhafte Selbstgewißheit, man sei besser, moralischer als der andere, ja dieser sei – das Diminutiv deutet darauf – nicht einmal ernst zu nehmen. Das Bewußtsein unangetasteter, weil von der Majorität gestützter Machtfülle

16 Scheiffele verweist auf Bölls Essay *Die Würde des Menschen ist unantastbar* aus dem Jahr 1962 (Ess. 2,575–580).

spricht aus dem ›ausfindig machen‹ [S. 40]; diese aus der kriminologischen Terminologie stammende Wendung impliziert bekanntlich die Bedeutung ›Verbrecher‹.
Andere Ausdrücke werten ganz ungeschminkt. Der Zustimmung der ›kompakten Majorität‹ sicher, stempelt man damit Menschen ab, die sich in ihrem Denken, Sprechen und Verhalten nicht ›integrieren‹ lassen. [...]
Solche Tendenzen sind also im ›normalen‹ Sprachgebrauch verborgen, Tendenzen des Integrierens oder Ausschließens, Verächtlichmachens, Verteufelns! Böll *sagt* es nicht. Er schreibt keine sprachsoziologische Untersuchung. Er legt den Finger darauf, so oft und so deutlich, daß der Leser buchstäblich von selbst zur Sprachanalyse kommt, zur Sprachkritik gedrängt wird. Böll *zeigt*, der Leser analysiert, kritisiert. [...]
Auch in *Billard um halbzehn* demonstrierte Böll, ›wie Gewalt entstehen und wohin sie führen kann‹. Aber in dem Roman von 1959 wird in üblichem Erzählstil *über* Probleme gesprochen oder reflektiert; die kunstvolle Montage von Äußerungen sehr unterschiedlicher Personen ändert nichts an der Tatsache, daß diese alle dasselbe relativ ›gute Deutsch‹ sprechen. In der 1974 erschienenen Erzählung hingegen macht Böll am ›schlechten Deutsch‹ der Personen selbst unausgesprochene Vorurteile, autoritär-undemokratische Denkstrukturen, Aggressiv-Intolerantes, Instinkthaft-Dumpfes (der Pfarrer von Gemmelsbroich will ›einfach gerochen‹ haben, daß Katharinas Vater Kommunist gewesen sei [S. 120]) *evident*. Die Probleme werden nicht einfach vorgestellt, kaum erörtert; sie werden in ihrer Entstehung, in ihrem Ausmaß und in ihren Auswirkungen *gezeigt*.

Ebd. S. 181–184 und 186 f.

Dorothee Römhild hat bei der Untersuchung der »imaginierten Weiblichkeit« in Bölls Texten auch geschlechtsspezifische Besonderheiten der sprachlichen Gestaltung in den

Blick gerückt und liefert somit einen Beitrag zur feministischen Forschung. Zu *Katharina Blum* schreibt sie:

»Gewalt ereignet sich in Bölls Erzählung zunächst sprachlich; unter diesem Gesichtspunkt ist die außergewöhnliche Sprachsensibilität der Protagonistin als Reaktion auf jene verborgenen Gewaltpotentiale zu verstehen, wie sie sich u. a. in der Sprache offenbaren. [...] Böll entwickelt die Eskalation der Gewalt in der Alltagssprache als ein dezidiert frauenspezifisches Problem, das schließlich in jenem persönlichkeitsverletzenden Sprachgestus der Presse und Katharinas Reaktion auf diesen kulminiert. [...]
[...] Katharinas Sprachkritik zielt zwar in erster Linie auf die Diskriminierung der Frau, ist aber weniger Resultat einer spezifisch weiblichen Bewußtseinshaltung als ihrer allgemein-menschlichen Moral. Hier stellt sich die Frage, inwieweit die Sprache in dieser Erzählung auch jene idealtypische Färbung weiblicher Attribute spiegelt, die Bölls Protagonistinnen eignen. Nicht nur Katharina, auch Frau Woltersheim zeigt ein außergewöhnliches Sprachbewußtsein, so z. B. wenn sie von Katharinas ›Zerstörung und auch Verstörtheit‹ [S. 62] spricht. Und selbst die rationale Trude geht, wenn auch bisweilen in spitzfindiger Weise, ausgesprochen sensibel mit Worten um [...]. Sprachliche Sensibilität und damit die Kritik an jenen Gewaltstrukturen, wie sie sich in der Sprache niederschlagen, bleibt den Frauen vorbehalten.«

Dorothee Römhild: Die Ehre der Frau ist unantastbar. Das Bild der Frau im Werk Heinrich Bölls. Pfaffenweiler: Centaurus-Verlag, 1991. S. 151 f. und 157 f. – Mit Genehmigung der Centaurus-Verlagsgesellschaft m. b. H., Pfaffenweiler.

2. Quellen-Metaphorik

»Es gibt natürlich tendenziöse Werke, die man auch tendenziös plant, und man muß die Tendenz möglichst in Formalismus verstecken.«

BÖLL im Gespräch mit René Wintzen (Oktober 1976)

In einem im Frühjahr 1975 mit Manfred Durzak geführten Gespräch hat Böll die Erzähler-Reflexionen, in denen die Quellen-Metaphorik entfaltet wird, als Spielerei bezeichnet (»Ich bin auch ein formalistischer Spieler«), und er hat hinzugefügt: »Diese Zwischenbemerkungen – nennen wir das so – formalistischer oder formaler Art sind eigentlich nur Erholungspausen für den Autor« (Int. 1,345 f.). In zeitgenössischen Kritiken und literaturwissenschaftlichen Abhandlungen hat die Quellen-Metaphorik sehr unterschiedliche Bewertungen gefunden. Nachfolgend sind einige repräsentative Beispiele wiedergegeben.

WOLFRAM SCHÜTTE sieht die auf Erzählvorgang und Struktur gerichteten Reflexionen stark durch die Ironie des Autors geprägt:

»Wie schon im ›Gruppenbild‹, wo der Verfasser, abgekürzt Verf., sich immer wieder zu Wort meldet und, selbst in Lenis Lebensgeschichte verwickelt, sie aus vielen Zeugnissen, Dokumenten, Interviews zusammensetzt, ist auch die ›Katharina Blum‹ als Bericht eines ungenannten, allerdings nicht ins Geschehen eingreifenden, es aus verschiedenen ›Quellen‹ rekonstruierenden Erzählers verfaßt. Er läßt jedoch den Leser immer wieder an seinen Gestaltungsproblemen teilnehmen, arbeitet mit wörtlichen Zitaten aus Protokollen und Berichten. Gleich zu Anfang schreibt er: ›Wenn der Bericht [. . .] Ein ausgesprochener Ordnungsvorgang!‹ [S. 8]

Ich habe diese Passage so ausführlich zitiert, weil sie mehrerlei zeigt: die Reflexion des Berichterstatters über seine Darstellungsprobleme und deren spielerisch-ironische Veräppelung; weiterhin: wie Böll hier die schon trivial gewordene poetische Metaphorik von ›Quellen‹, die ›fließen‹, beim Wort nimmt und seinerseits sie bewußt trivialisiert, indem er sie auf das ›unpoetische‹, ›schmutzige‹, ›triviale‹ Bild von den ›Pfützen‹ schief abrutschen läßt; und wie er dann diesen semantisch-metaphorisch-poetologischen Exkurs dazu verwendet, um sich über Ordnungsvorgänge, ordnungsgemäßes und ordentliches Verhalten lustig zu machen.«

Wolfram Schütte: Notwehr, Widerstand und Selbstrettung. In: Frankfurter Rundschau. Nr. 183. 10. August 1974. Beilage »Zeit und Bild«. S. IV. – Mit Genehmigung von Wolfram Schütte, Frankfurt a. M.

Zu einer sehr negativen Einschätzung gelangt ROLF MICHAELIS:

»Überhaupt läßt sich der Verdacht schwer abwehren, die offensichtlich rasch geschriebene Erzählung, ein Nebenwerk sicher, müsse vom Erzähler durch ein Übermaß an Konstruktion legitimiert werden. Der eindringlich moralische Appell des kleinen Werkes wird durch kokette Struktur, spielerische Verschachtelung, zwinkernde Rück- und Vorblenden fast aufgehoben. Wenig glücklich erscheint (mir) Bölls Bildwahl der ›fließenden Quellen‹, der ›Konduktion statt Konstruktion‹, des ›Rückstaus‹ von Pfützengewässern für die verschiedenen Stränge der Erzählung, vor allem dann, wenn dies zu schiefen, auch durch ironischen Sprachgebrauch nicht zu entschuldigenden Metaphern führt wie den ›Nebenquellen, ihre Verstrickung, Verwicklung, Befaßtheit . . .‹.«

Rolf Michaelis: Der gute Mensch von Gemmelsbroich. In: Die Zeit. Nr. 32. 2. August 1974. S. 18. – Mit Genehmigung von Rolf Michaelis, Hamburg.

Völlig anders urteilt ANDREAS OPLATKA in seiner die »brillante Komposition« herausstellenden Besprechung:

»Mit der Bekanntgabe dieses Mordes beginnt die Erzählung. Wenn es in der Folge darum geht, den Untertitel zu belegen, Vorgeschichte und Folgen darzustellen [. . .], so versteht es Böll mit seiner ganzen Meisterschaft, trotz dem feststehenden Ausgang Spannung zu schaffen, den Leser zu fesseln. Als Erzähler gestattet er dabei manchmal dem Außenstehenden, in seine Karten zu blicken, indem er für die eigene Technik den Vergleich des mit Pfützen spielenden Kindes braucht, eines Kindes, das Kanäle anlegt, das Wasser in Haupt- und Nebenlinien leitet, die Strömung einmal beschleunigt, einmal durch Stauungen bremst. Damit ist auch gesagt, daß es sich da um trübe Gewässer, um unsaubere Materie handelt. Es ist tatsächlich faszinierend, sich von Heinrich Böll leiten zu lassen, ihm zuzuschauen, wie er sein Kanalsystem stetig ausbaut, wie die Erzählung – vorerst mit streifenden Andeutungen, dann durch die Einbeziehung weiterer Gestalten – immer größere Kreise zieht und einbezieht, welche gesellschaftliche Verflechtungen und Reaktionen durch einen erst harmlos anmutenden Vorfall sichtbar werden.«

Andreas Oplatka: Große Erzählkunst auf knappem Raum. In: Neue Zürcher Zeitung. Nr. 373. Morgenausgabe. 14. August 1974. S. 23. – Mit Genehmigung von Andreas Oplatka, Zürich.

Als Gegenstimme sei FREDDY FRETZ zitiert, der eine »konsequente Anwendung« der Quellen-Metaphorik nicht zu erkennen vermag:

»Böll hat sein Buch *retrospektiv* geschrieben. Anfangs teilt er die äusserlichen Fakten der Handlung mit und versucht danach, die Geschichte aufzurollen. Weil der Autor aber noch eine Menge weiteres Material beizieht, muss er stets wieder vorgreifen, zurückgehen, innehalten, damit er die

Figur der Blum charakterisieren, ihren Freundes- und Bekanntenkreis beschreiben, den Komplex ›Götten‹ integrieren und den Untertitel der *Erzählung* begründen kann [. . .].
Böll versuchte, diese Schwierigkeiten *stilistisch* aufzufangen, indem er über seine Methode des Berichtens schreibt: ›Angesichts von Quellen [. . .] Kanal zu lenken.‹ [S. 8]
Im weiteren verzichtet Böll auf eine konsequente Anwendung dieser Metaphorik, von einem ›Wassersystem‹ kann nicht die Rede sein. Der Stoff teilt sich über 190 Seiten in 58 Elemente auf, nach einer tiefgehenden, gewichtigen Aussage (Darstellung) sucht man vergeblich, der Wille zur Dichtung forderte hier den *hohen Preis der Aufweichung*.«

Freddy Fretz: Literatur kann Machtstrukturen verundeutlichen. In: Der Tages-Anzeiger. 20. November 1974.

In seiner umfänglichen Studie *Kritische Sprachanalyse in Heinrich Bölls ›Die verlorene Ehre der Katharina Blum‹* äußert sich auch der Literaturwissenschaftler Eberhard Scheiffele recht skeptisch über die Verwendung der Quell-Metapher:

»Was sicher zur einseitigen oder schiefen Beurteilung der ›Berichts‹-Diktion beigetragen hat, ist zum einen das genannte ›Versteckspiel‹ des Autors, zum andern das verspielt-kokette Reflektieren der eigenen Schreibart, vor allem die wie ein Netz über das ganze Werk gelegte Quell-Metaphorik [S. 7, 13, 21, 43, 56, 58, 76, 80, 96, 102 u. a.]. Zwar scheint diese zunächst gut dazu geeignet zu sein, die undurchsichtigen Verflechtungen von Justiz, Politik [S. 95, 116], Presse und Wirtschaft [S. 13, 94] im *Bild* präsent sein zu lassen. Das erste Kapitel weckt diese Erwartung. Ihr wird allerdings nur einmal einleuchtend entsprochen, nämlich in der geistreichen Abhörsatire [S. 96–101]. Man ›zapft‹

die Leitung an, wie man eine ›Quelle‹ anzapft. Hier wird eine Metapher der Umgangssprache verwendet, die sich unmittelbar von Bölls eigener Quell-Metaphorik herleiten läßt und die durch den Wortwitz, der durch weitere Ableitungen wie ›Anzapfer‹ [S. 98] ›Zäpfchen‹ [S. 101] zustande kommt, *als* Mittel der Satire den aufklärerischen Charakter des Werkes unterstreicht. An den meisten anderen Stellen scheint sich dagegen die Quell-Metaphorik zu verselbständigen oder dem Autor dazu zu dienen, die komplizierte Struktur der Erzählung zu vereinheitlichen. Daher wirkt die dauernde Wiederholung solcher Metaphern selten ›leitmotivisch‹; mehr und mehr erweisen sie sich als überflüssiges Beiwerk, das nicht einmal dann, wenn man es für sich betrachtet, sonderlich originell ist. Metaphern wie ›Konduktion‹ und ›Rückstau‹, die Böll augenzwinkernd dem Literaturwissenschaftler statt ›Komposition‹ und ›Rückblende‹ [S. 8, 43] vorschlägt, mögen witzig sein. Zum bloßen ›Gag‹ dagegen sind Bilder geraten wie die von den ›Quellen‹, die ›zueinander nicht kommen können‹. Dies, daß der Autor dabei auch noch die Sage von den zwei Königskindern bemüht, und zwar ausdrücklich, verrät schlagartig das Überflüssige, Aufgesetzte solcher Metaphern, welche die aufklärerische Intention des Werkes eher verdecken als unterstützen. Wenn man ferner bedenkt, mit welchem Geschick etwa Jean Paul oder Thomas Mann ihr eigenes Kompositionsprinzip im Werk selbst thematisiert haben, so fällt die Schwerfälligkeit und Einfallslosigkeit, mit der Böll hier vorgeht, besonders auf. [. . .] Wozu also der Aufwand in *Katharina Blum*, wenn dadurch weder dem aufklärerischen Charakter des Buches gedient ist noch der Nachweis erzählerischen Raffinements erbracht wird?«

Eberhard Scheiffele: Kritische Sprachanalyse in Heinrich Bölls *Die verlorene Ehre der Katharina Blum.* In: Basis. Jahrbuch für deutsche Gegenwartsliteratur. Bd. 9. Hrsg. von Reinhold Grimm und Jost Hermand. Frankfurt a. M.: Suhrkamp, 1979. S. 185 f. –

In eine ähnliche Richtung zielt die Kritik von Juliane Köster:

»Die mit den Erzählereingriffen verknüpfte Wassermetaphorik (Kap. 2) verweist auf ein Gefälle zwischen den unterschiedlichen Sprach- und Handlungsebenen: Pfützen sollen auf ein niedrigeres Niveau abgeleitet, Quellen sollen zusammengeführt werden. Entgegen allen Assoziationen stoppt die Rede von Quellen jedoch den Fluß der Handlung. Dies ist nicht zuletzt darin begründet, daß die Quellen im Kontext der Metaphorik bereits als schmutzvermischter Niederschlag erscheinen, der klärende und beseitigende Verfahren notwendig macht. Da die Quellen nicht mehr die Wahrheit zu Tage fördern, werden sie Gegenstand der Verfremdung. Der stärkste ästhetische Akzent liegt also nicht auf den berichteten Ereignissen, sondern auf deren Ermittlung und Vermittlung, sofern diese an den fiktiven Berichterstatter und seine Quellen(-Metaphorik) gebunden sind. In der Konkurrenz mit Polizei und ZEITUNG wird die Ermittlung von Fakten selbst zum Ereignis, das besonderer Reflexion und Gestaltung bedarf.«

Juliane Köster: Katharina Blum – Die fremde Freundin. Über Identifikation als Erkenntnismittel. In: Diskussion Deutsch 19 (1988) S. 616.

Rainer Nägele hat schon 1975 herausgestellt, daß in Bölls Erzählung die fiktiven Quellen des Berichterstatters zum »semantischen Ausgangspunkt des mitreflektierten Kompositionsprinzips« werden (Nägele, *Heinrich Böll. Einführung in das Werk und in die Forschung*, S. 161). Nach Bernd Balzer gewinnt Böll aus dem Quellenbild, zu dessen Verwendung ihn ein Ausspruch von Bundespräsident Heinrich Lübke inspiriert habe, das Strukturprinzip der Erzählung:

»In der Tat spielt Böll die ganz und gar konventionelle Metapher ›Quelle‹, die bei dem gewählten Gegenstand durch

›Nachrichtenquelle‹, etc. sehr naheliegt, geradezu extensiv aus; er nimmt sie wörtlich und spinnt sie sprachlich-assoziativ weiter zu ›Abflußrinne‹, ›Niveauunterschiede‹ etc. und gewinnt aus dem Quellenbild erklärtermaßen das Strukturprinzip der gesamten Erzählung. Von einer ›sprachlich leider verunglückten Rechenschaft über die gewählte Erzählweise‹ sprachen auch wohlmeinende Kritiker,[17] ›konstruiert‹ nannten das viele. Konstruktion ist das auch – aber gerade sie ist der entscheidende Wirkungsfaktor der Erzählung; denn die sprachliche Konstruktion konstituiert die ›geschaffene Wirklichkeit‹ und das ab ovo: Der ›Einstieg‹ bereits war – wie so oft bei Böll – ein ›Sprachreiz‹: 1966 wurde in Berlin das neue Gebäude des Axel-Springer-Verlages eingeweiht. Der damalige Bundespräsident Heinrich Lübke pries den Verlag mit den Worten ›Hier springt eine klare Quelle‹.[18] Damals bundesweit ironisch kommentiert und als ›Wort der Woche‹ zitiert, war diese Äußerung acht Jahre später längst vergessen. Für Böll jedoch ergab sich aus dem Satz, aus dem einen Wort ›Quelle‹ mit seinen Implikationen, ein Maßstab, an dem die Wirklichkeit ›überprüft‹ werden konnte. Und auf diesem Sprachgelände entwickelt sich im Text der Gegensatz zwischen den Quellen des Erzählers und dem ›Gossenjournalismus‹ der ZEITUNG, was insgesamt der Realität gegenüber zum Urteil, zur Verurteilung gerät.

Quelle, Gosse – das ist nicht einfach nur kalauernder Wortwitz, sondern das Wortspiel verdichtet komplizierte Sachverhalte zur Unmittelbarkeit. Ein anderes Wortspiel im Text unterstreicht die Bedeutsamkeit dieses sprachlichen Mechanismus: ›[. . .] ich schlage vor, daß wir jetzt einmal bumsen‹, sagt Tötges zu Katharina, ›und ich dachte: ‚Bum-

17 Balzer verweist auf die Besprechung von Walter Jens (Hessischer Rundfunk, 23. Juli 1974); abgedruckt in: *Die verlorene Ehre der Katharina Blum*. Mit Materialien und einem Nachwort des Autors, Köln 1984, S. 243 bis 250, hier: S. 245.

18 Balzer zitiert hier den Berliner *Tagesspiegel* vom 7. Oktober 1966.

sen, meinetwegen', und ich hab' die Pistole rausgenommen und sofort auf ihn geschossen‹ [S. 135]. Wort schlägt hier unmittelbar und *buchstäblich* in Tat um, so wie das Wort ›Quelle‹ unmittelbar in – selbstverständlich fiktive – Wirklichkeit.«

Bernd Balzer: Das mißverstandene Engagement – der angebliche Realismus Bölls. In: Heinrich Böll 1917–1985. Hrsg. von B. B. Bern/Berlin [u. a.]: Lang, 1992. S. 112 f.

3. Erzähler und Erzählverhalten

»Vielleicht war's einfach ein Irrtum von mir, überhaupt einen Erzähler einzubauen, also einen Berichterstatter, aber ich frage Sie: Wie kann man's machen?«

Böll über *Katharina Blum* im Gespräch mit Manfred Durzak (Anfang 1975)

In einem am 23. Oktober 1973 mit Karin Struck über *Gruppenbild mit Dame* geführten Gespräch antwortete Böll auf die Frage, warum er für seinen Roman diese spezifische Form – Recherchen eines als »Verf.« bezeichneten fiktiven Erzählers (Pseudodokumentarismus) – gewählt habe:

»Das ist ein kompliziertes und fast unlösbares Problem, wie man die Wirklichkeit, die man da erstellt, präsentiert. Der Verfasser ist zum Beispiel etwas anderes als der Autor. Ich hätte ja auch schreiben können, der Autor, das ist ja nicht das gleiche. Ich kann etwas verfassen, sagen wir mal, ich fasse jetzt unser Gespräch in Form eines Essays oder Artikels zusammen, dann bin ich ja nicht der Autor, denn Sie sind beteiligt und andere, und ich verfasse das nur. Ich wollte natürlich versuchen, so eine Art neutralen Typ da einzuführen, und das ist mir nicht gelungen, ich bin auch nicht unglücklich darüber. Das ist einfach die Verlegenheit eines Menschen, der viel geschrieben hat und nie genau weiß, wie er das formell bewältigen soll. Das ist ein wahnsinniges Problem. In Ich-Form wäre das undenkbar gewesen. Stellen Sie sich das vor, versuchen Sie es umzudenken, da wäre das platsch auf die Nase gefallen, und die reine Er-Form wäre auch danebengegangen. So hab ich diesen Verfasser dazwischengeschoben, der scheinbar neutral ist, ja? Sonst wüßte ich keine Erklärung [. . .]. Es ist einfach die formale Verlegenheit eines professionellen Schreibers.«

Zit. nach: Int. 1. S. 266 f. –

Auf den Umstand, daß *Katharina Blum* in ihrer erzählerischen Konstruktion »ganz klar anknüpft an die *Gruppenbild*-Technik«, hat Böll in Interviews wiederholt hingewiesen. Auch die Mehrheit der Rezensenten hat anläßlich des Erscheinens der Erzählung diverse Bezüge und Parallelen zu den voraufgehenden großen Prosaarbeiten herausgestellt, u. a. Andreas Oplatka – in der *Neuen Zürcher Zeitung* –, der hinsichtlich des erzählerischen Verfahrens auf Übereinstimmungen mit *Ende einer Dienstfahrt* (1966) und *Gruppenbild mit Dame* (1971) verwies (s. Kap. III, S. 73 f.). Entsprechende Ansätze und Überlegungen hat Manfred Durzak in einer zuerst 1975 unter dem Titel *Entfaltung oder Reduktion des Erzählers? Vom »Verf.« des »Gruppenbildes« zum Berichterstatter der »Katharina Blum«* publizierten Spezialstudie vertieft. Durzak erörtert Bölls Konzept vor dem Hintergrund der Diskussionen um die Krise des modernen Romans und versucht dessen Intention zu beschreiben:

»In einem in den fünfziger Jahren geschriebenen Aufsatz über die ›Entstehung und Krise des modernen Romans‹, der, als Broschüre wiederveröffentlicht, in kurzer Zeit fünf

Auflagen erlebte, hat Wolfgang Kayser die schon damals vielberedete Krise des modernen Romans mit einem Appell zum Festhalten an der konstruktiven Funktion des Erzählers im Roman zu entschärfen versucht. Der im Roman als organisierendes Formprinzip hervortretende fiktionale Erzähler wird ihm zum Garanten einer auch heute noch zu erreichenden epischen Geschlossenheit. Ohne diesen Erzähler sieht er den Roman in Formauflösung enden: ›Wer aber um der durchgehaltenen Unsicherheit willen den Erzähler aus ihm gänzlich verdrängen will, der beraubt ihn seines Wesens. Der Tod des Erzählers ist der Tod des Romans.‹[19]
Betrachtet man die jüngsten epischen Arbeiten Heinrich Bölls, den Roman ›Gruppenbild mit Dame‹ und die Erzählung ›Die verlorene Ehre der Katharina Blum‹, so hat es den Anschein, als zeige sich hier ein unerwartetes Echo jenes von Kayser formulierten Appells. Denn in beiden Büchern hat Böll mit allem Nachdruck die epische Institution des Erzählers hervortreten lassen: in einem fiktionalen Erzähler, der, mehr oder weniger scharf umrissen, im Erzählzusammenhang selbst Position bezieht und als die Quellen erforschender, recherchierender und die Informationen zu einem epischen Mosaik montierender Berichterstatter direkt in Erscheinung tritt. Es erhebt sich die Frage nach seiner Funktion, nach der Sinnfälligkeit, mit der er sich, durchaus neuartig auf dem Hintergrund von Bölls bisherigem epischen Werk, plötzlich in den beiden letzten Arbeiten zeigt.

Unterstreicht Böll unfreiwillig die Legitimation von Kaysers Appell, indem in einem aus disparatem epischem Material (Zitaten, Zeugenaussagen, dokumentarischen Relikten und episch Imaginiertem) zusammengesetzten Erzählganzen der auch konkret die einzelnen Materialschichten verknüpfende Erzähler eine anders nicht mehr zu erreichende

19 Durzak zitiert aus: Wolfgang Kayser, *Entstehung und Krise des modernen Romans*, Stuttgart 1954, S. 34.

epische Geschlossenheit der Form verwirklicht? Thematisiert Böll gewissermaßen die für ihn als realen Autor immer schwerer zu erreichende formale Einheit des Romans in den fiktionalen Berichterstattern seiner beiden letzten Bücher und verwirklicht er damit auf dialektische Weise nochmals das, was sich ihm im epischen Schaffensprozeß ständig mehr zu entziehen droht?

Denn deutlich ist, was er zu erreichen versucht: Die sich dem traditionellen Erzähler sinnvoll erschließende Wirklichkeit, die aus epischer Distanz nach der Devise des So-ist-es veranschaulicht wird, ist für ihn zur Illusion geworden. Mit der Preisgabe der traditionellen erzählerischen Einheitlichkeit gibt er die historische Reduktion seiner Erkenntnismöglichkeiten als Autor zu Protokoll, aber er hält zugleich an einer noch vom einzelnen zu leistenden Sinndurchdringung der Wirklichkeit fest, indem er sie, bezogen auf die Struktur des Romans, von der formalen Integrationskraft und, bezogen auf die Erkenntnis der Wirklichkeit, von der ethischen Überzeugungskraft eines im Roman agierenden und damit zugleich erzählten wie erzählenden Verfassers abhängig macht. Der fiktive Erzähler übernimmt gewissermaßen die formale und ethische Einheitsfunktion. Freilich ist mit diesem Versuch eine Voraussetzung verbunden, die Baumgart so formuliert hat: ›Wenn so der Fluchtpunkt in *ein* erzählendes Ich verlegt wird, das selbst Figur spielt, erfunden wie alle Figuren, wird die Verbindlichkeit alles Gesagten nur noch verbürgt durch dieses Gewährs-Ich. Wer dieses Ich nicht glaubt, kann nichts mehr glauben –‹[20]

Die Erörterung dieser Frage setzt den Blick auf Bölls bisheriges Werk voraus. Einen im Romangeschehen direkt auftretenden fiktionalen Erzähler hat es bisher in der Weise bei ihm nicht gegeben. Denn die von Böll in vielen seiner Erzählungen und in zwei seiner wichtigsten Romantexte zu-

20 Zitat aus: Reinhard Baumgart, *Aussichten des Romans oder Hat die Literatur Zukunft?*, München 1970, S. 24.

grundegelegte Darstellungsperspektive eines Ich-Erzählers [. . .] unterscheidet sich von dem in der Er-Form erzählenden Berichterstatter seiner beiden letzten Bücher.«

Zit. nach: Manfred Durzak: Gespräche über den Roman. Formbestimmungen und Analysen. Frankfurt a. M.: Suhrkamp Verlag, 1976. S. 154 f. – Mit Genehmigung von Manfred Durzak, Grebin.

DURZAKS Analyse mündet in eine detaillierte Analyse der – seiner Auffassung nach nicht ganz widerspruchsfreien – Erzählkonstruktion und des Erzählverhaltens in *Katharina Blum*. Er fragt nach der Identität des ›Berichterstatters‹, den er teilweise mit der umfassenden Informiertheit eines auktorialen Erzählers ausgestattet sieht:

»Wer ist dieser Erzähler? Offenbar ist er als Person in der Umgebung des Rechtsanwaltes Blorna und des Staatsanwaltes Hach zu suchen, die ihn ja mit den wesentlichsten Materialien versorgen. Möglicherweise ist er selbst Jurist oder ein juristisch gebildeter Journalist, was freilich die Paradoxie miteinschließen würde, daß er gerade den Journalismus, wenn auch nicht als Institution, so doch in einigen seiner Vertreter attackiert und damit zumindest eine sehr kritische Haltung gegenüber dem Journalismus dokumentiert. Auf der andern Seite deuten seine der Form der Erzählung geltenden Reflexionen darauf hin, daß es ihm weniger um eine möglichst direkte und auf künstlerische Momente verzichtende Korrektur von Fakten geht als um eine auch erzählerisch effektvoll aufbereitete Darbietung des Stoffes.
Das zeigt sich etwa in seiner Reflexion über den Begriff der Komposition, nämlich angesichts der naheliegenden metaphorischen Begriffe wie Quelle und abgeleiteter Kanäle den Begriff der ›Dränage oder Trockenlegung‹ [S. 8] als passender für die Struktur seines Textes zu verwenden, oder etwa in der Reflexion eines notwendig werdenden zeitlichen Rückgriffs [. . .]. Diese erzähltheoretischen Reflexionen und

Skrupel, die der Berichterstatter äußert, [...] relativieren zwar auf der einen Seite den Wahrheitsanspruch seines Berichtes gegenüber den Manipulationen der ZEITUNG, indem er sich die Probleme seiner Artikulationsbemühungen ständig bewußt macht, auf der andern Seite beleuchten sie jedoch einen grundsätzlichen Unterschied zum ›Verf.‹ des ›Gruppenbildes‹.
Dort tritt der ›Verf.‹ keineswegs mit dem Anspruch des allwissenden Erzählers auf, der über den Fortgang im einzelnen längst informiert ist und seine Fakten nur für den Leser arrangiert, sondern der Prozeß der Wahrheitssuche erweist sich großenteils konkret als Form des Romans. In der ›Katharina Blum‹ scheinen jedoch diese Reflexionsexkurse tatsächlich Ausdruck eines allwissenden Erzählers zu sein, der bereits die Überschau besitzt und als auktorialer Erzähler seinem Leser nur schrittweise den Einblick gewährt, den er selbst längst hat. Darauf deuten auch zahlreiche andere Momente hin, etwa wenn es am Ende des 8. Abschnittes heißt: ›Man mag es gleichgültig finden, ob Katharina mit ihrem Auto oder mit einer Straßenbahn zur Party fuhr, es muß hier erwähnt werden, weil es im Laufe der Ermittlungen von erheblicher Bedeutung war.‹ [S. 16] Die Funktion gewisser Informationen ergibt sich also nicht unmittelbar aus dem Erzählzusammenhang, sondern wird vom Erzähler kraft seiner umfassenden Informiertheit abstrakt postuliert.
Das gleiche tritt hervor, wenn der Erzähler dem die Untersuchung und das Verhör Katharinas leitenden Beizmenne ›einen entscheidenden psychologischen Fehler‹ [S. 32] in der Behandlung Katharinas ankreidet, was sich wiederum nicht unmittelbar aus der Reaktion Katharinas erschließen läßt, sondern was der Erzähler aus seiner umfassenden Kenntnis Katharinas beisteuert. Dieser auktoriale Gestus des Erzählers wird ständig postuliert, so wenn es am Ende des 25. Abschnittes heißt: ›Es wird gebeten, die vertraulichen Mitteilungen, die dieses Kapitel enthält, nicht nach Quellen

abzuforschen ...‹ [S. 58], und erhält damit ständig größeres Gewicht, ohne daß der Erzähler mit seiner Person und der konkreten Rolle, die er im Erzählzusammenhang spielt, deutlicher hervorträte. Die Moralität des fingierten Erzählers wird zum reinen Abstraktum. In dem Maße, in dem er unglaubwürdig wird, erscheint auch seine formale und inhaltliche Integrationsfunktion als fragwürdig. Da er zudem noch die aus einzelnen Perspektiven akzentuierten Wertungen von Personen, etwa Brettlohs Abwertung und Göttens Hochschätzung als ›eines sehr lieben Menschen‹ [S. 111] – beide Male in der Identifikation mit Katharinas Perspektive – übernimmt, wird er im gleichen Maße bestimmender, wie er konkret schemenhaft bleibt. Oder anders formuliert: er projiziert seine postulierte Subjektivität immer stärker in den Erzählvorgang, ohne sich zugleich als Person im Erzählten zu vermitteln. Er verflüchtigt sich, wird [...] zum abstrakten Konstruktionsvehikel, zu einer Personen-Maske des realen Erzählers, der sich dahinter verbirgt, aber dessen politisch-pamphletistische Absicht eigentlich dadurch in ihrer Wirkung reduziert wird. Seine Kapitulation vor den Fakten, die einer epischen Harmonisierung aufs äußerste widerstreben – ›Es ist natürlich äußerst bedauerlich, daß hier zum Ende so wenig Harmonie mitgeteilt und nur sehr geringe Hoffnung auf solche gemacht werden kann‹ [S. 131] – steht zugleich im Widerspruch zu der auktorialen Überlegenheit, die er vorher in seinen eingeschobenen Reflexionen behauptet.
Der im zitierten Tatbericht Katharinas angedeutete Kalauer, der die im Wort ›Bumsen‹ ausgedrückte Einladung Tötges' zum Beischlaf mit Katharina zum verbalen Keim von Katharinas Tat, nämlich ›Bumsen‹ mit dem Revolver, werden läßt, bleibt als Resultat ebenso unbefriedigend wie die Haltung des Erzählers, der am Ende seines Berichtes gleichsam die Hände über dem Kopf zusammenschlägt und dem Leser zu verstehen gibt: So schlecht ist es um die Wirklichkeit bestellt! Es spricht alles dafür, daß die Ironisierung der Ohr-

feige Sträubleders durch Blorna von dem findigen Maler Frederick Le Boche, der die Blutstropfen aus Sträubleders Nase mit einem Löschblatt auffängt, in ein ›One minute piece of art‹ [S. 130] und damit in kommerzialisierte Kunst verwandelt, auch für die Aktivität des Erzählers in Bölls Text gilt: ›Man sollte an dieser letzterwähnten Tatsache ... erkennen dürfen, daß die Kunst doch noch eine soziale Funktion hat.‹ [S. 131] Aber das bedeutet im Klartext, daß letztlich alles kommerzialisiert und damit keimfrei gemacht wird. Ist das hier jedoch nicht zugleich ein Urteil über den Erzähler der ›Katharina Blum‹, der statt des politischen Pamphlets eine Erzählung schreibt und am Ende vor dem Ungenügen seiner Kunstanstrengung kapitulieren muß und damit auch die ästhetische Form dieses Kurzromans und seine Funktion in ihr zurücknimmt?«

Ebd. S. 172–174.

Auch Werner Zimmermann vertritt die Auffassung, daß der ›Berichterstatter‹ – in seinen verschiedenen Funktionen – nicht widerspruchsfrei konzipiert ist:

»Die Informationen des Erzählers über die von ihm benutzten Quellen lassen ihn in den Augen des Lesers als korrekten, ja peniblen *Berichterstatter* erscheinen, der sich vor allem um Glaubwürdigkeit bemüht. In dieser Rolle präsentiert er sich gleich zu Beginn der Erzählung, wenn er ›einige Neben- und drei Hauptquellen‹ aufzählt und bereits im 3. Kapitel einen knappen protokollarischen Bericht über die ›Fakten‹ des Kriminalfalles mit genauen Angaben der jeweiligen Uhrzeit – 18.45, gegen 19.04, gegen 12.15 usf. – erstattet. Minutiöse Exaktheit [...] kennzeichnet ebenso die Berichte über die Ermittlungen im Fall der Titelheldin und ihres Freundes Götten wie die Darstellung der Manipulation von Nachrichten durch die Reporter der ZEITUNG [...]. Dabei verstärkt sich der Eindruck eines gewissenhaft recherchierenden Berichterstatters, wenn er bei schwer aufzuklärenden Sachverhalten Unsicherheit signalisiert [. . .] – oder wenn er gar offen bekennt, keine Klarheit gewonnen zu haben [. . .].

Wenn freilich über mehrere Seiten hinweg Gespräche etwa des Ehepaars Blorna oder Blornas mit Sträubleder in wörtlicher Rede wiedergegeben werden (38. und 40. Kap.) oder gar Gedanken Blornas [S. 89 f.] oder Katharinas [S. 80 f.] in der Form der erlebten Rede mitgeteilt werden, so hat der Erzähler hier offensichtlich die Rolle des recherchierenden Reporters mit der des allwissenden Poeten vertauscht [. . .].

Gewiß hat der Erzähler in der Vorbemerkung zu seinem ›folgenden Bericht‹ darauf hingewiesen, daß ›der Fall Katharina Blum angesichts der Haltung der Angeklagten und der sehr schwierigen Position ihres Verteidigers Dr. Blorna ohnehin mehr oder weniger fiktiv bleiben wird‹ [S. 7]; da aber auch die Rolle des Berichterstatters eine Erfindung des Autors ist, vermag jener Hinweis den Wechsel der Perspektive des Erzählens nicht überzeugend zu begründen.

Außer der Rolle des auf solide Quellen sich stützenden Berichterstatters sind es die Überlegungen zur *Komposition* des Berichts, durch die sich der Erzähler direkt wie indirekt zu erkennen gibt. Unmittelbar präsentiert er sich als Arrangeur des Geschehens [. . .], wobei er sich vorzugsweise einer ›wie ein Netz über das ganze Werk gelegten Quell-Metaphorik‹[21] bedient und auch auf diese Weise wieder die Rolle des sachlichen Berichterstatters zugunsten des ›Poeten‹ aufgibt.«

Werner Zimmermann: Heinrich Böll: Die verlorene Ehre der Katharina Blum. In: W. Z.: Deutsche Prosadichtungen des 20. Jahrhunderts: Interpretationen. Bd. 3. Düsseldorf: Schwann, 1988. S. 43 bis 45. – Mit Genehmigung des Cornelsen Verlags, Berlin.

21 Zitat aus dem Aufsatz Scheiffeles (s. Kap. IV, S. 158).

Gegenüber solchen skeptischen Erwägungen hat HANNO BETH in einem schon 1975 veröffentlichten Beitrag etwas Konstruktives in Form und erzählerischem Verfahren herausgestellt und die Schlüssigkeit der Konzeption angesichts der aufklärerisch-kritischen Intention des Autors hervorgehoben:

»Die Geschehnisse dieser Tage, die die dramatische Entwicklung einleiteten und sie zugleich auf ihren Höhepunkt trieben, stellt Böll in der Form eines Berichts dar [. . .]. Um diesen Bericht abfassen zu können, mußte der fiktive Erzähler – der im übrigen nicht näher charakterisiert wird – den Sachverhalt umfassend ermittelt und genau und sorgfältig nachgeprüft haben, mußte er sich also der klassischen und wichtigsten Methode journalistischer Arbeit, der Recherche, bedienen. Aus diesem von Böll sicher bewußt gewählten Kunstgriff ergibt sich nicht nur jene Folie, von der sich die Berichterstattung der *Zeitung* und der *Sonntagszeitung* abhebt – durch dieses Verfahren werden dem Leser ebenso die Kenntnisse und Kriterien vermittelt, die er braucht, um die Arbeitsweise der beiden Sensationsblätter selbst analysieren zu können.«

Hanno Beth: Rufmord und Mord: die publizistische Dimension der Gewalt. In: H. B. (Hrsg.): Heinrich Böll. Eine Einführung in das Gesamtwerk in Einzelinterpretationen. 2., überarb. und erw. Aufl. Königstein (Ts.): Scriptor-Verlag, 1980. S. 75.

Im Rahmen einer Gesamtinterpretation von *Katharina Blum* ist WERNER BELLMANN noch einmal auf das Erzählverhalten und auf Stellung und Funktion des ›Berichterstatters‹ eingegangen. Er vertritt die Auffassung, daß dieser keineswegs eine olympische Position einnimmt, und er versucht genauer zu bestimmen, inwiefern dessen Wissen begrenzt ist:

»Böll hat der Erzählung ›ermittelnde Funktion‹ zugesprochen, sie als ›Ermittlungsverfahren‹ charakterisiert, und er hat hervorgehoben, daß sie in Form und Stil ›ganz klar anknüpft an die *Gruppenbild*-Technik‹.[22] *Katharina Blum* wie der drei Jahre vorher erschienene Roman *Gruppenbild mit Dame* weisen die Form der ›poetischen Dokumentation‹[23] auf, ein aus fingierten (im Fall von *Gruppenbild* auch authentischen) Dokumenten zusammengefügtes Erzählganzes, das auf den Recherchen eines fiktiven ›Berichterstatters‹ basiert und von diesem arrangiert wird. Diese Konstruktion hat zur Folge, daß die durchgehende Erzählperspektive konventioneller Prosa durch eine Vielzahl von Einzelperspektiven ersetzt wird. Die Darstellung gewinnt Vielstimmigkeit, was zugleich die Objektivierungstendenz des ›Berichts‹ verstärkt.

In *Gruppenbild mit Dame* ist der fiktive Erzähler, der Berichterstatter, Teil der dargestellten Welt, was sich unter anderem daran zeigt, daß er mit Romanfiguren in Kontakt tritt. In *Katharina Blum* ist er ›unauffindbar‹, wie Böll konstatierte, ›nicht identifizierbar‹.[24] Das gilt zumindest hinsichtlich seiner privaten Identität, seines sozialen Ortes und seiner beruflichen Position. Seine Stellung innerhalb der Erzählkonstruktion läßt sich hingegen beschreiben.

Der Berichterstatter in *Katharina Blum* verleiht seiner Darstellung durch reflektierende, kommentierende, ironisierende Elemente über weite Strecken einen auktorialen Gestus. Er ist auch präsent als derjenige, der die Materialien montiert und arrangiert, die ›Quellen zusammenführt‹.

22 Int. 1,667 und 324.

23 Zitat aus der Besprechung von Walter Jens (s. Anm. 17), S. 245. In dieser Besprechung führt Jens aus (S. 247): »Was immer geschieht: der Autor, der, wie ein altvorderlicher Berichterstatter, das Geschehen vom Olymp aus verfolgt, verliert die Zügel nie aus der Hand: verleugnet in keinem Augenblick seine Omnipräsenz [...].«

24 Zitate aus dem Gespräch mit Manfred Durzak (Int. 1,323). – In diesem Gespräch äußerte Böll auf weiteres Nachfragen, der Erzähler könne »durchaus ein Journalist sein, der einem andern anhand dieses Falles das Handwerk legt oder was weiß ich« (S. 330).

Aber er ist kein ›auktorialer Erzähler‹ im strengen Sinn, er ist nicht allwissend, schreibt nicht aus einer olympischen Position. Sein Wissen ist in doppelter Hinsicht begrenzt: durch die Ergiebigkeit seiner Quellen und durch seinen Standort innerhalb des imaginierten Zeitkontinuums. Die nicht exakt zu bestimmende Berichtsgegenwart liegt mehrere Wochen [oder auch Monate] nach der Inhaftierung Katharinas und vor Beginn der Gerichtsverhandlung. Die innerhalb der Darstellung gegebenen Vorausdeutungen und alle Elemente, die den Charakter der Vorausschau aufweisen, bewegen sich in diesem zeitlichen Rahmen oder sind als Spekulation gekennzeichnet. Der Berichterstatter kokettiert also nicht mit einem nur vorgeblichen Nicht-Wissen, wenn er über Katharinas Haftzeit und ihre Zukunft nur Vermutungen mitzuteilen weiß [S. 125 f.], und er täuscht andererseits auch keine Informiertheit vor, wo diese nicht besteht. Die fiktive dokumentarische Konstruktion, die zeitliche Fixierung des Erzählerstandorts und die Unabgeschlossenheit des Vorgangs (der Prozeß ist in Vorbereitung) sind unter rezeptionsästhetischen Gesichtspunkten bedeutsam: Der Leser sieht sich mit den Resultaten des poetischen ›Ermittlungsverfahrens‹ konfrontiert, aufgefordert, selbst eine Würdigung der Zeugenaussagen, Protokolle, Zeitungsartikel und Berichte vorzunehmen. Auf diese Weise wird er in das Verfahren involviert, das heißt in die Rolle eines Prozeßbeteiligten versetzt, der eigenständig zu urteilen hat. Die sich aus einer vergleichbaren Erzählstrategie ergebende Parallele zu *Gruppenbild mit Dame* ist unverkennbar. Werden dort jedoch – nach einer These Theodore Ziolkowskis, der Böll mit Sympathie begegnete,[25] – die Recherchen im Rahmen eines Beatifikations-Prozesses durchgeführt, so finden sie in *Katharina Blum* im Vorfeld eines Strafprozesses statt,

25 Bellmann verweist auf Ziolkowskis Aufsatz »Typologie und ›Einfache Form‹ in *Gruppenbild mit Dame*«, in: *Die subversive Madonna. Ein Schlüssel zum Werk Heinrich Bölls*, hrsg. von Renate Matthaei, Köln 1975, S. 123–140. hier S. 133–138; ferner auf Int. 1,332.

und der anonyme, ›nicht identifizierbare‹ Berichterstatter ist offenbar im Umkreis der Verteidigung, jedenfalls in der Umgebung seiner ›Quellen‹ zu lokalisieren.«

Werner Bellmann: Heinrich Böll: *Die verlorene Ehre der Katharina Blum.* In: Interpretationen: Erzählungen des 20. Jahrhunderts. Bd. 2. Stuttgart: Reclam, 1996. S. 191–193.

V. Texte zur Diskussion

1. Was ist (Frauen-)Ehre?

> »Hier ist die Moritat von verlorener Frauenehre aktuell und emanzipatorisch gewendet: Nicht wie früher büßt die Frau für die Verletzung der Tugend, sondern sie setzt sich zur Wehr [. . .].«
>
> Klappentext zum Erstdruck von *Katharina Blum*

Schon durch den Titel des Buchs wird ›Ehre‹ als für den Erzählzusammenhang zentraler Begriff herausgehoben. In den journalistischen Praktiken von ZEITUNG und SONNTAGSZEITUNG und in den Reaktionen ihrer aufgeputschten Leserschaft manifestiert sich eine Gewalt, die die Identität und Integrität der Betroffenen zerstören kann. Angesichts einer solchen Presse fragt Katharina Blum, ob der Staat denn »nichts tun könne, um sie gegen diesen Schmutz zu schützen und ihre verlorene Ehre wiederherzustellen« (S. 60); in seinem Nachwort *Zehn Jahre später* betont Böll nochmals: »die ZEITUNG, diese zerstörerische verlogene Überschnauze [. . .], haut rein mit Schlagzeilen, Verdächtigungen, Verleumdungen, Gemeinheiten; [. . .] das ›einfache Mädchen‹, das sich inzwischen wirklich strafbar gemacht hat, indem es seinem Liebsten zur Flucht verhilft, es verliert seine Ehre, seine Würde« (S. 142).

Volker Schlöndorff, der Regisseur des *Katharina-Blum*-Films (s. Kap. III.2), hat in einem Interview versucht, den Ehrbegriff von Bölls Protagonistin zu umschreiben:

»Es ist ihr Glaube, ein Mensch zu sein, ihr Wille, es zu bleiben. Das ist ihr Verständnis von sich selbst, das Bild, das sie nach aussen gibt und wahren will. Und sie gibt sich nach aussen so, wie sie sich selbst empfindet und wie sie vor sich selbst den Respekt bewahren kann. Dass man sich selbst achten kann – das ist der Begriff der Ehre. Und das ist das, was sie zu verteidigen versucht.«

Wo unsere Ehre zu verteidigen ist. Gespräch mit Volker Schlöndorff über »Die verlorene Ehre der Katharina Blum« [geführt von Bruno Jaeggi]. In: Die Tat (Zürich). Nr. 107. 7. Mai 1976. S. 15. – Mit Genehmigung von Volker Schlöndorff, Potsdam.

»Geld verloren, nichts verloren, / Mut verloren, viel verloren, / Ehre verloren, alles verloren.« – »Verloren Ehr / Kehrt nimmermehr.« – Solche und viele weitere altehrwürdige Sprichwörter verdeutlichen den Stellenwert, den ›Ehre‹ in Bewußtsein und Leben des Menschen einnimmt. Die Auffassungen darüber, was unter ›Ehre‹ zu verstehen ist, wodurch man seine Ehre verliert und was der Verlust für den einzelnen bedeutet, haben im Laufe der Jahrhunderte Wandlungen erfahren. Unabhängig davon aber gilt seit der Antike vielen die Ehre als das höchste innerweltliche Gut. Das kann etwa folgende Aussage des Philosophen Johann Gottlieb Fichte (1762–1814) belegen:

»Es gibt etwas, das mir über alles gilt und dem ich alles andere nachsetze, von dessen Behauptung ich mich durch keine möglichere Folge abhalten lasse, für das ich mein ganzes irdisches Wohl, meinen guten Ruf, mein Leben, das ganze Wohl des Weltalls, wenn es damit in Streit kommen könnte, ohne Bedenken aufopfern würde. Ich will es *Ehre* nennen. Diese Ehre setze ich keineswegs in das Urteil anderer über meine Handlungen [. . .], sondern in dasjenige, das ich selbst über sie fällen kann.«

Zit. nach: Historisches Wörterbuch der Philosophie. Hrsg. von Joachim Ritter. Darmstadt: Wissenschaftliche Buchgesellschaft / Basel: Schwabe & Co., 1972. Bd. 2. Sp. 322.

Zwei grundlegende Aspekte, die in fast allen Erörterungen des Ehrbegriffs eine Rolle spielen – Würde, Ehrenhaftigkeit: innere Ehre; Ansehen, Anerkennung: äußere Ehre –, werden in den nachfolgend wiedergegebenen Definitionen angesprochen.
Über den Ehrbegriff und die Verletzbarkeit der Ehre äußerte Georg Wilhelm Friedrich Hegel (1770–1831) in den *Vorlesungen über die Ästhetik*:

»Indem nun die Ehre nicht nur ein Scheinen *in mir* selber ist, sondern auch in der Vorstellung und Anerkennung der *anderen* sein muß, welche wiederum ihrerseits die gleiche Anerkennung ihrer Ehre fordern dürfen, so ist die Ehre das schlechthin *Verletzliche*. Denn wieweit ich und in bezug worauf ich die Forderung ausdehnen will, beruht rein in meiner Willkür. Der kleinste Verstoß kann mir in dieser Rücksicht schon von Bedeutung sein; und da der Mensch innerhalb der konkreten Wirklichkeit mit tausend Dingen in den mannigfaltigsten Verhältnissen steht und den Kreis dessen, was er zu dem Seinigen zählen und worein er seine Ehre legen wolle, unendlich zu erweitern vermag, so ist bei der Selbständigkeit der Individuen und ihrer spröden Vereinzelung, die gleichfalls im Prinzip der Ehre liegt, des Streitens und Haderns kein Ende. Auch bei der Verletzung kommt es deshalb, wie bei der Ehre überhaupt, nicht auf den Inhalt an, in welchem ich mich verletzt fühlen muß; denn das, was negiert wird, betrifft die Persönlichkeit, die solch einen Inhalt zu dem ihrigen gemacht hat und nun *sich*, als diesen ideellen unendlichen Punkt, angegriffen erachtet.«

G. W. F. Hegel: Vorlesungen über die Ästhetik II. Werke in zwanzig Bänden. Bd. 14. Frankfurt a. M.: Suhrkamp, 1970. S. 180.

Der Philosoph Arthur Schopenhauer (1788–1860) hat sich mit dem Wesen und den Arten der Ehre sowie insbesondere mit der ›Weiber-Ehre‹ eingehend beschäftigt:

»Zuvörderst hätten wir sie zu definiren. Wenn ich nun in dieser Absicht etwan sagte: die Ehre ist das äußere Gewissen, und das Gewissen die innere Ehre; – so könnte Dies vielleicht Manchem gefallen; würde jedoch mehr eine glänzende, als eine deutliche und gründliche Erklärung seyn. Daher sage ich: die Ehre ist, objektiv, die Meinung Anderer von unserm Werth, und subjektiv, unsere Furcht vor dieser Meinung. In letzterer Eigenschaft hat sie oft eine sehr heilsame, wenn auch keineswegs rein moralische Wirkung, – im Mann von Ehre.
Die Wurzel und der Ursprung des jedem, nicht ganz verdorbenen Menschen einwohnenden Gefühls für Ehre und Schande, wie auch des hohen Werthes, welcher ersterer zuerkannt wird, liegt in Folgendem. Der Mensch für sich allein vermag gar wenig und ist ein verlassener Robinson: nur in der Gemeinschaft mit den andern ist und vermag er viel. Dieses Verhältnisses wird er inne, sobald sein Bewußtseyn sich irgend zu entwickeln anfängt, und alsbald entsteht in ihm das Bestreben, für ein taugliches Mitglied der menschlichen Gesellschaft zu gelten, also für eines, das fähig ist, pro parte virili[1] mitzuwirken, und dadurch berechtigt, der Vortheile der menschlichen Gemeinschaft theilhaft zu werden. Ein solches nun ist er dadurch, daß er, erstlich, Das leistet, was man von Jedem überall, und sodann Das, was man von ihm in der besondern Stelle, die er eingenommen hat, fordert und erwartet. Eben so bald aber erkennt er, daß es hiebei nicht darauf ankommt, daß er es in seiner eigenen, sondern daß er es in der Meinung der Andern sei. Hieraus entspringt demnach sein eifriges Streben nach der günstigen *Meinung* Anderer und der hohe Werth, den er auf diese legt: Beides zeigt sich mit der Ursprünglichkeit eines angeborenen Gefühls, welches man Ehrgefühl und, nach Umständen, Gefühl der Schaam (verecundia) nennt. [...]
Aus den verschiedenen Beziehungen, in denen der Mensch

1 (lat.) nach Maßgabe der Kräfte; soviel einer zu leisten vermag.

zu Andern stehn kann und in Hinsicht auf welche sie Zutrauen zu ihm, also eine gewisse gute Meinung von ihm, zu hegen haben, entstehn mehrere *Arten der Ehre*. Diese Beziehungen sind hauptsächlich das Mein und Dein, sodann die Leistungen der Anheischigen, endlich das Sexualverhältniß: ihnen entsprechen die bürgerliche Ehre, die Amtsehre und die Sexualehre, jede von welchen noch wieder Unterarten hat. [. . .]

Die *Sexualehre* scheint mir einer näheren Betrachtung und Zurückführung ihrer Grundsätze auf die Wurzel derselben zu bedürfen, welche zugleich bestätigen wird, daß alle Ehre zuletzt auf Nützlichkeitsrücksichten beruht.

Die *Sexualehre* zerfällt, ihrer Natur nach, in Weiber- und Männer-Ehre, und ist von beiden Seiten ein wohlverstandener esprit de corps[2]. Die erstere ist bei Weitem die wichtigste von beiden; weil im weiblichen Leben das Sexualverhältniß die Hauptsache ist. – Die *weibliche Ehre* also ist die allgemeine Meinung von einem Mädchen, daß sie sich gar keinem Manne, und von einer Frau, daß sie sich nur dem ihr angetrauten hingegeben habe. Die Wichtigkeit dieser Meinung beruht auf Folgendem. Das weibliche Geschlecht verlangt und erwartet vom männlichen Alles, nämlich Alles, was es wünscht und braucht: das männliche verlangt vom weiblichen zunächst und unmittelbar nur Eines. Daher mußte die Einrichtung getroffen werden, daß das männliche Geschlecht vom weiblichen jenes Eine nur erlangen kann gegen Uebernahme der Sorge für Alles und zudem für die aus der Verbindung entspringenden Kinder: auf dieser Einrichtung beruht die Wohlfahrt des ganzen weiblichen Geschlechts. Um sie durchzusetzen, muß nothwendig das weibliche Geschlecht zusammenhalten und esprit de corps beweisen. [. . .]

Demgemäß wird jedes Mädchen, welches durch unehelichen Beischlaf einen Verrath gegen das ganze weibliche Ge-

2 (frz.) Korpsgeist; Gemeinschaftsbewußtsein.

schlecht begangen hat, weil dessen Wohlfahrt durch das Allgemeinwerden dieser Handlungsweise untergraben werden würde, von demselben ausgestoßen und mit Schande belegt: es hat seine Ehre verloren.«

Arthur Schopenhauer: Parerga und Paralipomena. Erster Band. Sämtliche Werke. Bd. 5. Wiesbaden: F. A. Brockhaus, 1972. S. 384–386 und S. 389 f.

Den geschichtlichen Wandel des Ehrbegriffs faßt der Literaturwissenschaftler HARALD WEINRICH zusammen:

»Die Philosophen, die als erste über die Ehre nachdachten (Aristoteles, Thomas von Aquin), stellten sie sich als einen zugleich individuellen und sozialen Wert vor. Es sollte bei dem, der etwas taugt, auch die Öffentlichkeit davon überzeugt sein, daß er etwas taugt. So definierten sie die Ehre als ›Lohn der Tugend‹. Die Spanier verstanden die Ehre anders. Sie sahen (ohne jedoch den philosophischen Autoritäten formell zu widersprechen) in der Ehre oder dem Ehrenpunkt (*pundonor*) vorwiegend oder ausschließlich einen sozialen Wert. Ehre war ihnen vor allem oder ausschließlich die soziale Billigung der Umwelt, unabhängig vom tatsächlichen Wert einer Person. Erst dieser konsequente Schritt hin zu dem, was man heute gelegentlich die ›äußere Ehre‹ nennt, erlaubte die Ausbildung des Ehrenkodex in jener rigorosen Form, wie er dann von den anderen europäischen Nationen rezipiert worden ist.

Dieser Ehrenpunkt ist also eine Ethik der Öffentlichkeit. Alle Handlungen und Unterlassungen sind auf die Billigung einer Öffentlichkeit bezogen. Diese Öffentlichkeit ist jedoch nicht die Allgemeinheit, sondern die homogene Gruppe der ›Leute vom Stande‹, d. h. derjenigen, die ebenfalls dem Kodex der Ehre verpflichtet sind. Sofern man der genannten Gruppe angehört, *hat* man Ehre, *ist* man ein Ehrenmann. Die Ehre, die man hat, macht sich indes nicht besonders bemerkbar; sie ist da wie das Licht oder die

Sonne – so die beliebtesten Metaphern für die Ehre –, und man erfreut sich ihres Glanzes mit Selbstverständlichkeit. Erst im Verlust zieht die Ehre die öffentliche Aufmerksamkeit auf sich. Dann ist – und schon der Verdacht reicht dafür aus – die Ehre durch einen Makel befleckt, und man zeigt mit Fingern auf den Ehrlosen, der nun in der Schande leben muß, wenn er es nicht vorzieht, das Leben ohne Ehre von sich zu werfen. Denn die Ehre rangiert auf der Wertetafel als ›der oberste der innerweltlichen Werte‹ (Aristoteles); mit dem Verlust der Ehre gehen daher auch alle anderen Werte verlustig. ›Ehre verloren, alles verloren‹.
Da die Ehre in der Meinung der Anderen von dem eigenen Werte besteht, kann sie nur durch Andere verloren gehen. Das geschieht durch die Beleidigung. Die Beleidigung ist entweder eine Handlung (Realinjurie) oder eine schimpfliche Rede (Verbalinjurie). Gelegentlich wird bereits eine Geste als beleidigend angesehen, etwa ein mokantes Lächeln. Die möglichen Verbalinjurien sind im Ehrenkodex zu Standardausdrücken typisiert und katalogisiert; einen anderen einen Feigling, Lügner, Schuft, dummen Jungen oder Hund zu nennen, gilt unter allen Umständen als Beleidigung. Als besonders ›ehrenrührig‹ gelten die Realinjurien, bei denen die Ehre des Beleidigten gleichsam angerührt wird. Ihre klassische Form ist die Ohrfeige.«

Harald Weinrich: Mythologie der Ehre. In: Terror und Spiel. Probleme der Mythenrezeption. Hrsg. von Manfred Fuhrmann. München: Fink, 1971. S. 341 f. – Mit Genehmigung der Wilhelm Fink GmbH & Co., München.

Zur Frauenehre gibt Weinrich folgende Hinweise:

»Der Ehrenkodex gilt unter ›Ehrenmännern‹, also Edelleuten männlichen Geschlechts. Die Ehre der Frau ist von ganz anderer Beschaffenheit als die Ehre des Mannes. Es gilt zwar auch für die weibliche Ehre, daß sie in der guten Meinung der Andern von dem eigenen Wert besteht. Aber diese Ehre ist nicht, wie die Ehre des Mannes, ständisch begrenzt. Jede Frau und jedes Mädchen ist von Natur ›ehrbar‹ und muß ihre Tugend hüten, damit sie ihre Unbescholtenheit bewahrt. Schopenhauer ist der Ansicht, das sei eine Schutzmaßnahme des Frauengeschlechts, das aus Esprit de corps jede Geschlechtsgenossin darauf verpflichtet, dem werbenden Mann den Liebesgenuß nur um den hohen Preis ehelicher Versorgung zu gewähren. Für Schopenhauers These soll wenigstens dieses eine Argument sprechen, daß innerhalb der weiblichen Ehre wiederum die Ehre der verheirateten Frau und die des unverheirateten Mädchens verschieden geartet sind. Für das junge Mädchen bedeutet Ehre ihre Jungfräulichkeit und ›Reinheit‹. Hier hat sich die Ehre wirklich auf einen Punkt konzentriert. Ein Mädchen also, das vor der Ehe mit einem Mann vertrauten Umgang gehabt hat oder auch nur durch den Anschein des Umgangs ins Gerede gekommen ist, hat damit die Ehre verloren. Nur durch eine Heirat mit dem ›Verführer‹ – es kann kein anderer Mann als der Verführer sein – kann sie die Ehre wiedererlangen, eine ehrbare Frau werden. Wir kennen aus der Literatur das Bild des großen Verführers, für den die Liebe vor allem andern ein gefährliches Spiel um die Ehre ist: Don Juan ist kein Casanova.

Für die verheiratete Frau besteht nach Schopenhauer die Ehre darin, daß sie nur ihrem angetrauten Mann angehört. Das stimmt jedoch nur in der Symmetrie der Moral. Die tatsächliche Meinung der Öffentlichkeit urteilt anders und spricht, wenn sich die verheiratete Frau von einem Galan verführen läßt, nicht ihr, sondern dem betrogenen Ehemann die Ehre ab. Der Hahnrei geht seiner Männerehre verlustig und wird Zielscheibe des öffentlichen Spotts. Dies gilt nun auch ohne Ansehen des Standes – vielleicht mit Ausnahme der Unehrlichen.«

Ebd. S. 343.

Auch wenn, aufgrund tiefgreifender Wandlungen der Sexualmoral, die traditionellen Auffassungen von ›Sexualehre‹, von ›Weiber- und Männer-Ehre‹ (Schopenhauer), im 20. Jahrhundert und insbesondere in der Zeit nach dem Zweiten Weltkrieg kaum mehr Gültigkeit (oder gar Verbindlichkeit) besitzen, scheinen entsprechende Vorstellungen bei Böll noch eine Rolle zu spielen. Es stellt sich etwa die Frage, ob die Zielrichtungen der journalistischen Angriffe der ZEITUNG die gleichen wären, wenn es sich bei dem Opfer der Attacken um einen Mann handelte.
Schon Marcel Reich-Ranicki hat in seiner Rezension von Bölls Erzählung darauf hingewiesen, daß die »perfiden Unterstellungen und Lügen« der ZEITUNG »vor allem auf einen einzigen Bereich abzielen: auf das Sexualleben der Katharina Blum«. Es werde der Eindruck erweckt, sie sei »eine gewöhnliche Hure« (s. Kap. III, S. 71). In feministisch akzentuierenden Untersuchungen wurde dieser Aspekt aufgegriffen. In ihrer Studie über Bölls Frauenbild konstatiert Ulla Grandell Silén ein »sexualmoralisches Diffamieren« Katharinas durch die ZEITUNG und führt dann aus:

»Die ›Zudringlichkeit‹ eines Mannes macht Katharina zur Mörderin. Auch wenn dies nicht der eigentliche oder einzige Grund des Mordes ist, ist es doch kein Zufall, dass das Wort ›bumsen‹ das Schiessen auslöst. Für die sexuell ›äusserst empfindliche‹ Katharina bedeutet dies die allergröbste Kränkung. Gleichzeitig ist dieser Mord auch der endgültige Beweis dafür, dass die ›Ehre‹, die hier verteidigt werden muss, vor allem als der unbefleckte sexuelle Wandel Katharinas zu verstehen ist.«

Ulla Grandell Silén: Marie, Leni, Katharina und ihre Schwestern. Eine Analyse des Frauenbilds in drei Werken von Heinrich Böll. Stockholm 1982 (Schriften des Deutschen Instituts der Universität Stockholm. 13.) S. 21. – Mit Genehmigung von Ulla Niebergall, Hägersten.

Auf die Unterschiede der Ehre und der möglichen Ehrverletzung einer Frau gegenüber der eines Mannes geht auch DOROTHEE RÖMHILD in einem »frauenspezifischen Diskurs« ihres *Katharina-Blum*-Kapitels ein:

»Die Ehrverletzung Katharinas beginnt auf dem Polizeipräsidium: Die entwürdigende Wortwahl des Beamten Beizmenne verhindert von vornherein, daß es ›zu einem Vertrauensverhältnis zwischen den beiden kam‹ [S. 19]. [. . .] Wenn Katharina z. B. deutlich auf den Gegensatz von ›Zärtlichkeit‹ und ›Zudringlichkeit‹ insistiert, kritisiert sie damit das herrschende Gewaltpotential einer Vulgärsprache, die Obszönitäten mit Liebe gleichsetzt [. . .]. In dieser sprachlichen Entfremdung, wie sie insbesondere für den tabuisierten Sexualbereich gilt, wird die Diskriminierung der Frau ebenfalls deutlich. Nicht zuletzt deswegen konnte Böll das Ausmaß der Pressegewalt, die ja zuallererst eine sprachliche ist, gerade am Beispiel einer Frau exponieren. Folgen schon die Schlagzeilen zum Fall ›Katharina Blum‹ mit Floskeln wie ›MÖRDERBRAUT‹ und ›RÄUBERLIEBCHEN‹ den üblichen Klischees, nach denen die Frau ausschließlich über den Mann definiert wird, so richten sich die weiteren Verleumdungen der ›ZEITUNG‹ gezielt auf Katharinas Beziehungsleben [. . .].
Die weitläufig unkritische Rezeption der ›ZEITUNG‹ (›Alle Leute, die ich kenne, lesen die ZEITUNG!‹ [S. 61]) hat, sichtbar an den Reaktionen der männlichen Bevölkerung, die Zerstörung von Katharinas Privatleben und damit die weiterreichende Ehrverletzung zur Folge.«

Dorothee Römhild: Die Ehre der Frau ist unantastbar. Das Bild der Frau im Werk Heinrich Bölls. Pfaffenweiler: Centaurus-Verlag, 1991. S. 152 f. – Mit Genehmigung der Centaurus-Verlagsgesellschaft m. b. H., Pfaffenweiler.

2. Boulevard-Journalismus

»Herr Keuner begegnete Herrn Wirr, dem Kämpfer gegen die Zeitungen. ›Ich bin ein großer Gegner der Zeitungen‹, sagte Herr Wirr, ›ich will keine Zeitungen.‹ Herr Keuner sagte: ›Ich bin ein größerer Gegner der Zeitungen: Ich will andere Zeitungen.‹«

BERTOLT BRECHT

Der Prototyp der Boulevardzeitung in der Bundesrepublik ist *Bild*. Unter dem Titel *Der Triumph der Bild-Zeitung oder Die Katastrophe der Pressefreiheit* hat HANS MAGNUS ENZENSBERGER 1983 in der Zeitschrift *Merkur* einen Essay publiziert, der nicht nur die Gründe für die enorme Verbreitung und Haltbarkeit der täglichen Ware aus dem Hause Springer analysiert, sondern sich auch mit den Einwänden und Argumenten diverser Kritiker auseinandersetzt:

»Der Erfolg der *Bild*-Zeitung ist beispiellos. In der westlichen Welt existiert keine Tageszeitung mit vergleichbarer Auflage. (Nur die sowjetische und die chinesische Parteipresse kann mit höheren Zahlen aufwarten.) Mit 5,5 Millionen Exemplaren triumphiert das Monster aus dem Hause Springer alltäglich über seine Widersacher. Ein Ende dieser Karriere ist nicht abzusehen. Das Blatt ist eine Tatsache, mit der die Bundesrepublik leben muß; unter den Institutionen dieses Landes ist es womöglich diejenige, die sich der Zustimmung der Bevölkerung im höchsten Grade erfreuen darf. Ja, man wird sich fragen müssen, ob es eine Stimme gibt, die das Bewußtsein und die Bewußtlosigkeit der westdeutschen Gesellschaft reiner ausdrückt. Insofern ist es nur folgerichtig, daß ein ehemaliger Chefredakteur dieses Blattes als Regierungssprecher fungiert hat.[3] Der Ausdruck ›repräsentative

3 Gemeint ist Peter Boenisch, der im Mai 1983 das Amt des Regierungssprechers übernommen hatte (Rücktritt 14. Juni 1985).

Demokratie‹ nimmt unter diesen Umständen einen fatalen Sinn an: Das Volk hat seine Stimme abgegeben – an *Bild*.
An Gegnern hat es dieser Zeitung nie gefehlt. In den fünfziger Jahren sind es die Kulturkritiker gewesen, die, mit dünner Stimme, ihre Einwände und Bedenken gegen das neue Medium vorbrachten. Sie hingen der irrigen Vorstellung an, als ließe sich der Leichnam des Konservativismus in Deutschland nach dem Zweiten Weltkrieg wiederbeleben. Nun hatte die deutsche Rechte zwar nichts dagegen, sich ein paar wohlbestallte Verteidiger abendländischer Werte zu halten; doch konnte sie den Ausverkauf ihrer älteren Ideologien an die Nazis um so leichteren Herzens verschmerzen, da sich ihr ein weit zeigemäßeres und gewinnträchtigeres Projekt anbot, bei dem konservative Restbestände nur störend gewirkt hätten: die restlose Planierung des Landes durch das Wirtschaftswunder. So erschöpfte sich die rechte Kritik an *Bild* in einem gewissen hüstelnden Degout, in einem leichten Verziehen der Mundwinkel. In ihren Augen war *Bild* kein Verbrechen, sondern lediglich eine Geschmacklosigkeit.
So ist, von der Mitte der sechziger Jahre an, die Verteidigung der Menschenwürde gegen die Pressefreiheit zu einer Domäne der Linken geworden. Die antiautoritäre Bewegung hat versucht, dieses Ziel auf den politischen Begriff zu bringen [. . .].«

Hans Magnus Enzensberger: Mittelmaß und Wahn. Gesammelte Zerstreuungen. Frankfurt a. M.: Suhrkamp, 1988. S. 78 f. –

Die Wirkungslosigkeit der von der Studentenbewegung vorgebrachten Kritik an *Bild* sieht Enzensberger in der letztlich apolitischen Haltung des Blattes begründet:

»Im Laufe des Jahres 1968 stießen die Organisatoren der Springer-Kampagne im SDS [Sozialistischer Deutscher Stu-

dentenbund] auf eine ›qualitative Analyse der *Bild*-Zeitung‹, die der Konzern bereits 1965 in Auftrag gegeben hatte und die von den Marktforschungsinstituten [...] ausgearbeitet worden war. [...]
Konsterniert stellten die militanten Kritiker des Springer-Konzerns fest, daß dessen ›wissenschaftliche Methoden und Ergebnisse sich von den unsrigen nicht mehr – oder allein der moralischen Tendenz nach – unterscheiden ... Gewohnt, gegen die bürgerliche Nationalökonomie mit Marx, gegen eine behavioristische Psychologie mit Freud, Adorno oder Marcuse zu operieren, sind wir überrumpelt von der Erfahrung, daß uns der Klassenfeind selbst mit unseren eigenen Waffen schlägt ... Unsere Überlegungen und Erkenntnisse sind, noch bevor wir sie richtig ausgesprochen haben, schon nicht mehr unsere eigenen. Springer, den wir enteignen wollen, hat uns zuerst enteignet.‹
An den manipulativen Techniken der Zeitung gab es nichts zu ›entlarven‹. [...]
Lief somit die theoretische Kritik an der *Bild*-Zeitung offene Türen ein, so trug die praktische Kritik durch Demonstrationen und Blockaden, Brandsätze und Molotow-Cocktails dazu bei, das Blatt von den politischen Eierschalen seiner frühen Jahre zu befreien. Zu diesem Lernprozeß hat die Kampagne der Studentenbewegung entscheidend beigetragen. Der SDS hat die *Bild*-Zeitung letzten Endes als faschistisches Kampfblatt mißverstanden. Man braucht nur die berühmten Aufforderungen zur Menschenjagd (und zur Nächstenliebe), zur Lynchjustiz (und zum Tierschutz) nachzulesen, um diese Fehleinschätzung zu begreifen. Erst heute, wo *Bild* sich von allen partikularen Zielen emanzipiert hat und gewissermaßen zu sich selbst gekommen ist, stellt sich heraus, daß die Pogromhetze für *Bild* immer nur Mittel zum Zweck, beliebiges Moment unter anderen Momenten war. Die Zeitung ist nicht faschistisch, weil sie nicht angetreten ist, um die Massen zu mobilisieren, sondern im Gegenteil, ihnen jede Regung abzugewöhnen. Sie ist des-

halb als politisches Kampfblatt im herkömmlichen Sinn untauglich. Mit ihr verglichen, wirken Zeitungen wie der *Völkische Beobachter*, der *Bayern-Kurier* und die *Deutsche National-Zeitung* wie Fossilien. Was sie von *Bild* unterscheidet, ist die Tatsache, daß sie eine (wenn auch niederträchtige) Botschaft zu verkünden haben, daß es ihnen um einen (wenn auch widerwärtigen) politischen Inhalt geht. Die Botschaft von *Bild* lautet dagegen, daß es keine denkbare Botschaft mehr gibt; sein einziger Inhalt ist die Liquidierung aller Inhalte.

Der Siegeszug des Blattes beruht darauf, daß es im Lauf der Jahre gelernt hat, diese Bestimmung in immer reinerer Form zu verwirklichen. [...]

Die Kritik an der *Bild*-Zeitung ist nach 1968 nicht verstummt. Heinrich Böll hat 1974 versucht, die Fragestellung Kierkegaards [nach der Kehrseite der Pressefreiheit] mit den Mitteln der melodramatischen Erzählung wieder aufzugreifen, und Günter Wallraff hat sogar einen heroischen Selbstversuch unternommen, um dem monströsen Phänomen von der Produktionsseite her beizukommen. Diese Vorstöße waren moralisch und politisch aller Ehren wert; die Bücher, Filme und Reportagen, die aus ihnen hervorgingen, haben weite Verbreitung gefunden, und es wäre hämisch, den Autoren entgegenzuhalten, daß sie den Vormarsch der *Bild*-Zeitung nicht haben aufhalten können. Dennoch ist die Ohnmacht der Kritik eine massive Tatsache, und ihr Grund liegt auf der Hand. Jede Aufklärung über die *Bild*-Zeitung ist vergeblich, weil es nichts über sie zu sagen gibt, was nicht alle schon wüßten. Das gilt nicht nur für diejenigen, die die Zeitung machen. Es gilt vor allem für ihre Leser, deren Zynismus hinter dem der Macher nicht zurücksteht. Ihre selbstverschuldete Unmündigkeit erwartet keinen Befreier. Sie ist sich ihrer durchaus selbst bewußt. An diesem Schuldbewußtsein scheitert alle Aufklärung, weil es bereits aufgeklärt ist.

Bild wird gelesen nicht obwohl, sondern weil das Blatt von nichts handelt, jeden Inhalt liquidiert, weder Vergangenheit noch Zukunft kennt, alle historischen, moralischen, politischen Kategorien zertrümmert; nicht obwohl, sondern weil es droht, quatscht, ängstigt, schweinigelt, hetzt, leeres Stroh drischt, geifert, tröstet, manipuliert, verklärt, lügt, blödelt, vernichtet. Gerade dieser unveränderliche, alltägliche Terror verschafft dem Leser den paradoxen Genuß, den er mit jedem Süchtigen teilt, und der sich von der bewußt erlebten Erniedrigung, die mit ihm verbunden ist, gar nicht trennen läßt. Die Tatsache, daß *Bild* prinzipiell nicht datierbar ist, daß es sich selbst permanent wiederholt, führt nicht zur Langeweile, sondern zur Beruhigung.«

Ebd. S. 80–84.

Zur Unangreifbarkeit der *Bild*-Zeitung merkt Enzensberger an:

»Die Illusion, als wäre, wenn von der *Bild*-Zeitung die Rede ist, nur von der *Bild*-Zeitung die Rede, gehört zu den Lieblings-Illusionen ihrer Kritiker. Solche Ausgrenzungsversuche beweisen nur, daß das Pharisäertum und das Behagen an der eigenen Scheiße kein Privileg des einen oder anderen Mediums sind. Insbesondere gehört es zur Lebenslüge der ›besseren‹ Presse und ihres Publikums, auf *Bild* zu zeigen und zu rufen: Haltet den Dieb! So leichten Kaufes aber kommt niemand davon, der sich in den öffentlichen Medien dieses Landes äußert. Denn *Bild* ist überhaupt nur deshalb von Interesse, weil es das Projekt des Journalismus schrankenloser, erfolgreicher, radikaler verwirklicht als alle anderen Zeitungen, Zeitschriften und Sender. In diesem Blatt hat sich der Journalismus von seinen älteren Resten, von seinen bürgerlichen Ursprüngen und Maskeraden befreit; er hat Kategorien wie Information, Verantwortung, Gesittung, Kultur abgeworfen und ist zu sich selbst gekommen.«

Ebd. S. 86 f.

In der Hannoveraner Redaktion der *Bild*-Zeitung hat der Kölner Autor GÜNTER WALLRAFF unter dem Pseudonym Hans Esser verdeckt recherchiert und seine Erfahrungen und Erkenntnisse 1977 veröffentlicht. Über den Wahrheitsgehalt der *Bild*-Artikel stellte Wallraff fest:

»Die Wahrheit liegt bei BILD oftmals weder in noch zwischen den Zeilen, sie liegt mehr unter den Zeilen, jedenfalls unter den gedruckten. Gedruckt wird, was die Auflage steigert – und wenn es auch die Wahrheit ist. Nicht gedruckt wird alles, was den Verkauf nicht fördert. Ein klassisches Prinzip, einfach und gleichzeitig universal anwendbar. Eine schnellebige Zeit erfordert einen schnellen Journalismus, einen sehr schnellen. Der Schreibradius umfaßt exakt 360 Grad. BILD-Schreiber verstehen sich als ›Generalisten‹.
Ob die Leser alles glauben, ist unerheblich, solange sie BILD weiter kaufen. Vereinzelte kritische Leserbriefe werden ignoriert, brenzlig wird es erst, wenn die ›Primitivos‹ in Massen protestieren, wenn sie richtig bockig werden.«

Günter Wallraff: Der Aufmacher. Der Mann, der bei Bild Hans Esser war. Köln: Kiepenheuer & Witsch, 1977. S. 160. – © 1977, 1982 Verlag Kiepenheuer & Witsch, Köln.

In diesem und zwei weiteren Bänden (*Zeugen der Anklage. Die ›Bild‹-beschreibung wird fortgesetzt*, 1979, und *Das BILD-Handbuch*, 1981) beschreibt Wallraff anhand von Fallbeispielen das Vorgehen der Reporter bei der Recherche, stellt Fakten und *Bild*-Artikel einander gegenüber und berichtet außerdem über ›Opfer‹ dieser Berichterstattung, die das Leben der Betroffenen teilweise tiefgreifend verändert hat.

Eine umfassende empirische »Analyse der Berichterstattung der *Bild*-Zeitung über Arbeitskämpfe, Gewerkschaftspolitik, Mieten und Sozialpolitik«, herausgegeben von ERICH

Küchenhoff, kommt zu folgenden Ergebnissen, die sich auch auf andere Themen der *Bild*-Zeitung übertragen lassen:

»1. Nachrichtlich übermittelte politisch und sozial wesentliche Geschehnisse werden unvollständig bzw. für den Leser uneinsehbar dargestellt oder durch Aufmachung und Plazierung als unwesentliche Randgeschehnisse vermittelt. [...]
Daneben werden durch drucktechnische Hervorhebung von Trivialgeschehnissen mit Riesenlettern, Fotos und Schwarz-Rot-Kontrastierung spezielle tagesaktuelle Meldungen optisch dergestalt überlagert, daß diese für den sog. ›Durchschnittsleser‹, der nicht auf das Auffinden einer bestimmten Meldung fixiert ist, im schlimmsten Falle nicht auffindbar, in anderen Fällen in ihrem Stellenwert auf ein Minimum reduziert werden.
2. Durch Hervorhebung von Randgeschehnissen werden die tatsächlichen Ursachen und Wirkungen eines Ereignisses verdeckt und für den Leser nicht erkennbar.
Das heißt: Politische Ereignisse werden auf agierende und nicht agierende Personen projiziert, die Probleme also personalisiert. Mit Hilfe dieser Praktik wird dann zu den die politischen Ereignisse flankierenden, unwichtigen, nichtssagenden human-interests-Geschichten übergeleitet, deren politischer und sozialer Aussagewert im Verhältnis zum eigentlichen Ereignis gleich Null ist.
Der Leser wird somit von den tatsächlichen Problemen der Gesellschaft und der Politik abgelenkt, als Ersatz werden ihm Pseudo-Offenbarungen auf der Grundlage eines extrem vereinfachten politischen und sozialen Weltbilds angeboten, er wird irregeführt, seine Meinungsbildung wird einseitig politisch und vermeintlich unpolitisch ›apolitisch‹ beeinflußt. Anstelle persönlicher Willensbildung des Nachrichtenkonsumenten tritt seine Steuerung durch das Medium.

3. Gesellschaftskonflikte grundsätzlicher Natur werden geleugnet – periphere werden homogenisiert (›Heile-Welt-*Bild*-Zeitung‹). Wird der so ›beruhigte‹ Leser dennoch mit der nicht konfliktbereinigten Wirklichkeit konfrontiert, bewirkt das eine Verunsicherung des sonst in seinem Weltbild Gefestigten; dankbar wird er *Bild* konsultieren, welches ihm die ›Welt in all ihrer Wirrnis‹ erklärt, welches für ihn ›kämpft‹ (Chefredakteur Günter Prinz in seinem Begrüßungsartikel vom 6. 8. 1971).
4. Alle diese Mängel der Berichterstattung kommen grundsätzlich bei allen Informations-Vermittlungsformen vor: bei den aktuellen Informationen, den Hintergrundinformationen, den Informationen über Stellungnahmen, den Kommentaren und Leserbriefen. Häufigkeit und Gewichtigkeit treten bei den Mängeln der obigen Ziffer 1. in allen Vermittlungsformen mit Ausnahme der Kommentare und Leserbriefe etwa gleichmäßig auf.
5. *Berichte aus anderen Zeitungen werden verfälscht, notwendige Hintergrundinformationen werden nicht gegeben.* Die Faktizität des Gegebenen stabilisiert den gesellschaftlichen Status quo, das als Leser mit seiner gesellschaftlichen Umwelt kommunizierende Gesellschaftsmitglied wird nicht befähigt, Einsicht in den sich stetig vollziehenden sozialen Wandel zu erlangen und dementsprechend handlungsintensiv zu agieren. Irrationale und konservative Handlungen sind die Folge.«

Erich Küchenhoff unter Mitarb. von Gabriele Keppler, N. Goebbel und Bernd Schriewer: *Bild*-Verfälschungen. Tl. 1: Analyse. Frankfurt a. M.: Europäische Verlagsanstalt, 1972. S. 15f. – Mit Genehmigung der Europäischen Verlagsanstalt, Hamburg.

Die Sprache der *Bild*-Zeitung haben Ralf Zoll und Eike Hennig analysiert:

»Eine Analyse der BILD-Sprache bestätigt und vervollständigt die bisher gezeichneten Strukturen. Um der leichten

Faßlichkeit, der bequemen Rezeption willen vereinfacht BILD alle gesellschaftlichen und individuellen Probleme auf kurze Formeln, Schlagworte, Stereotypen. ›In der BZ[4] halten die Fünf-Wort-Sätze mit Abstand die Spitze, die wissenschaftliche Prosa hingegen bevorzugt hauptsächlich die Satzlänge von sechzehn Wörtern. Die in der BZ mit 7,1% vertretenen Kleinstsätze legen die Formulierung vom ‚gelenkten Atavismus der Sprache' nahe.‹[5] BILD gebraucht extrem wenig Nebensätze; die ›Frankfurter Allgemeine Zeitung‹ weist im Durchschnitt die doppelte Zahl auf. Bei den ›logisch unterordnenden Gliedsätzen‹ besteht eine Relation von fünf zu zwei. Die Vereinfachung der Sprache zeigt sich auch in einer Vereinheitlichung der Ausdrucksformen, im Gebrauch von Stereotypen, die sowohl im Bereich vulgärer Metaphern als in dem überzeichneter lyrischer Bilder angesiedelt sind. ›Die raffenden, leicht faßlichen Einfachsätze sollen hastiges Lesen ermöglichen und in immer neuen Ansätzen Spannung und Unruhe erzeugen.‹[6] BILD fängt und ›gängelt‹ seinen Leser durch Reduktion der Realität auf Kurzformeln. Die Bedeutung der Schlagzeilen, die immerhin etwa ein Viertel des zur Verfügung stehenden Raumes ausfüllen, können als schlagendes Beispiel dienen. Die Reduktion von Problemen geschieht meist in Form von Personalisierung und Individualisierung gesellschaftlicher Verhältnisse, in einem verschleiernden Konkretismus. BILD kommt den Lesern entgegen, ›die gern in konkretisierenden, anschaulichen Bildern denken‹.[7] Ein solches Denken fördert und fordert das Blatt. Gegensätze werden zur Unkenntlichkeit aufgebauscht oder harmonisiert, gesellschaftliche Ereignisse ›exemplarisch‹ an Individuen dargestellt,

4 *Berliner Zeitung*, Straßenverkaufszeitung, auflagenstärkste Zeitung des Hauses Springer in Berlin.

5 Zoll und Hennig zitieren aus: Ekkehart Mittelberg, *Wortschatz und Syntax der BILD-Zeitung*, Marburg 1967, S. 311.

6 Zit. nach: ebd., S. 312.

7 Zit. nach: ebd., S. 308.

komplizierte Zusammenhänge werden durch die Wortwahl einfach. ›Denken‹ verhindert auch die weitgehend emotionale Färbung der Sprache. Satzzeichen wie Ausrufe- oder Fragezeichen verwendet BILD im Übermaß. Ebensooft finden sich Ausrufe- oder Aufforderungssätze, achtmal bzw. sechsmal mehr als in der ›FAZ‹.«

Ralf Zoll / Eike Hennig: Massenmedien und Meinungsbildung. Angebote, Reichweite, Nutzung und Inhalte der Medien in der BRD. München: Juventa-Verlag, 1970. S. 175 f. – Mit Genehmigung von Ralf Zoll, Gemünden, und Eike Hennig, Kassel.

Hanno Beth untersucht in einem Beitrag zu Bölls *Katharina Blum* speziell die Rolle der ZEITUNG und die »Methoden manipulierender Berichterstattung« anhand der fingierten Artikel:

»Will man diese Berichterstattung [der ZEITUNG] auf eine griffige Formel reduzieren, so bietet es sich geradezu an, sie mit dem Plutarch zugeschriebenen Satz ›Audacter calumniare, semper aliquid haeret‹ (›Verleumde nur dreist, etwas bleibt immer hängen‹) zu charakterisieren. Ein solcher Sensationsjournalismus [. . .] verstößt [. . .] eklatant gegen nahezu alle Normen der vom Deutschen Presserat, einem Organ der ›Eigenverantwortung der Presse‹, im Jahre 1973 verabschiedeten publizistischen Grundsätze,[8] als da sind: Mißachtung des Wahrheitsgebotes, Mißachtung des Sorgfaltsgebotes, Mißachtung des Richtigstellungsgebotes, Anwendung unlauterer Methoden bei der Beschaffung von Informationen, Mißachtung des Intimlebens von Menschen, Veröffentlichung von unbegründeten und ehrverletzenden Beschuldigungen, Eingriff in schwebende Verfahren durch

8 Beth verweist auf den Abdruck der »Grundsätze des Deutschen Presserates« in der *Frankfurter Rundschau*, Nr. 302, 29. Dezember 1973, Beilage »Zeit und Bild«, S. VII.

präjudizierende Stellungnahmen, Mißachtung redaktioneller Unabhängigkeit etc.
Inwieweit ein derartiger Journalismus, der sein ›hauptsächlichstes Mittel, die Sprache, ... als Waffe, als Totschläger und Aufputschmittel«[9] benutzt und damit, nach einem treffenden Wort des Berliner Landesbischofs Kurt Scharf, als Instrument des Rufmords[10] zu qualifizieren ist, zeigt Böll in seiner fiktiven Erzählung [...]: das Opfer wird öffentlich für vogelfrei erklärt – mit der vorhersehbaren und einkalkulierten Folge, daß Teile der entsprechend animierten Öffentlichkeit im vermeintlichen Einklang mit ihr die publizistische Denunziation mit anderen Mitteln fortsetzen; Mitteln übrigens, die durch die Berichterstattung geradezu vorgegeben werden, egal, ob es sich dabei um telefonisch oder postalisch vorgebrachte sexuelle Offerten, politische Beschimpfungen oder um sonstige persönliche Beleidigungen handelt. Das Opfer wird in Kenntnis seiner Wehrlosigkeit unbarmherzig in seiner im weitesten Sinne zu verstehenden persönlichen Integrität verletzt – und das muß es im Bewußtsein verkraften, keine Chance zu haben, sich mit entsprechender publizistischer Wirkung gegen solche Attacken zu wehren; eine Reaktion wie die der Katharina Blum scheint mir da nicht in toto unerklärlich zu sein.
Ist aber dieser publizistisch erzeugte und geschürte Prozeß und sind die dabei verwendeten journalistischen Methoden klar erkennbar als Gewalt auszumachen, dürfen sie als Gewaltmittel bezeichnet werden? Böll ist offensichtlich dieser Meinung [...].
Gleichwohl macht Böll jedoch nicht deutlich, was denn unter seinen Gewaltbegriff alles zu subsumieren ist; solange

9 Beth zitiert die Rezension von Wolfram Schütte (s. Kap. IV.1, S. 143).
10 Beth verweist auf: Marianne Regensburger, »Der Fall Horst Mahler oder Wie die Springer-Presse einen für den Abschuß präpariert«, in: Peter Brokmeier (Hrsg.), *Kapitalismus und Pressefreiheit. Am Beispiel Springer*, Frankfurt a. M. 1969, S. 114–127.

aber die Komponenten und Faktoren, die die Gewalt ausmachen, kategorial nicht benannt werden, muß zwangsläufig jede Gewaltdebatte unverbindlich bleiben und fruchtlos enden, da aus der begrifflichen Unsicherheit notwendig folgt, daß aneinander vorbeigeredet wird.«

Hanno Beth: Rufmord und Mord: die publizistische Dimension der Gewalt. Zu Heinrich Bölls Erzählung »Die verlorene Ehre der Katharina Blum«. In: H. B.: Heinrich Böll. Eine Einführung in das Gesamtwerk in Einzelinterpretationen. 2., überarb. und erw. Aufl. Königstein (Ts.): Scriptor-Verlag, 1980. S. 86 f.

Das Thema der Verletzung der Intimsphäre eines Menschen durch die Massenmedien, das Böll mit dem fiktiven ›Fall‹ Katharina Blum literarisch gestaltet hat, gewann infolge des tödlichen Unfalls von Lady Diana Spencer Ende August 1997 noch einmal traurige Aktualität. Im Aufmacher der *Zeit* schrieb Roger de Weck:

»Wir sind im Zeitalter des Fernsehens, das nach Bildergeschichten giert und mithin erfüllt ist vom audiovisuellen Haß auf alles Begriffliche, weil Begriffliches nicht darzustellen ist. Die Epoche und das Medium brauchen, erschaffen und verkaufen deshalb Mythen, es ist eine Mythen-Branche entstanden. Die gnadenlos industrielle Art und Weise, wie uns Fernsehen und Blätter im August den zwanzigsten Todestag von Elvis Presley aufgezwungen haben, legte davon ein beredtes und vor allem bebildertes Zeugnis ab.
Viele Medien sind überfordert, auch unwillig, die immer komplexer werdende Wirklichkeit zu durchleuchten, sie richtig wiederzugeben. [...]
Das wahre Trugbild; die wirkliche Irrealität; die ferngesehene Intimität; die überfüllte Menschenleere; der Unsterblichkeit spendende Tod: die Mythen leben von ihren Widersprüchen. Über Diana haben wir weit mehr erfahren als

über die Leute, die wir tatsächlich kennen und denen wir im Leben nahestehen. Die Medien- und Mythen-Maschine hat so viele Bilder von ihr und so viele Geschichten über sie zusammengetragen, daß am Schluß nichts mehr bloß äußerlich war. Die Grenze zwischen Voyeurismus und Respekt verwischte, zwischen Bild und Wesen.«

Roger de Weck: Mythos als Ware. Diana und die Gier nach einer Ersatz-Wirklichkeit. In: Die Zeit. Nr. 37. 5. September 1997. S. 1. – Mit Genehmigung von Roger de Weck, Hamburg.

In derselben Ausgabe der *Zeit* kommentierte ALICE SCHWARZER, eine der Wortführerinnen der feministischen Bewegung:

»Diana, die Medienprinzessin, wollte sich nicht nur benutzen lassen. Sie wollte selber jemand sein. So begann sie, sich auch jenseits des Protokolls mitzuteilen. Gleichzeitig verfiel sie dem Glamour der öffentlichen Existenz und des großen Stils: Privatflugzeuge, Privatyachten, Paläste und Protzautos. Das Karussell drehte sich schnell und schneller. Und die sensationsgierigen Medien drehten mit.
Wird es bei den für die Tragödie mitverantwortlichen Medien nun wenigstens ein Erschrecken geben? So gering die Chancen dafür sein mögen, sie müssen genutzt werden. Die Würde des Menschen und der Schutz der Privatsphäre müssen wieder geachtet werden. Die Fragen, worauf die Öffentlichkeit ein Recht hat, und was dem Menschen – auch dem prominenten Menschen – zumutbar ist, müssen wieder gestellt werden. [. . .]
Vielleicht wird dieser Tod eines Menschen ja doch Anlaß zur Selbstbesinnung. Wobei wir nicht blauäugig sein sollten. [. . .] Das Problem ist eben nicht nur die Sensationspresse, sondern das allgemein sinkende Verantwortungsbewußtsein aller Medien. Eine Ethik-Debatte tut darum bitter not: in der Ausbildung, in den Redaktionen wie in den

Chefetagen. Und für die Sensationspresse sollten Verleger und Chefredakteure Regeln aufstellen.
Denn die heute alles durchdringende Vermarktung und Sexualisierung scheint keine Grenze mehr zu kennen. Und das besonders Bedrückende dabei ist, daß ihre Opfer nicht selten, wie im Falle Diana, selber dazu beitragen.«

Alice Schwarzer: Wettrennen der Machos. Tod in Paris: Diana hatte nicht die Kraft, ihren eigenen Weg zu gehen. In: Die Zeit. Nr. 37. 5. September 1997. S. 2. – Mit Genehmigung von Alice Schwarzer, Köln.

Die seit den sechziger Jahren geführte Diskussion, wie die Menschenwürde gegen die Pressefreiheit verteidigt werden könne, verlief ergebnislos. Auch die anläßlich des Todes von Lady Diana Spencer nicht nur von Alice Schwarzer geforderte Ethik-Debatte in den Redaktionen hat nicht stattgefunden. Welche Auswüchse das Zeitalter der totalen Information zeitigt, wurde mit erschreckender Deutlichkeit am Umgang der Medien mit dem in eine amouröse Affäre verwickelten amerikanischen Präsidenten Bill Clinton offenbar. Petra Pinzler neigt sogar zu der pessimistischen Auffassung, »Monicagate« sei »nur ein erster Vorgeschmack«. Sie kommentiert:

»Die Clinton-Lewinsky-Affäre hat die amerikanische Medienlandschaft nachhaltig verändert. Nie zuvor rissen Dritte und Vierte Gewalt gemeinsam die Grenze zwischen Privatem und Öffentlichem so hemmungslos nieder, nie zuvor wurde das gesamte Land so intensiv über intime Einzelheiten eines Politikers informiert, und nie zuvor wurde ein politischer Skandal von vornherein so mediengerecht inszeniert. Mit langfristig fatalen Folgen: Es gibt keine Skrupel vor Indiskretionen mehr, keinen Respekt vor traditionellen Schranken der Berichterstattung. Das sexuelle Verhalten von Politikern, einst für die Presse ein Tabu, ist endgültig

ein öffentliches Thema – Clinton ist längst nur noch ein Fall unter anderen. Der Wahrheitsdrang, der den großen Ruf des amerikanischen Enthüllungsjournalismus begründet hat, pervertiert zur inquisitorischen Suche nach privaten Verfehlungen – zum Wohle von Auflage, Einschaltquote und Internet-Kundenzahl.
Als endgültigen Durchbruch des ›Ereignis-Journalismus‹, der sich über Monate hinweg mit einer fesselnden Geschichte meist prominenter Menschen beschäftigt, beschreibt John Cassidy, Autor des *New Yorker*, den Umgang der Medien mit der Affäre. Zwar führten auch schon das O.-J.-Simpson-Verfahren oder der Tod von Lady Diana zu einer vergleichbaren Nachrichtenflut. Doch nie war die Fokussierung auf ein Thema so total, nie auch so einträglich: Mit ständigen Wiederholungen von Clinton-und-Lewinsky-Sequenzen und folglich minimalen Produktionskosten können die Medienkonzerne ein maximales Kundeninteresse wecken. [. . .] Der New Yorker Kommunikationswissenschaftler Todd Gitlin kommt zu einer kulturpessimistischen Prognose: ›Die Gesellschaft der totalen Transparenz entpuppt sich als Gesellschaft der totalen Überwachung.‹ Er fürchtet, die Lewinsky-Berichterstattung sei ein erster Schritt auf dem Weg in eine Gesellschaft, die zwar den unbegrenzten, ungefilterten und immer schnelleren Zugang zu Informationen ermöglicht – dabei aber nicht informierter, sondern nur voyeuristischer wird.«

Petra Pinzler: Mit dem Eifer von Inquisitoren. Die Jagd der amerikanischen Medien nach privaten Verfehlungen ihrer Politiker wird weitergehen. In: Die Zeit. Nr. 41. 1. Oktober 1998. S. 28f. – Mit Genehmigung der *Zeit*, Hamburg.

VI. Literaturhinweise

1. Ausgaben

Werke. Hrsg. von Bernd Balzer. Romane und Erzählungen 1947 bis 1977. 5 Bde. Köln: Kiepenheuer & Witsch, [1977]. Erg. Neuaufl. [1947–85.] 4 Bde. 1987. [*Die verlorene Ehre der Katharina Blum* in Bd. 4.]

Werke. Hrsg. von Bernd Balzer. Essayistische Schriften und Reden 1952–1978. 3 Bde. Köln: Kiepenheuer & Witsch, [1978].

Werke. Hrsg. von Bernd Balzer. Hörspiele, Theaterstücke, Drehbücher, Gedichte 1. 1952–1978. Köln: Kiepenheuer & Witsch, [1978].

Werke. Hrsg. von Bernd Balzer. Interviews 1. 1961–1978. Köln: Kiepenheuer & Witsch, [1978].

Die verlorene Ehre der Katharina Blum oder: Wie Gewalt entstehen und wohin sie führen kann. Erzählung. Köln: Kiepenheuer & Witsch, 1974.

– München: Deutscher Taschenbuch Verlag, 1976 [u. ö.]. (dtv 1150.)

– Mit Materialien und einem Nachwort des Autors. Köln: Kiepenheuer & Witsch, 1984. (KiWi 62.)

– Mit einem Nachwort des Autors. Köln: Kiepenheuer & Witsch, 1992. (KiWi 267.)

– Mit einem Nachwort des Autors: Zehn Jahre später. 28., neu durchges. Aufl. München: Deutscher Taschenbuch Verlag, 1995. (dtv 1150.)

2. Bibliographien und Forschungsberichte

Nägele, Rainer: Heinrich Böll. Einführung in das Werk und in die Forschung. Frankfurt a. M. 1976.

Lengning, Werner (Hrsg.): Der Schriftsteller Heinrich Böll. Ein biographisch-bibliographischer Abriß. München ^{5}1977. [S. 124 bis 329: Böll-Bibliographie.]

Schumann, Thomas B.: Heinrich-Böll-Auswahlbibliographie. In: Hanno Beth (Hrsg.): Heinrich Böll. Eine Einführung in das Gesamtwerk in Einzelinterpretationen. 2., überarb. und erw. Aufl. Königstein/Ts. 1980. S. 201–251.

Finlay, Francis James: Aspekte und Tendenzen der Böll-Forschung seit 1976. In: Bernd Balzer (Hrsg.): Heinrich Böll 1917–1985. Bern [u. a.] 1992. S. 315–338.
Sowinski, Bernhard: Heinrich Böll. Stuttgart/Weimar 1993. (Sammlung Metzler 272.) [S. 176–211: Sekundärliteratur.]
Zachau, Reinhard Konrad: Heinrich Böll: Forty Years of Criticism. Columbia 1994.
Bellmann, Werner (Hrsg.): Das Werk Heinrich Bölls. Bibliographie mit Studien zum Frühwerk. Opladen 1995. [S. 125–292: Bibliographie 1947–1994: Erstdrucke, Neudrucke, Sammelausgaben; gedruckte Briefe und Interviews, Übersetzungen.]

3. Zu Leben und Werk

Arnold, Heinz Ludwig (Hrsg.): Heinrich Böll. 3. Aufl., Neufass. München 1982. (Text + Kritik. 33.)
Balzer, Bernd: Heinrich Bölls Werke. Anarchie und Zärtlichkeit. In: Heinrich Böll. Werke. Romane und Erzählungen 1. 1947–1952. Erg. Neuaufl. Bornheim-Merten/Köln 1987. S. [11]–[187].
– (Hrsg.): Heinrich Böll 1917–1985. Bern/Berlin [u. a.] 1992.
– / Honsza, Norbert (Hrsg.): Heinrich Böll – Dissident der Wohlstandsgesellschaft. Wrocław 1995.
– Das literarische Werk Heinrich Bölls. Einführung und Kommentare. München 1997. (dtv 30650.)
Bance, Alan: Heinrich Böll's *Wo warst du, Adam?* National Identity and German War Writing – Reunification as Return of the Repressed. In: Forum of Modern Language Studies 29 (1993) S. 311–322.
Bellmann, Werner: Nachwort. In: Heinrich Böll: Der Engel schwieg. Köln 1992. S. 195–212.
– Das literarische Schaffen Heinrich Bölls in den ersten Nachkriegsjahren. Ein Überblick auf der Grundlage des Nachlasses. In: Euphorion 88 (1994) H. 2. S. 243–261. [Mit chronikalisch-bibliographischem Anhang.]
– (Hrsg.): Das Werk Heinrich Bölls. Bibliographie mit Studien zum Frühwerk. Opladen 1995.
Bernáth, Árpád (Hrsg.): Geschichte und Melancholie. Über Heinrich Bölls Roman *Frauen vor Flußlandschaft*. Köln 1995.
Bernhard, Hans Joachim: Die Romane Heinrich Bölls. Gesell-

schaftskritik und Gemeinschaftsutopie (1970). 2., durchges. und erw. Aufl. Berlin 1973.
Bernsmeier, Helmut: Heinrich Böll. Stuttgart 1997. (Literaturwissen für Schule und Studium.)
Beth, Hanno (Hrsg.): Heinrich Böll. Eine Einführung in das Gesamtwerk in Einzelinterpretationen (1975). 2., überarb. und erw. Aufl. Königstein (Ts.) 1980.
Blamberger, Günter: Versuch über den deutschen Gegenwartsroman. Krisenbewußtsein und Neubegründung im Zeichen der Melancholie. Stuttgart 1985. [S. 101–134 und 171–184: zu Bölls Poetik und *Ansichten eines Clowns*.]
Borghese, Lucia: Invito alla lettura di Heinrich Böll. Mailand ^{2}1990.
Butler, Michael (Hrsg.): The Narrative Fiction of Heinrich Böll. Social Conscience and Literary Achievement. Cambridge 1994.
Conard, Robert C.: Heinrich Böll. Boston 1981.
– Understanding Heinrich Böll. Columbia (S. C.) 1992.
– Heinrich Bölls »Brief an einen jungen Katholiken«: Seine Relevanz für heute und seine rhetorische Struktur [. . .]. In: The University of Dayton Review 22 (1993) H. 1. S. 25–45.
Dell' Agli, Anna Maria (Hrsg.): Zu Heinrich Böll. Stuttgart 1984.
Durzak, Manfred: Kritik und Affirmation. Die Romane Heinrich Bölls. In: M. D.: Der deutsche Roman der Gegenwart. 3., erw. und veränd. Aufl. Stuttgart [u. a.] 1979. S. 55–163.
– Jerome D. Salinger, Heinrich Böll und Ulrich Plenzdorf. Der Fänger im Roggen und seine deutschen Gefährten. In: M. D.: Das Amerika-Bild in der deutschen Gegenwartsliteratur. Stuttgart [u. a.] 1979. S. 145–171 und 223–227.
– Die deutsche Kurzgeschichte der Gegenwart. Autorenporträts, Werkstattgespräche, Interpretationen. Stuttgart ^{2}1983. [Zu Böll: S. 124–136, pass.]
– Heinrich Böll. In: Hartmut Steinecke (Hrsg.): Deutsche Dichter des 20. Jahrhunderts. Berlin 1994. S. 609–623.
Erzähler, Rhetoriker, Kritiker. Zum Vermächtnis Heinrich Bölls. Mit Beiträgen von Heinrich Vormweg, Wilhelm Gössmann [u. a.]. Bensberg 1987.
Finlay, Frank: On the Rationality of Poetry: Heinrich Böll's Aesthetic Thinking. Amsterdam/Atlanta 1996.
Friedrichsmeyer, Erhard: Die satirische Kurzprosa Heinrich Bölls. Chapel Hill 1981.
– Die utopischen Schelme Heinrich Bölls. In: Gerhart Hoffmeister

(Hrsg.): Der moderne deutsche Schelmenroman. Amsterdam 1986. S. 159–172.

Friedrichsmeyer, Erhard: Das weiche und das feste Herz. Sentimentalität und Satire bei Böll. In: Bernd Balzer (Hrsg.): Heinrich Böll 1917–1985. Bern [u. a.] 1992. S. 179–194.

Götze, Karl Heinz: Heinrich Böll: *Ansichten eines Clowns*. Frankfurt a. M. [2]1990. (UTB. 1368.)

– *Ansichten eines Clowns*. Theseus der nette Narr. Aus dem klassischen Altertum der Bundesrepublik. In: Interpretationen: Romane des 20. Jahrhunderts. Bd. 2. Stuttgart 1993. (Reclams Universal-Bibliothek. 8809.) S. 186–211.

Heinrich Böll. [Diverse Verfasser.] In: Kindlers Neues Literatur Lexikon. Bd. 2. München 1989. S. 844–856.

Heinrich Böll. Leben & Werk. Katalog einer Ausstellung aus Anlaß des 10. Todestages von Heinrich Böll. Hrsg. von der Stadt Köln und der Heinrich-Böll-Stiftung. Köln 1995.

Heinrich-Böll-Stiftung (Hrsg.): Moral – Ästhetik – Politik. Eine Dokumentation der Veranstaltungen zur Heinrich-Böll-Woche 1992. Köln 1993.

Hengst, Heinz: Die Frage nach der »Diagonale zwischen Gesetz und Barmherzigkeit«. Zur Rolle des Katholizismus im Erzählwerk Bölls. In: Heinz Ludwig Arnold (Hrsg.): Heinrich Böll. 3. Aufl., Neufass. München 1982. (Text + Kritik. 33.) S. 99–113.

Herlyn, Heinrich: Heinrich Böll als utopischer Schriftsteller. Untersuchungen zum erzählerischen Werk. Bern [u. a.] 1996.

Hoffmann, Gabriele: Heinrich Böll. Bornheim-Merten 1986. München 1991.

Huber, Lothar / Conard, Robert C. (Hrsg.): Heinrich Böll on Page and Screen. The London Symposium. London 1997. (Publications of the Institute of Germanic Studies, University of London. 71.)

Jens, Walter / Küng, Hans: Anwälte der Humanität. Thomas Mann, Hermann Hesse, Heinrich Böll. München 1989.

Jeziorkowski, Klaus: Rhythmus und Figur. Zur Technik der epischen Konstruktion in Heinrich Bölls *Der Wegwerfer* und *Billard um halbzehn*. Bad Homburg v. d. H. [u. a.] 1968.

– Heinrich Böll. Die Syntax des Humanen. In: Hans Wagener (Hrsg.): Zeitkritische Romane des 20. Jahrhunderts. Die Gesellschaft in der Kritik der deutschen Literatur. Stuttgart 1975. S. 301–317.

Jeziorkowski, Klaus: Heinrich Böll als politischer Autor. In: K. J.: Eine Iphigenie rauchend. Aufsätze und Feuilletons zur deutschen Tradition. Frankfurt a. M. 1987. S. 241–253.
– Heinrich Böll. In: Gunter E. Grimm / Frank Rainer Max (Hrsg.): Deutsche Dichter. Leben und Werk deutschsprachiger Autoren. Bd. 8: Gegenwart. Stuttgart 1990. S. 204–222.
Jürgenbehring, Heinrich: Liebe, Religon und Institution. Ethische und religiöse Themen bei Heinrich Böll. Mainz 1994.
Jurgensen, Manfred (Hrsg.): Böll. Untersuchungen zum Werk. Bern/München 1975.
– »Die Poesie des Augenblicks«. Die Kurzgeschichten. In: Bernd Balzer (Hrsg.): Heinrich Böll 1917–1985. Bern [u. a.] 1992. S. 43 bis 60.
Kock, Erich: Der Zorn des Mitleids. Erinnerungen an Heinrich Böll. Schwerte 1986.
Kuschel, Karl-Josef: Liebe – Ehe – Sakrament. Die theologische Provokation Heinrich Bölls. In: Bernd Balzer (Hrsg.): Heinrich Böll 1917–1985. Bern [u. a.] 1992. S. 163–178.
Lehnhardt, Eberhard: Urchristentum und Wohlstandsgesellschaft. Das Romanwerk Heinrich Bölls von *Haus ohne Hüter* bis *Gruppenbild mit Dame*. Bern [u. a.] 1984.
Lehnick, Ingo: Der Erzähler Heinrich Böll. Änderungen seiner narrativen Strategie und ihre Hintergründe. Frankfurt a. M. [u. a.] 1997.
Linder, Christian: Heinrich Böll. Leben & Schreiben 1917–1985. Köln 1986.
Materialien zur Interpretation von Heinrich Bölls *Fürsorgliche Belagerung*. Mit Beiträgen von Heinrich Böll, Bernd Balzer [u. a.]. Köln 1981.
Matthaei, Renate (Hrsg.): Die subversive Madonna. Ein Schlüssel zum Werk Heinrich Bölls. Köln 1975.
Meid, Marianne: Erläuterungen und Dokumente: Heinrich Böll, *Ansichten eines Clowns*. Stuttgart 1993. (Reclams Universal-Bibliothek. 8192.)
Nägele, Rainer: Heinrich Böll. Die große Ordnung und die kleine Anarchie. In: Hans Wagener (Hrsg.): Gegenwartsliteratur und Drittes Reich. Deutsche Autoren in der Auseinandersetzung mit der Vergangenheit. Stuttgart 1977. S. 183–204.
Neuhaus, Volker: ›Strukturwandel und Öffentlichkeit‹ in Heinrich

Bölls Romanen der sechziger und siebziger Jahre. In: Heinz Ludwig Arnold (Hrsg.): Heinrich Böll. 3. Aufl., Neufass. München 1982. (Text + Kritik. 33.) S. 38–58.

Raddatz, Fritz J.: Elf Thesen über den politischen Publizisten. In: Marcel Reich-Ranicki (Hrsg.): In Sachen Böll. Ansichten und Einsichten. München [8]1985. S. 109–114.

Rademacher, Gerhard (Hrsg.): Heinrich Böll als Lyriker. Eine Einführung in Aufsätzen, Rezensionen und Gedichtproben. Frankfurt a. M. 1985.

Reich-Ranicki, Marcel (Hrsg.): In Sachen Böll. Ansichten und Einsichten (1968). München [8]1985. (dtv 730.)

– Mehr als ein Dichter. Über Heinrich Böll. Köln 1986.

Reid, James H.: Heinrich Böll. Withdrawal and Re-emergence. London 1973.

– Heinrich Böll: From Modernism to Post-Modernism and Beyond. In: Keith Bullivant (Hrsg.): The Modern German Novel. Leamington Spa [u. a.] 1987. S. 109–125.

– Heinrich Böll. Ein Zeuge seiner Zeit. München 1991. (dtv 4533.) [Engl. u. d. T.: Heinrich Böll. A German for His Time. Oxford / New York / Hamburg 1988.]

– »Mein eigentliches Gebiet ...« Heinrich Bölls Kriegsliteratur. In: Hans Wagener (Hrsg.): Von Böll bis Buchheim. Deutsche Kriegsprosa nach 1945. Amsterdam 1997. S. 91–109.

Richter, Hans Werner: Liebst du das Geld auch so wie ich? Heinrich Böll. In: H. W. R.: Im Etablissement der Schmetterlinge. Einundzwanzig Portraits der Gruppe 47. München 1986. S. 63–79.

Sander, Gabriele: Die Last des Ungelesenen. Heinrich Böll und die literarische Moderne. In: Werner Bellmann (Hrsg.): Das Werk Heinrich Bölls. Bibliographie mit Studien zum Frühwerk. Opladen 1995. S. 61–88.

– »Verantwortlich sein für eine weitere deutsche Geschichte«. Heinrich Bölls politisches Engagement der fünfziger und sechziger Jahre in chronikalischer Darstellung. In: Wirkendes Wort 47 (1997) S. 358–398.

Schnepp, Beate: Die Aufgabe des Schriftstellers. Bölls künstlerisches Selbstverständnis im Spiegel unbekannter Zeugnisse. In: Werner Bellmann (Hrsg.): Das Werk Heinrich Bölls. Bibliographie mit Studien zum Frühwerk. Opladen 1995. S. 45–60.

– *Vogelflug – Vertreibungen – Fürsorgliche Belagerung*. Studien zu Heinrich Bölls Roman *Fürsorgliche Belagerung*. Trier 1997.

Schröter, Klaus: Heinrich Böll in Selbstzeugnissen und Bilddokumenten. Reinbek bei Hamburg 1982 [u. ö.].
Schwarz, Wilhelm Johannes: Der Erzähler Heinrich Böll. Seine Werke und Gestalten (1967). 3., erw. Aufl. Bern/München 1973.
Serrer, Michael: Parallelisierung und Grenzverwischung. Zur Darstellung von Juden im Werk Heinrich Bölls. In: Norbert Oellers (Hrsg.): Vom Umgang mit der Shoah in der deutschen Nachkriegsliteratur. Berlin 1995. (Zeitschrift für deutsche Philologie. 114. Sonderh.) S. 50–64.
Vogt, Jochen: Heinrich Böll. 2., neubearb. Aufl. München 1987.
– Heinrich Böll. In: Heinz Ludwig Arnold (Hrsg.): Kritisches Lexikon zur deutschsprachigen Gegenwartsliteratur. (26. Nachlfg.) München 1987.
– ›Erinnerung ist unsere Aufgabe‹. Über Literatur, Moral und Politik 1945–1990. Opladen 1991.
Vormweg, Heinrich: Böll vor 1945. In: Bernd Balzer (Hrsg.): Heinrich Böll 1917–1985. Bern [u. a.] 1992. S. 13–23.
– Nachwort. In: Heinrich Böll. Der blasse Hund. Köln 1995. S. 187–201.
Wehdeking, Volker / Blamberger, Günter: Erzählliteratur in der Nachkriegszeit (1945–1952). München 1990. [S. 94–115: »Heinrich Bölls frühe Erzählprosa gegen Krieg und Restauration«.]
White, John J.: War, Dissidence and Protest in Böll's Early Fiction. In: The University of Dayton Review 24 (1997) H. 3. S. 17–33.
Wirth, Günter: Heinrich Böll. Essayistische Studie über religiöse und gesellschaftliche Motive im Prosawerk des Dichters (1967). Berlin [3]1974.
Ziolkowski, Theodore: Typologie und »Einfache Form« in »Gruppenbild mit Dame«. In: Renate Matthaei (Hrsg.): Die subversive Madonna. Ein Schlüssel zum Werk Heinrich Bölls. Köln 1975. S. 123–140.
Żyliński, Leszek: Heinrich Bölls Poetik der Zeitgenossenschaft. Toruń 1997.

4. Zu *Die verlorene Ehre der Katharina Blum*

a) Forschungsliteratur

Armster, Charlotte: Katharina Blum: Violence and Exploitation of Sexuality. In: Women in German. Feminist Studies in German

Culture. Hrsg. von Marianne Burkhard [u. a.]. Yearbook 4. Boston 1988. S. 83–95.

Balzer, Bernd: Das literarische Werk Heinrich Bölls. Einführung und Kommentare. München 1997. [Zu *Katharina Blum*: S. 342 bis 355.]

Bellmann, Werner: Heinrich Böll: *Die verlorene Ehre der Katharina Blum*. In: Interpretationen: Erzählungen des 20. Jahrhunderts. Bd. 2. Stuttgart 1996. (Reclams Universal-Bibliothek. 9463.) S. 183–204.

Bernáth, Árpád: Der strukturelle Ort des Themas ›Gewalt‹ in Bölls Erzählungen *Die verlorene Ehre der Katharina Blum* und *Ende einer Dienstfahrt* und die Erweiterung des Kunstbegriffs. In: Leslie Bodi [u. a.] (Hrsg.): Weltbürger-Textwelten. Helmut Kreuzer zum Dank. Frankfurt a. M. [u. a.] 1995. S. 237–267.

Beth, Hanno: Rufmord und Mord: die publizistische Dimension der Gewalt. Zu Heinrich Bölls Erzählung *Die verlorene Ehre der Katharina Blum*. In: H. B. (Hrsg.): Heinrich Böll. Eine Einführung in das Gesamtwerk in Einzelinterpretationen. 2., überarb. und erw. Aufl. Königstein (Ts.) 1980. S. 69–95.

Brown, Russell E.: Personal Libraries and Reading Lists in Heinrich Böll's Fiction. In: Germanic Notes and Reviews 24 (1993) H. 2. S. 62–68.

Conard, Robert C.: Understanding Heinrich Böll. Columbia (S. C.) 1992. [Zu *Katharina Blum*: S. 114–128.]

Corkhill, Alan: Die Sprache des Patriarchats in Heinrich Bölls *Die verlorene Ehre der Katharina Blum*. In: AUMLA. Journal of the Australasian Universities Language and Literature Association. Nr. 83 (Mai 1995) S. 19–30.

Durzak, Manfred: Die problematische Wiedereinsetzung des Erzählers. Heinrich Bölls Romane. In: M. D.: Gespräche über den Roman. Formbestimmungen und Analysen. Frankfurt a. M. 1976. S. 154–176.

Franklin, J. C.: Alienation and the Retention of the Self: The Heroines of *Der gute Mensch von Sezuan, Abschied von Gestern*, and *Die verlorene Ehre der Katharina Blum*. In: Mosaic 12 (1978/79) H. 4. S. 87–98).

Giles, Steve: Narrative Transmission in Böll's *Die verlorene Ehre der Katharina Blum*. In: Modern Languages 65 (1984) H. 1. S. 157–163.

Grandell Silén, Ulla: Marie, Leni, Katharina und ihre Schwestern.

Eine Analyse des Frauenbildes in drei Werken von Heinrich Böll. Stockholm 1982. (Schriften des Deutschen Instituts der Universität Stockholm. 13.) [Zu *Katharina Blum*: S. 16–22.]
Harris, Nigel: *Die verlorene Ehre der Katharina Blum*. The Problem of Violence. In: Michael Butler (Hrsg.): The Narrative Fiction of Heinrich Böll. Social Conscience and Literary Achievement. Cambridge 1994. S. 198–218.
Hillmann, Roger: From Carnival to Masquerade: Bakhtin, H. Mann, Böll. In: Jahrbuch für Internationale Germanistik 18 (1986) H. 1. S. 110–124.
Hoefert, Sigfrid: Heinrich Bölls *Katharina Blum*: Zum aktuellen Wissensstand. In: Bernd Balzer / Norbert Honsza (Hrsg.): Heinrich Böll – Dissident der Wohlstandsgesellschaft. Wrocław 1995. S. 137–150.
Holbeche, Yvonne: Carnival in Cologne: A Reading of Heinrich Böll's *Die verlorene Ehre der Katharina Blum*. In: AUMLA. Journal of the Australasian Universities Language and Literature Association. Nr. 63 (Mai 1985) S. 33–42.
Kesting, Hanjo: Katharina Blum. Eine Romanfigur und ihre Kritiker. In: die horen 25 (1980) S. 86–97.
Köster, Juliane: Katharina Blum – die fremde Freundin. Über Identifikation als Erkenntnismittel. In: Diskussion Deutsch 19 (1988) S. 606–621.
Krebs, Sonja: Rechtsstaat und Pressefreiheit in Heinrich Bölls *Die verlorene Ehre der Katharina Blum*. Ein Beitrag zur Verfassungstheorie und Verfassungswirklichkeit im Spiegel der Literatur. Diss. Mainz. 1990.
McGowan, Moray: Pale Mother, Pale Daughter? Some Reflections on Böll's Leni Gruyten and Katharina Blum. In: German Life and Letters 37 (1983/84) S. 218–228.
McLaughlin, Donal: Heinrich Böll. *Die verlorene Ehre der Katharina Blum*. Glasgow 1988.
Mews, Siegfried: Die amerikanische Rezeption von *Die verlorene Ehre der Katharina Blum*. Zur Problematik des Konzepts der Pressefreiheit. In: The University of Dayton Review 22 (1993) H. 1. S. 69–76.
Moeller, Aleidine Kramer: The Woman as Survivor. The Evolution of the Female Figure in the Works of Heinrich Böll. New York [u. a.] 1991. [Zu *Katharina Blum*: S. 89–109.]
Nägele, Rainer: Heinrich Böll. Einführung in das Werk und in die

Forschung. Frankfurt a. M. 1976. [Zu *Katharina Blum*: S. 159 bis 166.]

Nordbruch, Claus H. R.: Heinrich Böll. Seine Staats- und Gesellschaftskritik im Prosawerk der sechziger und siebziger Jahre. Frankfurt a. M. 1994. [Zu *Katharina Blum*: S. 105–147.]

Pakendorf, Gunther: Die verlorene Ehre der kleinen Leute. Ideologie und Figur bei Heinrich Böll. In: Acta Germanica. Jahrbuch des südafrikanischen Germanistenverbandes 15 (1982 [ersch. 1984]) S. 115–130.

Payne, Philip: Heinrich Böll versus Axel Springer: Some Observations on *Die verlorene Ehre der Katharina Blum*. In: New German Studies 6 (1978) S. 45–57.

Petersen, Anette: Die Rezeption von Bölls *Katharina Blum* in den Massenmedien der Bundesrepublik Deutschland. Kopenhagen/München 1980.

Rapp, Dorothea: »Aus ihrem Leben vertrieben ...« *Die verlorene Ehre der Katharina Blum*. In: Die Drei. Zeitschrift für Wissenschaft, Kunst und soziales Leben 45 (1975) S. 146–150.

Rectanus, Mark W.: *The Lost Honor of Katharina Blum*. The Reception of a German Bestseller in the USA. In: The German Quarterly 59 (1986) S. 252–269.

Reid, J. H.: Heinrich Böll. Ein Zeuge seiner Zeit. München 1991. [Zu *Katharina Blum*: S. 238–250.]

Römhild, Dorothee: Die Ehre der Frau ist unantastbar. Das Bild der Frau im Werk Heinrich Bölls. Pfaffenweiler 1991. [Zu *Katharina Blum*: S. 141–162.]

Scheiffele, Eberhard: Kritische Sprachanalyse in Heinrich Bölls *Die verlorene Ehre der Katharina Blum*. In: Basis. Jahrbuch für deutsche Gegenwartsliteratur 9 (1979) S. 169–187 und 268 f.

Sewell, William S.: »Konduktion und Niveauunterschiede«: The Structure of Böll's *Katharina Blum*. In: Monatshefte für deutschen Unterricht, deutsche Sprache und Literatur 74 (1982) S. 167–178.

Sinka, Margit M.: Heinrich Böll's *Die verlorene Ehre der Katharina Blum* as Novelle or How a Genre Concept Develops and Where It Can Lead. In: Colloquia Germanica 14 (1981) S. 158 bis 174.

Wallach, Martha: Ideal and Idealized Victims: The Lost Honor of the Marquise von O., Effi Briest and Katharina Blum in Prose and Film. In: Women in German. Feminist Studies in German

Culture. Hrsg. von Marianne Burkhard [u. a.]. Yearbook 1. Boston 1985. S. 61–75.
White, John J.: Götten's Real Game? An Unresolved Enigma in Heinrich Böll's *Die verlorene Ehre der Katharina Blum*. In: German Life & Letters 47 (1994) S. 367–374.
Williams, Rhys W.: Heinrich Böll and the Katharina Blum Debate. In: Critical Quarterly 21 (1979) S. 49–58.
Wirth, Günter: Plädoyer für das Erbarmen. In: Manfred Jurgensen (Hrsg.): Böll. Untersuchungen zum Werk. Bern 1975. S. 93–109.
Ziltener, Walter: Heinrich Böll und Günter Grass in den USA. Tendenzen der Rezeption. Bern / Frankfurt a. M. 1982 [Zu *Katharina Blum*: S. 16–24.]
Zipes, Jack: The Political Dimensions of *The Lost Honor of Katharina Blum*. In: New German Critique 12 (1977) S. 75–84.

b) Journalistische Rezeption

[anonym]: Bölls »ZEITUNG«-Story: »Jetzt bumst's«. In: Der Spiegel. Nr. 31. 29. Juli 1974. S. 72 f. – Gekürzt in: Heinrich Böll: Die verlorene Ehre der Katharina Blum. Mit Materialien und einem Nachwort des Autors. Köln 1984. S. 210–217.
Barz, Paul: Gruppenbild mit Mord. In: Westermanns Monatshefte. Nr. 11. November 1974. S. 88.
Beckmann, Heinz: Diesmal schießt Bölls Dame. Zur neuen Erzählung des Nobelpreisträgers. In: Rheinischer Merkur. Nr. 33. 16. August 1974. S. 18.
– Bölls Feindbild. In: Zeitwende. H. 6. November 1974. S. 421 f.
Beckert, Michael: Heinrich Bölls Rache. Sein neues Buch: Abrechnung mit dem Sensationsjournalismus. In: Saarbrücker Zeitung. Nr. 176. 2. August 1974. S. 20.
Braem, Helmut M.: Im Zorn erzählt – und wie mit der Faust geschrieben. Heinrich Bölls neue Erzählung *Die verlorene Ehre der Katharina Blum*. In: Stuttgarter Zeitung. Nr. 189. 17. August 1974. S. 50.
Brender, Hans: Von der Unzerstörbarkeit der menschlichen Hoffnung. Heinrich Bölls neue Erzählung. In: Deutsche Volkszeitung (Düsseldorf). 29. August 1974.
Denter, Edgar: Heinrich Böll: Kein Wort über Katharinas Ende. Bestseller-Auflage für neues Böll-Werk. In: Express (Köln). 9. Mai 1974. S. 8.

Dreykorn, Paul: Katharina Blum in den Fängen der Presse. Der neue Böll: faszinierende Erzählung eines Rufmords. In: Nürnberger Zeitung. Nr. 226. 28. September 1974.

Eggers, Heino: Gewalt gegen die ZEITUNG? Bölls Buch moralisch gewertet. In: blickpunkt (Berlin). Nr. 239. November 1974.

Engels, Günther: Mit 100 000 am Start: Bölls Moritat von der Rächerin aus verlorener Ehre. *Katharina Blum* oder: Die Abrechnung mit dem Sensationsjournalismus. In: Kölnische Rundschau. Nr. 175. 1. August 1974. S. 5.

Fretz, Freddy: Literatur kann Machtstrukturen verundeutlichen. Zu Heinrich Bölls Erzählung *Die verlorene Ehre der Katharina Blum*. In: Der Tages-Anzeiger (Zürich). 20. November 1974.

Fröhlich, Hans: Was man mit Journalismus anrichten kann. Heinrich Bölls neues Buch: *Die verlorene Ehre der Katharina Blum*. In: Stuttgarter Nachrichten. Nr. 217. 14. September 1974. S. 14.

Gauweiler, Peter: Böll und die Bildzeitung. In: Bayernkurier (München). Nr. 34. 24. August 1974. S. 11.

Günther, Joachim: *Die verlorene Ehre der Katharina Blum*. In: Neue deutsche Hefte 21 (1974) S. 810–812.

Gundlach, Jens: Die Grenze zwischen Literatur und Agitation überschritten. Zu Heinrich Bölls neuem Buch *Die verlorene Ehre der Katharina Blum*. In: Hannoversche Allgemeine Zeitung. 3. August 1974.

Habe, Hans: Requiem auf Heinrich Böll. Zu seinem Buch. In: Welt am Sonntag. Nr. 33. 18. August 1974. S. 5. – Wiederabdr. in: Heinrich Böll: Die verlorene Ehre der Katharina Blum. Mit Materialien und einem Nachwort des Autors. Köln 1984. S. 251–258.

Hartmann, Horst: Unvermeidliche Parallelen. Bölls Erzählung *Katharina Blum*. In: Die Tat (Zürich). Nr. 48. 30. November 1974.

Heizler, Rudolf: Heinrich Böll in seiner Eigenschaft als Pressekritiker. In: Kölnische Rundschau. Nr. 185. 13. August 1974. S. 4.

Hollmann, Reimar: Heinrich Bölls neues Buch in der Diskussion. Der Revolverschuß ist ein bloßer Knalleffekt. In: Neue Hannoversche Presse. Nr. 199. 28. August 1974.

Hornung, Peter: Böll als Meister des Polit-Kitsches. In: Deutsche Tagespost (Würzburg). Nr. 139. 19. November 1974. S. 12.

Jansen, Hans: Eine Frau im Räderwerk der Revolverpresse. Zu Heinrich Bölls neuer Erzählung *Die verlorene Ehre der Katharina Blum*. In: Westdeutsche Allgemeine Zeitung. Nr. 177. 3. August 1974.

Janssen, Ursula: Zeitkritiker an Pfützen. *Die verlorene Ehre der Katharina Blum* oder: Heinrich Bölls Kampf gegen die Sensationspresse. In: Schleswig-Holsteinische Landeszeitung (Rendsburg). 7. September 1974.

Jens, Walter: [Rezension zu *Die verlorene Ehre der Katharina Blum.*] Hessischer Rundfunk. Sendung vom 23. Juli 1974. – Abgedr. in: Heinrich Böll: Die verlorene Ehre der Katharina Blum. Mit Materialien und einem Nachwort des Autors. Köln 1984. S. 243–250.

Kaiser, Joachim: Liebe und Haß der heiligen Katharina. Heinrich Böll: »Wie Gewalt entstehen und wohin sie führen kann«. In: Süddeutsche Zeitung. Nr. 183. 10. August 1974. S. 76.

Kesting, Hanjo: Von Augstein bis Zehm. Die Kritiker lassen ihre Tarnkappen fallen. Bilanz der Reaktionen auf Bölls letztes Buch. In: Vorwärts. Nr. 51. 19. Dezember 1974. S. 13.

Kill, Reinhard: Bölls zu süffige Wut. *Die verlorene Ehre der Katharina Blum.* Leider keine Streitschrift. In: Rheinische Post (Düsseldorf). Nr. 183. 10. August 1974.

Kretz, Paul: »Bild«-Gruppe mit Dame. In: Domino. Schweizer Bücherzeitung. November 1974.

Kurz, Paul Konrad: Die verlorene Ehre der Katharina Blum. Heinrich Böll prangert gewisse journalistische Praktiken an. In: Die Bücherkommentare (Freiburg). 1974. Nr. 4.

Lattmann, Dieter: Böll und sein Buch des Anstoßes. In: Vorwärts. Nr. 33. 15. August 1974. S. 18.

Lindenberg, Ruth: Abrechnung mit der Gewalt. In: Südwestpresse. Schwäbische Donauzeitung. 31. Juli 1974.

Linder, Christian: ». . . und sofort auf ihn geschossen«. Neuer Bestseller von Heinrich Böll: eine Auseinandersetzung mit der Skandalpresse. In: Kölner Stadt-Anzeiger. 10./11. August 1974.

Lottmann, Herbert R.: Heinrich Böll: Star Author With a Controversial Book. In: Publishers Weekly. Nr. 17. 21. Oktober 1974. S. 30.

Ludwig, Martin H.: Wie Rufmord entsteht. In: Gemeinsame Zeitung. Katholische Arbeiterschaft. Nr. 12. Dezember 1974.

Mennemeier, Franz Norbert: Satire zu ermäßigtem Preis. Zu Heinrich Bölls *Katharina Blum.* In: neues rheinland (Bonn). Nr. 10. Oktober 1974. S. 36.

Meyer, Peter: Saat der Gewalt. In: Stern. Nr. 31. 25. Juli 1974. S. 88 bis 91.

Michaelis, Rolf: Der gute Mensch von Gemmelsbroich. Nachdenken über die Krankheit unserer Zeit: Gewalt. Heinrich Bölls Erzählung *Die verlorene Ehre der Katharina Blum*. In: Die Zeit. Nr. 32. 2. August 1974. S. 18.

Nelken, Dinah: Böll und die Blum. In: berliner EXTRA dienst. Nr. 68. 23. August 1974. S. 21 f.

O[platka], A[ndreas]: Große Erzählkunst auf knappem Raum. Heinrich Böll: *Die verlorene Ehre der Katharina Blum*. In: Neue Zürcher Zeitung. Nr. 373. 14. August 1974 (Morgenausgabe). S. 23.

Pachmann, Ludek: Geistige Verwirrung der Gesellschaft. In: Berliner Morgenpost. Nr. 274. 24. November 1974.

Ramseger, Georg: Bölls Rache-Entertainment. Oder: Die verlorene Ehre der Katharina Blum. In: Allgemeine Zeitung. Mainzer Anzeiger. 17. August 1974.

Reich-Ranicki, Marcel: Der deutschen Gegenwart mitten ins Herz. In: Frankfurter Allgemeine Zeitung. Nr. 195. 24. August 1974. Literaturbeilage. – Wiederabgedr. in: M. R.-R.: Mehr als ein Dichter. Über Heinrich Böll. Köln 1986. S. 70–77.

Reinmöller, Klaus: Keine schlechte Story – doch der Dichter war schon besser. In: Ruhr-Nachrichten (Dortmund). Nr. 201. 31. August 1974. M 6.

Richter, Wolfgang: Die böse Moritat der kühlen Katharina. Bei Heinrich Böll »bumst« es. Abrechnung des Autors mit »Bild«. In: Aachener Volkszeitung. Nr. 206. 7. September 1974.

Röhl, Klaus Rainer: Die heilige Katharina und die Bildzeitung. In: das da (Hamburg). Nr. 8. August 1974. S. 49 f.

Rosenbaum, Ulrich: Wie Rufmord zum Mord führen kann. Der neue Böll: *Die verlorene Ehre der Katharina Blum*. In: Vorwärts. Nr. 31. 1. August 1974. S. 14.

Schafroth, Heinz F.: Eine schale Satire. In: Basler Nachrichten. 5. Oktober 1974.

Scheller, Wolf: Wie Heinrich Böll mit einer gewissen Presse abrechnet. Erzählung des Nobelpreisträgers: *Die verlorene Ehre der Katharina Blum*. In: Generalanzeiger für Bonn. 23. August 1974.

Schloz, Günther: Reine und Schweine. Wohin der Zorn führen kann. In: Deutsche Zeitung (Stuttgart). Nr. 32. 9. August 1974. S. 13.

Schütt, Peter: Die verlorene Ehre der Katharina Blum oder: Wie

Gewalt entsteht und wohin sie führen kann. In: UZ. Unsere Zeit (Düsseldorf). Nr. 207. 7. September 1974.

Schütte, Wolfram: Notwehr, Widerstand und Selbstrettung. Heinrich Bölls Erzählung *Die verlorene Ehre der Katharina Blum*. In: Frankfurter Rundschau. Nr. 183. 10. August 1974. Beilage »Zeit und Bild«. S. IV.

Schultz, Uwe: Ein hochsensibles Menetekel der Macht. Zu Bölls *Die verlorene Ehre der Katharina Blum*. In: Handelsblatt. Nr. 156. 16./17. August 1974. S. 5.

Schultze, Sabine: Kategorie: Kampfschrift. Zu Heinrich Bölls neuer Erzählung: *Die verlorene Ehre der Katharina Blum*. In: Rhein-Neckar-Zeitung (Heidelberg). Nr. 183. 10./11. August 1974.

Seybold, Eberhard: Zorn macht nicht immer schöpferisch. Anmerkungen zu Heinrich Bölls neuer Erzählung *Die verlorene Ehre der Katharina Blum*. In: Frankfurter Neue Presse. Nr. 192. 21. August 1974. S. 7.

Sölle, Dorothee: Heinrich Böll und die Eskalation der Gewalt. In: Merkur 28 (1974) S. 885–887.

Sternburg, Wilhelm von: Heinrich Bölls großer Wut gelang kein großer Wurf. In: Torontoer Zeitung. 4. Oktober 1974.

Stöberer, Heinrich: Für Rufmord Tod. In: Neue Kronenzeitung (Wien). 10. August 1974.

Tank, Kurt Lothar: Bölls Notschrei. *Die verlorene Ehre der Katharina Blum*. In: Deutsches Allgemeines Sonntagsblatt (Hamburg). Nr. 32. 11. August 1974. S. 21.

Torberg, Friedrich: *Katharina Blum*. Jetzt böllerts. Parodie anstelle einer Besprechung. In: Der Spiegel. Nr. 35. 26. August 1974. S. 100–105.

Ulrich, Jörg: »Unvermeidliche Ähnlichkeiten«. Das bißchen Böll. Eine Erzählung über Ehre, Gewalt und Zeitung. In: Münchner Merkur. Nr. 183. 10./11. August 1974.

Wallmann, Jürgen P.: Der Schuß auf den Revolverjournalisten. Heinrich Bölls Erzählung *Die verlorene Ehre der Katharina Blum*. In: Der Tagesspiegel (Berlin). Nr. 8781. 4. August 1974. S. 39.

Zehm, Günter: Heinrich der Grätige. Macht Bölls neue Erzählung Stimmung für ein restriktives Pressegesetz? In: Die Welt. Nr. 189. 16. August 1974. S. 13.

c) Wirkungsgeschichte: *Katharina Blum* als Film, Schauspiel und Oper

Medek, Tilo: Katharina Blum. Oper in fünf Tagen und einem Nachspiel nach Heinrich Bölls Erzählung *Die verlorene Ehre der Katharina Blum*. [Text von Dorothea Medek.] Klavierauszug vom Komponisten. Celle [1987]. (Edition Moeck. 5271a.)

Schlöndorff, Volker / von Trotta, Margarethe: *Die verlorene Ehre der Katharina Blum*. Transcript von Andrea Park. Tübingen 1981.

[anonym:] Katharina Blum als Opern-Opfer. In: Der Spiegel. Nr. 17. 22. April 1991. S. 249.

Bauer, Elisabeth Eleonore: Ein deutsches Gretchen. Zwei Jahre müssen wir noch warten auf Tilo Medeks Oper *Katharina Blum*. In: die tageszeitung. Nr. 1992. 23. August 1986. S. 14. [Gespräch mit dem Komponisten.]

Berndt, Hans: Wider die Gewalt. 68er Reminiszenzen auf der Bühne. In: Handelsblatt. Nr. 34. 16./17. Februar 1990. S. 4. [Zur Göttinger Aufführung der Bühnenfassung Günther Fleckensteins.]

Blum, Heiko R.: Das Klima dieser Jahre. Volker Schlöndorffs und Margarethe von Trottas Film *Die verlorene Ehre der Katharina Blum*. In: Deutsche Volkszeitung (Düsseldorf). Nr. 35. 30. Oktober 1975.

Brug, Manuel: Wie ein schlechter Fernsehkrimi. Heinrich Bölls *Die verlorene Ehre der Katharina Blum* in Ingolstadt. In: Süddeutsche Zeitung. Nr. 242. 20. Oktober 1989. S. 49.

Bumann, Ulrich: Katharinas vierter Ehr-Verlust. In: Die Welt. Nr. 93. 22. April 1991. S. 18. [Zur Uraufführung von Medeks Oper.]

Dallontano, E. R.: Angela Blum. Zu Schlöndorffs Film nach Heinrich Böll. In: Rheinischer Merkur. Nr. 43. 24. Oktober 1975.

Die Frauen sind viel rebellischer. *Katharina Blum* in Bonn. In: Abendzeitung (München). 15./16. Mai 1976. S. 22. [Interview von Ingrid Seidenfaden mit Heinrich Böll, Margarethe von Trotta und Günther Büch anläßlich der Uraufführung des Theaterstücks.]

Donner, Wolf: Der lüsterne Meinungsterror. Ein Buch, ein Film, eine deutsche Krankheit. In: Die Zeit. Nr. 42. 10. Oktober 1975. S. 44.

Ein Kinotraum von Menschlichkeit. Volker Schlöndorff verfilmt

Heinrich Bölls *Die verlorene Ehre der Katharina Blum*. Ein Gespräch [zwischen Volker Schlöndorff und Thomas Thieringer]. In: Frankfurter Rundschau. Nr. 32. 7. Februar 1975. S. 7.
»Einen Film ohne gesellschaftliches Bewußtsein zu machen ist unmöglich.« Interview mit Volker Schlöndorff [von Karin Mecklenburg]. In: Szene Hamburg 24 (1975) S. 22 f.
Fabian, Anne-Marie: Das Umfeld des Rufmordes. Bölls *Katharina Blum* als Schauspiel. In: Deutsche Volkszeitung (Düsseldorf). Nr. 20/21. 20. Mai 1976.
Falcon, Richard: That Obscure Object of Redemption or ›Reality‹ in two Adaptions of Heinrich Böll. In: The University of Dayton Review 24 (1997) H. 3. S. 163–171.
Faulstich, Werner: Kritische Randbemerkungen zu dem Beitrag »Heinrich Bölls Erzählung *Die verlorene Ehre der Katharina Blum* und die gleichnamige Verfilmung von Volker Schlöndorff und Margarethe von Trotta« von Heidemarie Fischer-Kesselmann. In: Diskussion Deutsch 15 (1984) S. 449–454.
Fischer, Ulrich: Der Film ist besser. *Katharina Blum*, dramatisiert von Günther Fleckenstein. In: Frankfurter Rundschau. Nr. 45. 22. Februar 1990. S. 25.
Fischer-Kesselmann, Heidemarie: Heinrich Bölls Erzählung *Die verlorene Ehre der Katharina Blum* und die gleichnamige Verfilmung von Volker Schlöndorff und Margarethe von Trotta. In: Diskussion Deutsch 15 (1984) S. 186–200.
– Antwort auf Werner Faulstichs »Kritische Randbemerkungen« (DD 78, 1984, S. 449 ff.) zu meinem Beitrag »Heinrich Bölls Erzählung *Die verlorene Ehre der Katharina Blum* und die gleichnamige Verfilmung von Volker Schlöndorff und Margarethe von Trotta«. In: Diskussion Deutsch 15 (1984) S. 680 f.
Friedman, Lester D.: Cinematic Techniques in *The Lost Honor of Katharina Blum*. In: Literature/Film Quarterly 7 (1979) S. 244 bis 252.
Gast, Wolfgang: *Die verlorene Ehre der Katharina Blum*. Wie Volker Schlöndorff die Erzählung Heinrich Bölls verändert und was das bedeutet. In: Text & Kontext 18 (1993) S. 130–150. (Verfilmte Literatur. Beiträge des Symposions abgehalten am Goethe-Institut Kopenhagen im Herbst 1992.)
Hanck, Frauke: Die Welt besteht aus ungreifbaren Dingen. »Die genaue Beschreibung ist für uns eine Lektion des Autors«. In: Vorwärts. Nr. 41. 9. Oktober 1975.

Hartmann, Rainer: Auf den Rufmord folgt die Rache. *Die verlorene Ehre der Katharina Blum* von Böll und Trotta im Theater Der Keller. In: Kölner Stadt-Anzeiger. Nr. 213. 13./14. September 1986. S. 11.

Head, David: ›Der Autor muss respektiert werden‹ – Schlöndorff/Trotta's *Die verlorene Ehre der Katharina Blum* and Brecht's Critique of Film Adaptation. In: German Life and Letters 32 (1978/1979) S. 248–264.

Hebecker, Klaus: Die verlorene Ehre des Heinrich Böll. Zu seiner *Katharina-Blum*-Verfilmung. In: Concepte. Nr. 12. Dezember 1975.

Helmetag, Charles H.: The Lost Honor of Kathryn Beck. A German Story on American Television. In: Literature/Film Quarterly 13 (1985) S. 240–244.

Hensel, Georg: Theater mit der verlorenen Ehre der Katharina Blum. In der Bonner Werkstatt: Uraufführung eines Bühnenstücks der Drehbuchautorin Margarethe von Trotta nach der Erzählung von Böll. In: Frankfurter Allgemeine Zeitung. Nr. 104. 15. Mai 1976. S. 25.

Klunker, Heinz: Die angetastete Würde. Heinrich Bölls Erzählung als Film: *Die verlorene Ehre der Katharina Blum*. In: Deutsches Allgemeines Sonntagsblatt (Hamburg). 26. Oktober 1975.

Kuhn, Anna K.: Schlöndorffs *Die verlorene Ehre der Katharina Blum*. Melodrama und Tendenz. In: Sigrid Bauschinger [u. a.] (Hrsg.): Film und Literatur: Literarische Texte und der neue deutsche Film. Bern/München 1984. S. 86–104.

Lange, Mechthild: Schlampig und unbeholfen. *Katharina-Blum*-Dramatisierung auf Tournee. In: Frankfurter Rundschau. Nr. 64. 17. März 1977.

Loewenstern, Enno von: Die liebste Heldin Heinrich Bölls. Mit *Katharina Blum* sendete die ARD gestern eine falsche Geschichte mit falschem Namen. In: Die Welt. Nr. 122. 29. Mai 1978. S. 16.

Magretta, William R. / Magretta, Joan: Story and Discourse. Schlöndorff & von Trotta's *The Lost Honour of Katharina Blum* (1975) from the Novel by Heinrich Böll. In: Andrew S. Horton / Joan Magretta (Hrsg.): Modern European Filmmakers and the Art of Adaptation. New York 1981. S. 278–294.

Niehoff, Karena: Die schöne Seele Katharina Blum. Volker Schlöndorffs und Margarethe von Trottas Film nach Heinrich Bölls Erzählung. In: Der Tagesspiegel (Berlin). Nr. 9141. 10. Oktober 1975. S. 5.

Reininghaus, Frieder: Gequirlter Quark. Medeks Oper *Katharina Blum* in Bielefeld uraufgeführt. In: die tageszeitung (Berlin). Nr. 3388. 23. April 1991. S. 16.

Ritter, Roman: Mordjournaille am Pranger. Film *Die verlorene Ehre der Katharina Blum*: spannend und sehenswert. In: UZ. Unsere Zeit (Düsseldorf). Nr. 247. 24. Oktober 1975.

Roelcke, Eckhard: Mief und Moral. Opern-Uraufführung in Bielefeld: *Katharina Blum* von Tilo Medek. In: Die Zeit. Nr. 18. 26. April 1991. S. 66.

Rühle, Günther: Die vier schrecklichen Tage der Katharina Blum. Volker Schlöndorffs Film nach Heinrich Bölls satirischem Roman. In: Frankfurter Allgemeine Zeitung. Nr. 223. 26. September 1975. S. 25.

Schloz, Günther: Die Affäre Blum. In Bonn kam Heinrich Bölls Bestseller auf die Bühne. In: Deutsche Zeitung (Stuttgart). Nr. 21. 21. Mai 1976.

Schober, Siegfried: Film: Die Heilige Johanna der Schlagzeilen. Über Volker Schlöndorffs *Katharina Blum*. In: Der Spiegel. Nr. 41. 6. Oktober 1975. S. 169 f.

Schreiber, Ulrich: Die mehrfach verlorene Ehre der Katharina Blum. Nach der Erzählung Heinrich Bölls und dem Film nun auch noch ein Theaterstück. In: Frankfurter Rundschau. Nr. 107. 19. Mai 1976. S. 7.

Schütte, Wolfram: Der Durchbruch. Schlöndorff / v. Trottas Böll-Verfilmung *Die verlorene Ehre der Katharina Blum*. In: Frankfurter Rundschau. Nr. 212. 13. September 1975. S. 14.

Sieben Fragen an Volker Schlöndorff und Margarethe von Trotta [von Wolf Donner]. In: Die Zeit. Nr. 42. 10. Oktober 1975. S. 44.

»Sie schießt, weil sie wehrlos ist« [Gespräch zwischen Tilo Medek und Carl Friedrich Schröer über die Oper Medeks]. In: Rheinischer Merkur / Christ und Welt (Koblenz/Bonn). Nr. 38. 18. September 1987. S. 17.

Truppner, Michael: Konzept und Realisation. Zur Textgenese des Films *Die verlorene Ehre der Katharina Blum*. In: Alexander Schwarz (Hrsg.): Das Drehbuch. Geschichte, Theorie, Praxis. München 1992. S. 147–172.

Vielhaber, Gerd: Nach dem Film das Bühnenstück. Bölls *Verlorene*

Ehre der Katharina Blum auf dem Theater. In: Der Tagesspiegel (Berlin). Nr. 9347. 26. Juni 1976.

Willhardt, Rolf: Ein deutsches Gretchen. Werkstattnotizen zu Tilo Medeks Böll-Oper *Katharina Blum*. In: fermate. Musikmagazin für das Rheinland 4 (1985) H. 4. S. 7–10.

Wo unsere Ehre zu verteidigen ist. Gespräch mit Volker Schlöndorff über *Die verlorene Ehre der Katharina Blum* [geführt von Bruno Jaeggi]. In: Die Tat (Zürich). Nr. 107. 7. Mai 1976. S. 15. Nr. 113. 14. Mai 1976. S. 18.

d) Didaktisch orientierte Publikationen

Balzer, Bernd: Heinrich Böll: *Die verlorene Ehre der Katharina Blum*. Frankfurt a. M. 1990. (Grundlagen und Gedanken zum Verständnis erzählender Literatur.)

Bogdal, Klaus-Michael: Der Böll. Erkundungen über einen Gegenwartsautor in der Schule. In: Heinz Ludwig Arnold (Hrsg.): Heinrich Böll. 3. Aufl., Neufass. München 1982. (Text + Kritik. 33.) S. 126–137.

Borries-Knopp, Mechthild: Zur interkulturellen Rezeption deutschsprachiger literarischer Texte in Indonesien. Am Beispiel von Heinrich Bölls Kurzgeschichte *Wanderer, kommst du nach Spa ...* und seiner Erzählung *Die verlorene Ehre der Katharina Blum*. In: Jahrbuch Deutsch als Fremdsprache 13 (1987) S. 83 bis 107.

Ebert, Karl: Heinrich Böll. *Die verlorene Ehre der Katharina Blum*. Unterrichtseinheit in einer Unterprima. In: Kurt Bräutigam (Hrsg.): Romanbetrachtung. Heidelberg 1977. S. 164–175.

Graf, Günter: Literaturkritik. Eine Einführung am Beispiel von Heinrich Bölls *Die verlorene Ehre der Katharina Blum*. Frankfurt a. M. 1984.

Kicherer, Friedhelm: Heinrich Böll. *Die verlorene Ehre der Katharina Blum*. Analysen und Interpretationen mit didaktisch-methodischen Hinweisen zur Unterrichtsgestaltung (1981). Hollfeld [3]1989.

Kohls, Jürgen: Der Film *Die verlorene Ehre der Katharina Blum* im Unterricht von Deutsch als Fremdsprache. In: Germanistische Mitteilungen (Brüssel) 19 (1986) H. 24. S. 3–14.

Ludwig, Gerd: Sprache und Wirklichkeit in Heinrich Bölls Erzählung *Die verlorene Ehre der Katharina Blum*. Eine literarische

Auseinandersetzung mit dem Sensationsjournalismus (1976). Hollfeld [8]1990. (Königs Erläuterungen und Materialien. 308/309.)

Peuckmann, Heinrich: Unterrichtseinheit »Heinrich Böll: *Die verlorene Ehre der Katharina Blum.*« In: Horst Hensel (Hrsg.): Unterrichtseinheiten zur demokratischen Literatur. Eine Publikation des »Werkkreis Literatur der Arbeitswelt«. Frankfurt a. M. 1977. S. 15–43.

Skorna, Hans Jürgen: Zur Problemlage und Praxis des Literaturunterrichts. Bad Heilbrunn 1978. [Zu *Katharina Blum*: S. 31–45.]

Sowinski, Bernhard: Heinrich Böll. *Die verlorene Ehre der Katharina Blum.* Interpretation. München 1994. (Oldenbourg Interpretationen. 67.)

Zimmermann, Werner: Heinrich Böll. *Die verlorene Ehre der Katharina Blum.* In: Deutsche Prosadichtungen des 20. Jahrhunderts. Interpretationen von W. Z., unter Mitarb. von Klaus Lindemann. Bd. 3. Düsseldorf 1988. S. 40–70.

e) Zum politischen und publizistischen Hintergrund

Alberts, Jürgen: Massenpresse als Ideologiefabrik. Am Beispiel BILD. Frankfurt a. M. 1972.

Aust, Stefan: Der Baader Meinhof Komplex. Hamburg 1985.

Borowsky, Peter: Deutschland 1969–1982. Hannover 1987. (Edition Zeitgeschehen.)

Brokmeier, Peter (Hrsg.): Kapitalismus und Pressefreiheit. Am Beispiel Springer. Frankfurt a. M. 1969.

Enzensberger, Hans Magnus: Der Triumph der Bild-Zeitung oder Die Katastrophe der Pressefreiheit (1983). In: H. M. E.: Mittelmaß und Wahn. Gesammelte Zerstreuungen. Frankfurt a. M. 1988. S. 74–88.

Geißler, Heiner (Hrsg.): Der Weg in die Gewalt. Geistige und gesellschaftliche Ursachen des Terrorismus und seine Folgen. München/Wien 1978.

Grützbach, Frank (Hrsg.): Heinrich Böll: Freies Geleit für Ulrike Meinhof. Ein Artikel und seine Folgen. Mit Beiträgen von Helmut Gollwitzer [u. a.]. Köln 1972.

Heller, Georg: Lügen wie gedruckt. Über den ganz alltäglichen Journalismus. Tübingen 1997.

Küchenhoff, Erich (unter Mitw. von Gabriele Keppler [u. a.]): *Bild-*

Verfälschungen. Analyse der Berichterstattung der *Bild*-Zeitung über Arbeitskämpfe, Gewerkschaftspolitik, Medien, Sozialpolitik. 2 Bde. Frankfurt a. M. 1972.
Schelsky, Helmut: Die Arbeit tun die anderen. Klassenkampf und Priesterherrschaft der Intellektuellen. Opladen [2]1975. [Zu Böll: S. 342–363.]
Wallraff, Günter: Der Aufmacher. Der Mann, der bei Bild Hans Esser war. Köln 1977.
Zoll, Ralf (Hrsg.): Manipulation der Meinungsbildung. Zum Problem hergestellter Öffentlichkeit. Opladen 1971.

VII. Abbildungsnachweis

31 Heinrich Böll, Anfang der achtziger Jahre. Foto: Isolde Ohlbaum, München.

41 Heinrich Böll und Alexander Solschenizyn 1974. Foto: J. H. Darchinger, Bonn.

47 Karikatur von Hicks aus der *Welt* vom 17. Januar 1972, zu Bölls *Spiegel*-Artikel *»Will Ulrike Gnade oder freies Geleit?«*. – Mit Genehmigung des Hauses der Geschichte, Bonn.

95 Plakat von Klaus Staeck zu den Vorgängen um *Die verlorene Ehre der Katharina Blum* (1975). – © Klaus Staeck, Heidelberg.

105 Aus Volker Schlöndorffs und Margarethe von Trottas Film *Die verlorene Ehre der Katharina Blum*: Kommissar Beizmenne (Mario Adorf) bei der morgendlichen Durchsuchung der Wohnung von Katharina Blum (Angela Winkler). Foto: Archiv der Stiftung Deutsche Kinemathek Berlin.

115 Katharina Blum (Angela Winkler) in Schlöndorff / von Trottas Film. Foto: Archiv der Stiftung Deutsche Kinemathek Berlin.

Erläuterungen und Dokumente

Eine Auswahl

---

zu Böll, *Ansichten eines Clowns.* 84 S. UB 8192

zu Büchner, *Dantons Tod.* 112 S. UB 8104 – *Lenz.* 173 S. UB 8180 – *Woyzeck.* 96 S. UB 8117

zu Droste-Hülshoff, *Die Judenbuche.* 87 S. UB 8145

zu Dürrenmatt, *Der Besuch der alten Dame.* 93 S. UB 8130 – *Die Physiker.* 243 S. UB 8189 – *Romulus der Große.* 96 S. UB 8173

zu Eichendorff, *Aus dem Leben eines Taugenichts.* 120 S. UB 8198

zu Fontane, *Effi Briest.* 168 S. UB 8119 – *Frau Jenny Treibel.* 111 S. UB 8132 – *Grete Minde.* 80 S. UB 8176 – *Irrungen, Wirrungen.* 148 S. UB 8146 – *Schach von Wuthenow.* 155 S. UB 8152 – *Der Stechlin.* 181 S. UB 8144

zu Frisch, *Andorra.* 88 S. UB 8170 – *Biedermann und die Brandstifter.* 128 S. UB 8129 – *Homo faber.* 196 S. UB 8179

zu Goethe, *Egmont.* 165 S. UB 8126 – *Götz von Berlichingen.* 176 S. UB 8122 – *Iphigenie auf Tauris.* 112 S. UB 8101 – *Die Leiden des jungen Werther.* 192 S. UB 8113 – *Novelle.* 160 S. UB 8159 – *Torquato Tasso.* 251 S. UB 8154 – *Urfaust.* 168 S. UB 8183 – *Die Wahlverwandtschaften.* 228 S. UB 8156 – *Wilhelm Meisters Lehrjahre.* 398 S. UB 8160

zu Grass, *Die Blechtrommel.* 223 S. UB 16005 – *Katz und Maus.* 192 S. UB 8137

zu Hauptmann, *Bahnwärter Thiel.* 54 S. UB 8125 – *Der Biberpelz.* 104 S. UB 8141 – *Die Ratten.* 183 S. UB 8187

zu Heine, *Deutschland. Ein Wintermärchen.* 208 S. UB 8150

zu Hesse, *Demian. Die Geschichte von Emil Sinclairs Jugend.* 86 S. UB 8190 – *Der Steppenwolf.* 156 S. UB 8193

zu Hölderlin, *Hyperion.* 339 S. UB 16008

zu Hoffmann, *Das Fräulein von Scuderi.* 136 S. UB 8142 – *Der goldne Topf.* 160 S. UB 8157 – *Klein Zaches genannt Zinnober.* 170 S. UB 8172 zu Ibsen, *Nora (Ein Puppenheim).* 86 S. UB 8185

zu Kafka, *Der Proceß.* 230 S. UB 8197 – *Das Urteil.* 144 S. UB 16001 – *Die Verwandlung.* 196 S. UB 8155

zu Keller, *Kleider machen Leute.* 108 S. UB 8165 – *Romeo und Julia auf dem Dorfe.* 88 S. UB 8114

zu Kleist, *Amphitryon.* 160 S. UB 8162 – *Das Erdbeben in Chili.* 151 S. UB 8175 – *Das Käthchen von Heilbronn.* 162 S. UB 8139 – *Die Marquise von O…* 125 S. UB 8196 – *Michael Kohlhaas.* 111 S. UB 8106 – *Penthesilea.* 159 S. UB 8191 – *Prinz Friedrich von Homburg.* 208 S. UB 8147 – *Der zerbrochne Krug.* 157 S. UB 8123

zu J. M. R. Lenz, *Der Hofmeister.* 183 S. UB 8177 – *Die Soldaten.* 88 S. UB 8124

zu Lessing, *Emilia Galotti.* 109 S. UB 8111 – *Minna von Barnhelm.* 111 S. UB 8108 – *Miß Sara Sampson.* 93 S. UB 8169 – *Nathan der Weise.* 175 S. UB 8118

zu H. Mann, *Der Untertan.* 162 S. UB 8194

zu Th. Mann, *Mario und der Zauberer.* 104 S. UB 8153 – *Der Tod in Venedig.* 196 S. UB 8188 – *Tonio Kröger.* 102 S. UB 8163 – *Tristan.* 96 S. UB 8115

zu Mörike, *Mozart auf der Reise nach Prag.* 117 S. UB 8135

zu Novalis, *Heinrich von Ofterdingen.* 236 S. UB 8181

zu Schiller, *Don Carlos.* 238 S. UB 8120 – *Die Jungfrau von Orleans.* 160 S. UB 8164 – *Kabale und Liebe.* 147 S. UB 8149 – *Maria Stuart.* 214 S. UB 8143 – *Die Räuber.* 232 S. UB 8134 – *Die Verschwörung des Fiesco zu Genua.* 263 S. UB 8168 – *Wallenstein.* 294 S. UB 8136 – *Wilhelm Tell.* 111 S. UB 8102

zu Shakespeare, *Hamlet.* 264 S. UB 8116

zu Storm, *Hans und Heinz Kirch.* 94 S. UB 8171 – *Immensee.* 88 S. UB 8166 – *Der Schimmelreiter.* 101 S. UB 8133

zu Tieck, *Der blonde Eckbert / Der Runenberg.* 85 S. UB 8178

zu Wedekind, *Frühlings Erwachen.* 204 S. UB 8151

zu Zuckmayer, *Der Hauptmann von Köpenick.* 171 S. UB 8138

Philipp Reclam jun. Stuttgart